普通高等教育"十一五"国家级规划教材
高等职业教育食品类专业系列教材

食品卫生与安全管理

主编 莫慧平
主审 贝惠玲 余小林

中国轻工业出版社

图书在版编目（CIP）数据

食品卫生与安全管理/莫慧平主编. —北京：中国轻工业出版社，2020.12

普通高等教育"十一五"国家级规划教材

ISBN 978-7-5019-6114-6

Ⅰ.食… Ⅱ.莫… Ⅲ.食品卫生-卫生管理-高等学校-教材 Ⅳ.R155.5

中国版本图书馆CIP数据核字（2007）第134909号

责任编辑：秦　功　李亦兵　张　靓
策划编辑：秦　功　　　责任终审：唐是雯　　　封面设计：湛　云
版式设计：王超男　　　责任校对：郎静瀛　　　责任监印：张　可

出版发行：中国轻工业出版社（北京东长安街6号，邮编：100740）
印　　刷：北京君升印刷有限公司
经　　销：各地新华书店
版　　次：2020年12月第1版第12次印刷
开　　本：720×1000　1/16　印张：17.25
字　　数：347千字
书　　号：ISBN 978-7-5019-6114-6　定价：35.00元
邮购电话：010-65241695
发行电话：010-85119835　传真：85113293
网　　址：http://www.chlip.com.cn
Email：club@chlip.com.cn
如发现图书残缺请与我社邮购联系调换

201452J1C112ZBW

高等职业教育食品类专业系列教材
编审委员会成员名单

主　任　张安宁
副主任　朱　珠　莫慧平　刘　冬
委　员（按姓氏笔画排序）
　　　　　马　越　王　锋　马兆瑞　孙连富　刘用成　李五聚
　　　　　吴云辉　杜克生　杨　君　杨爱萍　杨登想　张旭光
　　　　　张孔海　梁传伟　翟玮玮

前　言

我国的食品工业经过 20 多年的快速发展，已经成为国民经济中最具活力的产业之一，然而食品安全形势却非常严峻。为了解决这个关系国计民生的大问题，政府采取了各种措施保证食品质量安全，如启动食品放心工程，实施食品质量安全市场准入制度，加强食品安全标准体系和检验检测体系建设等。要适应社会的需求和行业发展，食品类专业技术人才就必须掌握食品卫生管理、食品质量安全管理的知识与能力。为了给高等职业教育院校食品类专业提供适用的教材，我们编写了本书，同时本书可作为食品工程技术人员的参考书。

《食品卫生与安全管理》由广东轻工职业技术学院莫慧平老师主编。其中第一章至第三章由武警吉林省总队训练基地孙家宇老师编写，第四章至第六章由山东省日照职业技术学院黄贤刚老师编写，第七章至第八章由河南信阳农业高等专科学校赵亮老师编写。全书由莫慧平修改统稿，并由广东轻工职业技术学院贝惠玲教授、华南农业大学余小林教授审核。

本书在编写过程中引用了相关资料，在此对各方表示感谢。

莫慧平

目 录

绪论 ··· 1
 一、食品工业的概况 ··· 1
 二、食品卫生安全领域的现状 ····································· 3

第一章　食品污染 ··· 5
 第一节　概述 ··· 5
 第二节　食品的生物性污染 ··· 6
 第三节　禽畜疫病的污染 ··· 10
 第四节　工业"三废"对食品的污染 ································· 12
 第五节　农药对食品的污染 ··· 16
 第六节　运输及储存过程的污染 ····································· 18
 思考题 ··· 20
 案例 ··· 20

第二章　食物中毒 ··· 22
 第一节　概述 ··· 22
 第二节　细菌性食物中毒 ··· 24
 第三节　有毒动植物中毒 ··· 35
 第四节　化学性食物中毒 ··· 43
 第五节　真菌毒素和霉变食品中毒 ··································· 52
 第六节　食物中毒的处理 ··· 55
 思考题 ··· 59
 案例 ··· 59

第三章　食品卫生监督管理 ··· 61
 第一节　概述 ··· 61
 第二节　食品卫生法律与法规 ······································· 66
 第三节　食品卫生标准 ··· 70
 第四节　各类食品的卫生监督管理 ··································· 77
 思考题 ··· 97
 案例 ··· 97

第四章　食品安全管理 · 99
第一节　概述 · 99
第二节　食品安全性评价 · 102
第三节　食品安全体系 · 107
思考题 · 110
链接 · 111

第五章　食品的良好生产规范与卫生标准操作程序 · 113
第一节　GMP概述 · 113
第二节　食品良好生产规范的内容与要求 · 117
第三节　食品良好生产规范的文件管理 · 126
第四节　卫生标准操作程序（SSOP） · 130
思考题 · 138
案例 · 138

第六章　食品生产的危害分析与关键控制点体系 · 140
第一节　概述 · 140
第二节　HACCP体系的基本原理 · 146
第三节　HACCP体系实施的基本步骤 · 149
第四节　GMP、SSOP、HACCP体系及ISO 9000质量管理体系间的相互关系 · 164
思考题 · 169
案例 · 169

第七章　食品新资源及安全性 · 182
第一节　转基因食品及安全性 · 182
第二节　绿色食品与有机食品 · 188
第三节　保健食品及安全性 · 192
第四节　食品添加剂及安全性 · 197
思考题 · 200

第八章　食品安全认证 · 201
第一节　概述 · 201
第二节　绿色食品认证 · 204
第三节　有机食品认证 · 207

第四节　无公害食品认证……………………………………………… 210
　第五节　食品质量安全市场准入认证…………………………………… 214
　第六节　危害分析与关键控制点（HACCP）体系认证 ………………… 222
　思考题……………………………………………………………………… 225

附录 ………………………………………………………………………… 226
　附录一　中华人民共和国食品卫生法…………………………………… 226
　附录二　食品企业通用卫生规范（GB 14881—1994）………………… 234
　附录三　食品生产加工企业质量安全监督管理实施细则（试行）…… 243
　附录四　食品卫生许可证管理办法……………………………………… 258

参考文献 …………………………………………………………………… 264

绪 论

一、食品工业的概况

轻工业是关系国计民生的行业,食品工业更是生命工业,是一个最古老又永恒不衰的长青产业,也是一个国家、一个民族经济发展水平和人民生活质量的重要标志。经过改革开放后20多年的快速发展,食品工业已经成为我国国民经济的重要产业,在经济社会发展中具有举足轻重的地位和作用。特别是"十五"时期,食品工业,成为国民经济发展中增长最快、最具活力的产业之一。自1995年以来,我国食品工业总产值持续9年位居工业部门之首,利税持续10年位居各个工业部门之首,就业人数在工业部门中仅次于纺织业。我国食品工业对提高城乡居民生活水平、推动相关产业发展、扩大就业、带动农民增收等做出了重要贡献。

食品工业的快速发展主要体现在以下几个方面:

经济效益稳步提高。在市场需求和政策导向的双驱动下,我国食品工业进入新一轮快速增长期。2005年,全国国有及规模以上非国有食品工业企业实现总产值20344.8亿元,利税总额3365亿元,比2000年增长91.9%。

主要食品产量大幅度增加,产品结构调整取得新进展。食品工业的产品结构趋于优化,有效满足了消费者日益增长的多层次需求。

产品质量明显改善,食品安全水平稳步提高。随着国家卫生部、国家食品药品监督管理局会同有关部门制定的规章,以及一系列以食品安全标准为重点的食品标准的颁布实施,食品企业的主体资格和生产经营行为得到有效规范,生产条件和经营环境更加符合食品安全和卫生要求,产品质量稳中有升,各类产品抽检合格率均呈上升趋势,食品安全水平不断提高。

企业组织结构进一步优化,生产集中度逐步提高。食品工业兼并、重组步伐加快,一批具有市场竞争优势的骨干食品企业发展壮大,成长起一批知名企业和名牌产品,名优产品的市场份额明显提高。企业所有制结构呈多元发展态势,民营企业和"三资"企业发展迅速。食品工业利用外资发展迅速。据不完全统计,全世界食品工业50强中,已有30多家在我国开办合资和独资企业。同时,一批民营食品企业迅速成长,在食品工业中已具有重要地位。与2000年相比,国有企业比重降低近23个百分点,"三资"企业和民营企业分别提高4个百分点和17个百分点。

食品工业区域布局渐趋合理,企业集群式发展的格局逐渐形成。围绕稻谷、小麦、玉米、大豆、油菜、甘蔗、果蔬、牛羊肉、奶、水产品等农产品生产基地和食品消费市场，初步形成一批食品生产企业密集区和多个优势农产品加工产业带，呈现出集群式发展的特色和较为合理的区域布局，如黄淮海地区优质专用小麦加工产业带，东北及内蒙古东部玉米、大豆加工产业带，长江流域优质油菜加工产业带，华东、中南、西南、华北及东北地区猪牛羊禽肉加工产业带，东北、华北、西北地区乳制品加工产业带，广西、云南糖料加工产业带，东南沿海、黄渤海出口水产品加工带等。

食品科学技术较快发展，加工装备水平不断提高。国家组织实施了一批以食品加工为主的农产品深加工重大科技专项攻关，重点对稻米、小麦、玉米、大豆、马铃薯、苹果、肉制品、乳制品等重大关键技术与加工设备进行研发，攻克了膜分离、物性修饰、无菌冷灌装、浓缩、冷加工等加工关键技术难题，开发了冷却肉、大豆分离蛋白、浓缩苹果汁、玉米变性淀粉等市场潜力大的新产品，研制出一批包括48000瓶/h的啤酒灌装生产线、36000瓶/h不含气饮料塑料灌装生产线、180000包/班的方便面生产线、4200袋/h的牛奶无菌包装生产线、工业机器人、高速六色凹印机、双瓶吹瓶机、多层共挤设备、冷冻干燥设备及纸浆模塑机械等技术含量高的食品加工装备，缩短了我国食品加工技术和装备与国际先进水平的差距，部分领域接近国际先进水平，个别领域达到国际领先水平。

食品工业带动能力进一步显现，解决"三农"问题的作用不断增强。食品工业在扩大农村就业、促进农民增收上的作用越来越明显，带动能力进一步加强。国家通过实施"农产品深加工食品工业专项工程"，对粮油加工、肉类加工、乳制品加工、果蔬加工以及特色资源加工等五大行业的农产品加工项目给予重点支持。到2005年底，已建成投产143个项目，年加工转化农产品约900万吨，直接提供就业岗位17万个，带动农户650多万户，户均增收2000元左右。

然而，与世界先进水平相比，我国的食品工业仍存在较大差距，与全面建设小康社会的新要求相比，也存在着不小差距。反映在食品工业转化增值能力较低，整体水平亟待进一步提高；工业布局尚不尽合理，区域优势没有充分发挥；食品工业关键技术与装备水平不高，高水平技术人才严重不足；自主创新能力亟待加强，食品安全保障水平仍然较低，总体形势不容乐观等方面。

全球经济和区域经济一体化进程的加快，为我国食品工业在更大范围内配置资源、开拓市场创造了条件；国民经济持续快速发展和城市化水平的提高，给食品工业发展创造了巨大的需求空间；国家重视发展循环经济，为食品工业发展营造了良好的宏观环境。因此，国家"十一五"期间，食品工业的发展目标一是规模和效益持续快速增长；二是建立相对完善的食品工业国家科技创新体系，形成重点突出、结构合理的食品科技总体布局和创新平台；三是逐步完善食品安全体系建设，使食品安全水平显著提高；四是进一步完善符合我国国情的食品标准体系、食品安全法律法规体系、控制技术和检测技术体系、食品安全认证认可体系，以及市场信用体系和食品安全信息体系，显著提高人民群众对食品的放心食用程度。

二、食品卫生安全领域的现状

1. 食品卫生安全的现状

我国的食品安全水平与消费者的期望相比，仍然有较大差距，安全事故时有发生，社会公众对食品卫生仍缺乏安全感，食品安全形势依然严峻。一是食品企业违法生产食品现象不容忽视。少数不法分子违法使用食品添加剂和非食品原料生产加工食品。二是新材料和新工艺不断出现，直接应用于食品及间接与食品接触的化学物质日益增多，带来新的食品安全隐患。三是"从农田到餐桌"食物链污染情况时有发生，其中源头污染（种植、养殖过程）和环境污染给食品卫生带来较大影响。

食品的安全问题不仅涉及广大人民群众的生命安全与健康，还涉及生产经营企业的经济利益，既关系到社会的稳定，又关系到经济的发展。我国每年实际发生食物中毒例数至少在 20 万~40 万人，这一数字的公布，使得食品安全问题再度成为消费者关注的热点。但由于种种原因，我国的食品安全及管理水平同发达国家相比仍有较大的差距，这种状况很难适应经济全球化和加入 WTO 的形势。

我国食品安全问题可归纳为以下五个：① 微生物污染仍是影响我国食品卫生和安全的最主要因素。②"从农田到餐桌"食物链污染情况严重。③ 少数食品企业违法生产、加工食品现象不容忽视。另外，由于加工设备落后，卫生保证能力差的手工及家庭加工方式在食品生产加工领域中占较大比例，成为食品质量安全问题的主要原因之一。④ 食品新技术、新资源的应用带来新的食品安全隐患。⑤ 缺乏食品质量与安全方面的专业人才，特别是农业、农产品加工业、中小型企业，更缺乏一线的技术人员。⑥ 食品标准制定方法和体系不能适应食品安全控制的要求，存在标准体系结构、层次不够合理，个别标准之间存在交叉重复，食品安全标准短缺，标准技术水平偏低，标准实施力度不够等一系列的问题。

2. 食品安全保障的发展

我国食品工业"十一五"发展纲要提出，要尽快完善食品安全保障体系建设，提高食品安全水平，推动食品工业的健康发展。一是继续推行食品市场准入制度，建立比较完善的食品安全控制和管理体系，包括良好流通秩序、良好生产规范（GMP）、危害分析与关键控制点（HACCP）、全面质量管理（TQM）、ISO 9001质量认证体系等。二是借鉴国际食品安全管理的先进经验，鼓励食品加工企业建立严格的食品召回制度，支持流通企业建设完善的食品溯源制度。三是加快食品标准制定、修订步伐，提高标准的有效性，全面提升食品的质量水平。四是加强食品安全教育，提高公众的食品安全意识。五是强化食品企业环保意识，加大环境污染治理的力度。

纲要还提出强化食品标准管理，加大标准实施力度，以促进食品工业发展和提高食品质量安全水平为重点，在已建立的食品标准体系框架的基础上，通过修改、补充、调整，进一步完善标准体系。积极跟踪国际和国外先进标准发展动态，重点研究国际食品法典委员会（CAC），国际标准化组织（ISO），美国、欧盟、日本等国际组织和发达国家食品标准，提升我国食品标准的整体水平。开展重要标准的宣传、人员的培训，提高企业的标准意识和执行标准的自觉性。强化标准的实施工作，加大监督力度，确保食品生产企业能按照标准组织生产，产品质量符合强制性标准的要求。

政府部门已经分期公布了各类食品的质量安全市场准入制度的实施时间，伴随着食品行业、农产品加工产业链的增长，造成食品安全专业人员数量严重缺乏。业内人士保守估计，中国食品安全人才缺口达80万人，因此，要加快食品安全专业人才的培养。

第一章 食品污染

【学习目标】
1. 了解食品污染的概念;
2. 了解食品污染的类别与危害;
3. 熟悉各种食品污染的来源与预防措施。

第一节 概 述

一、食品污染的概念

一些有毒有害物质进入食品,对人体造成危害或影响身体健康,这一过程称为食品污染。食品从原料种植、饲养、捕捞,以及在采收、宰杀、生产、运输、储存、销售到食用的各个环节中,都有可能被污染。进入食品的有害有毒物质称为污染物。

食品的工业化生产中使用了各种食品添加物质,如果企业超剂量使用,则可能使食品被污染的程度提高。另外,动植物生存的生态系统(如空气、水、土壤)中的某些有害物质通过食物链可以在人类的食物中成万倍甚至数百万倍浓缩,而使食品受到污染。因此控制食品污染、保护食用者的健康具有重要意义。"民以食为天",但重要的还要"食以洁为本",食品在供给应有的营养素的同时也必须对食用者的健康无害。

二、食品污染的分类

按污染物的性质,食品污染如表1-1所示,可分为生物性污染、化学性污染和放射性污染三大类。

表1-1　　　　　　食品污染的分类和来源

	分类		来源
食品污染	生物性污染	微生物污染	细菌及其毒素、霉菌及其毒素等
		昆虫污染	甲虫、蛾类、螨类、蛆、蝇、害虫等
		寄生虫及虫卵污染	蛔虫、绦虫、旋毛虫等

续表

分类		来源
食品污染	化学性污染	
	金属毒物污染	汞、镉、铅、砷等
	农药污染	有机磷、有机氯、除虫菊酯等
	工业"三废"污染	工业生产排出的废水、废气、废渣
	添加剂污染	不合乎卫生要求的添加剂或食品添加剂超剂量使用
	包装材料污染	质量不合乎卫生要求的食品容器、器械、工具、包装材料、运输工具等
	放射性污染	核爆炸污染
		放射性核素废物排放不当污染
		意外事故泄漏污染

三、食品污染对人体的危害

有毒、有害物质性质不同，污染食品的方式和在食品中的剂量不同，则它对人体的危害程度表现也不同。

（1）急性中毒　污染物随食品进入人体，在短时间内引起机体的损害，并出现临床的症状，称为急性中毒，也称为食物中毒。

（2）慢性中毒　污染物随食品长期少量并连续进入人体，较长时间以后引起机体损害，出现各种病症，称为慢性中毒。食品污染导致的危害除了急性中毒外，以慢性中毒为多见。

（3）致突变　污染物随食品进入人体后，引起细胞的遗传物质发生变化，并可被传递到后代细胞，使后代细胞或者生物具有新的特性，称为突变。

（4）致畸　某些食品污染物作用于人体胚胎，使胚胎发育不正常，出现畸胎，称为致畸。

（5）致癌　食品污染物在人体内引起恶性肿瘤生长，称为致癌。

第二节　食品的生物性污染

微生物遍布于人类的生活环境，食品在生产、加工、运输及储藏的过程中，无论是动植物原材料，还是半成品或成品，都有可能污染上许多种类的微生物。这些微生物有的导致食品的腐败变质，使其丧失食用价值；有的会引起人的食物中毒和疾病发生。

一、食品的细菌污染

由于细菌普遍存在于自然界中，食品中的细菌主要来自于污染，常见的细菌有致病菌、条件致病菌和非致病菌。致病菌污染食品后能使人出现病症；条件致病菌在一般情况下不致病，但是条件发生变化时，有可能致病；非致病菌一般不引起人类疾病，但它们可引起食品的腐败变质，使食品失去食用价值，并为致病菌的生长繁殖提供条件，而且在食品腐败变质时，一些细菌的代谢产物也会对人体产生危害。食品的细菌污染主要是指非致病性细菌对食品的污染，非致病菌其中一部分为腐败菌。

1. 常见的细菌

从影响食品卫生质量的角度看，以下几属常见的细菌应予以重视。

（1）假单胞菌属　为引起食品腐败变质的代表菌。该类细菌分解食品中各种成分，使 pH 上升并产生各种色素。

（2）微球菌属和葡萄球菌属　食品中极为常见，分解食品中糖类且能产生色素。

（3）芽孢杆菌属与梭菌属　分布广泛，食品中常见，为肉、鱼类的腐败菌。

（4）肠杆菌科各属　为常见的食品腐败菌（志贺菌属和沙门菌属除外）。分解糖类产酸、产气，引起水产品和肉、蛋腐败。

（5）弧菌属与黄杆菌属　主要来自海水或淡水，鱼类中常见。

（6）嗜盐杆菌属与嗜盐球菌属　存在于极咸的腌鱼中，产生橙红色素。

（7）乳杆菌属与丙酸杆菌属　主要存在于乳品中，使其产酸酸败。

2. 污染途径

（1）食品原料的污染。食品原料在采集、加工前表面往往已被水中、土壤中的细菌污染，尤其在原料的破损之处细菌会大量聚集。若使用未达卫生标准的水对原料进行预处理时，也会引起原料的细菌污染。

（2）直接接触食品（半成品、成品）的从业人员不严格执行卫生操作程序引起的细菌污染。从业人员工作衣、帽不能定期清洗消毒，就会有大量的微生物附着。带病的从业人员工作时与食品接触，或者工作时谈话、咳嗽、打喷嚏会直接或间接地引起食品的污染。

（3）生产车间内外环境未达卫生标准造成的细菌污染。

（4）设备、器具及容器的细菌污染。不洁净的原料包装器具、运输工具、加工设备和成品包装容器等接触食品，可引起不同程度的细菌污染。

（5）各类食品在加工过程中未能做到生熟分开，使食品中已存在或污染的细菌大量繁殖生长而造成污染。

3. 评价食品细菌污染的指标

食品的细菌学检测是评价食品卫生质量的重要手段，其主要指标有细菌总数、大肠菌群数和致病菌。

（1）细菌总数　是食品的一般卫生指标。指在规定的条件下（普通营养琼脂平板，pH $7.2 \sim 7.4$，36℃培养48h），被检样品单位质量（g）、容积（mL）

或表面积（cm²）培养生成的细菌菌落总数，通常以菌落形成单位（CFU）表示，不考虑分类。

菌落总数的食品卫生学意义：

① 通过细菌总数的多少可判断食品被污染程度并推测耐存放的时间；

② 可观察细菌在食品中繁殖的动态，以便对食品进行卫生学评价。

（2）大肠菌群　指一群在35~37℃条件下，可发酵乳糖、产酸、产气、需氧和兼性厌氧的革兰阴性无芽孢杆菌，包括肠杆菌科的埃希菌属、柠檬酸杆菌属、肠杆菌属和克雷伯菌属。

大肠菌群已被许多国家用作食品质量鉴定的指标。我国一般用相当于100g或100mL食品中大肠菌群可能存在的数量表示，简称大肠菌群最近似数。

大肠菌群的食品卫生学意义：

① 大肠菌群都是直接或间接来自人与温血动物粪便，故食品中检出大肠菌群，表示食品曾受到人与温血动物粪便的污染；

② 大肠菌群可作为肠道致病菌污染食品的指示菌。但食品中检出大肠菌群，只能说明有肠道致病菌存在的可能，并非绝对。

由于大肠菌群属于嗜中温菌，在5℃以下基本不生长，因此低温的水产食品，特别是冷冻食品中一般检不出大肠菌群。但链球菌属的肠球菌（即粪链球菌）对低温有较强的耐受性，其自然宿主也是人和温血动物的肠道，故可用作反映冷冻食品被粪便污染的指示菌。

（3）致病菌　指肠道致病菌和致病性球菌。此类细菌随食物进入人体后可引起食源性疾病，是严重危害人体健康的细菌，一旦进入人体，可造成食物中毒及慢性危害等。国家卫生标准中明确规定各种食品中不得检出致病菌。

4. 防止细菌污染的措施

① 原料必须彻底清洗与认真挑选，剔除腐烂、变质及污秽不洁的原料，使原辅材料的卫生质量提高，以利于良好的杀菌效果。而装盛容器必须在使用前洗净消毒。

② 制定科学的加工流程，尽量缩短工艺操作时间；注意防止原料、在制品、外来物等的交叉；加强生产过程的在线检测；最大限度地减少生产过程中的污染。

③ 严格遵守杀菌规程，控制灭菌温度和时间，达到良好的杀菌效果。

④ 工厂必须健全有关卫生组织及管理制度，在生产加工过程中，严格执行各项卫生操作规程。从业人员必须每年进行一次健康检查，取得健康合格证后方可上岗，并采取相应的卫生防护措施。

⑤ 食品生产车间的门、窗应设有严密的防蝇装置（例如纱门、纱窗等），应使车间内无蝇、无尘。每班次生产结束后要对车间内的设备、门、窗、墙裙、地面和下水道等进行彻底清洗，防止蚊蝇孳生和微生物的生长繁殖。

二、食物的霉菌及霉菌毒素污染

霉菌是菌丝体比较发达而又没有较大子实体的一部分真菌的俗称,其种类很多,约有45000种,广泛分布于自然界。

霉菌毒素是霉菌产生的有毒代谢产物。自1960年英国发现黄曲霉毒素中毒症以来,霉菌毒素对食品的污染越来越受到重视。迄今发现的霉菌毒素已有200多种。

1. **主要产毒霉菌及其毒素**

（1）主要产毒霉菌

① 曲霉属:黄曲霉、赭曲霉、杂色曲霉、烟曲霉、构巢曲霉和寄生曲霉等。

② 青霉属:岛青霉、橘青霉、黄绿青霉、扩展青霉、圆弧青霉、皱褶青霉和麻青霉等。

③ 镰刀菌属:梨孢镰刀菌、拟枝孢镰刀菌、三线镰刀菌、雪腐镰刀菌、粉红镰刀菌、禾谷镰刀菌等。

④ 其他菌属:绿色木霉、漆斑霉、黑色葡萄状穗霉等。

（2）致病性较强的霉菌毒素　黄曲霉毒素、赭曲霉毒素、杂色曲霉毒素、展青霉毒素、单端孢霉毒素、玉米赤霉烯酮、红天精、黄天精等。岛青霉、桔青霉、黄绿曲霉浸染大米后产生"黄变米"毒素,构巢曲霉产生杂色曲霉毒素。

2. **霉菌污染食品的卫生学意义**

霉菌和霉菌毒素污染食品后,从食品卫生学角度应考虑两方面的问题:一是其毒素通过食品引起食物中毒,二是霉菌可导致食品变质。

（1）人类霉菌毒素中毒　指霉菌毒素造成的对人体健康的各种损害。大多数霉菌本身无毒,只有在温度、湿度适宜的条件下,有的菌株可产毒而引起人的食物中毒,但是无传染性。其中毒往往表现较为明显的地方性和季节性,甚至有些可具有地方病的特征,表现为急性中毒、慢性中毒、致癌作用、致畸作用和突变作用等。

（2）霉菌污染引起的食品变质　即使是一些非产毒霉菌污染食品,也可使食品的食用价值降低,甚至完全不能食用。其污染的程度可通过霉菌总数和菌相构成来分析。霉菌及霉菌毒素对食品污染问题十分重要,应结合现状广泛深入地调查研究各地主要食品感染霉菌及其毒素情况、菌相分布及有关防霉去毒的措施。

3. **防霉去毒措施**

首先应防止食品受霉菌污染,一旦霉菌污染食品而产毒,应采取积极有效的措施去除毒素,从而可保证食品的安全性及可食用性。

（1）防霉措施　防霉比去毒更重要。由于霉菌的生长需要一定的气温、相对湿度、含水量及氧气,如能及时、有效地控制其中之一,即可达到防霉的目的。

① 干燥防霉：控制水分和湿度，保持食品和储藏场所的干燥，做好食品储藏地的防湿、防潮，相对湿度不超过 65%～70%；控制温差，防止结露；粮食及食品可在阳光下晾晒、风干、烘干或者加吸湿剂，密封。

② 低温防霉：把食品储藏温度控制在霉菌生长的适宜温度之下，从而抑菌防霉。冷藏的食品温度控制在 4℃以下，可有效防止霉菌的滋生。

③ 气调防霉：就是调节气体成分，防止霉菌和毒素的产生。通常采用除氧或加入 CO_2、N_2 等气体，运用密封技术控制和调整储藏环境中的气体成分。该技术已经在食品的保鲜和储藏中广泛应用。

④ 化学防霉：使用化学防霉试剂防霉，如用环氧乙烷熏蒸、添加山梨酸等。

（2）去毒措施

① 物理去毒：a. 人工或机械剔除霉变部分，如剔除花生米、玉米、豆类的霉粒是去毒的最好办法；b. 加热处理，干热或湿热可以除去部分毒素；c. 吸附去毒，应用如活性炭、酸性白土等吸附剂处理含毒素的食品；d. 射线处理，包括用紫外线照射和日光暴晒。

② 化学去毒：包括酸碱处理、溶剂提取、氧化剂处理、醛类处理等方法。

③ 生物去毒：可以利用发酵的方法和微生物降解毒素。

第三节　禽畜疫病的污染

一、疯　牛　病

疯牛病是一种人畜共患病，又称牛海绵状脑病。该病于 1985 年 4 月首先发现于英国，并于 1986 年 11 月定名为 BSE。疯牛病不仅在英国广泛流行，在其他许多国家和地区亦有病例报道。目前全世界有 100 多个国家面临疯牛病的威胁，包括美国、加拿大、阿根廷、智利、澳大利亚、挪威、新西兰和巴拉圭以及中东和亚洲的一些国家。

该病以大脑出现海绵状病变为主要特征，表现为亚急性、渐进性和致死性神经系统变性。目前尚无有效的治疗方法，病死率近 100%。由于该病是人畜共患病，一旦发生所造成的直接和间接经济损失无法估量。因此，疯牛病是世界各国口岸动植物检疫部门重点防范的传染病之一。

二、口　蹄　疫

口蹄疫是偶蹄兽由病毒引起的一种接触性急性传染病，多见于牛、羊、猪。病原体为口蹄疫病毒，病畜的唾液、粪、尿、肉和乳汁中均含有口蹄疫病毒。人因常食用生乳或其他未消毒的畜产品以及接触病畜而感染。

病畜的主要症状是口角流涎呈线状，口腔黏膜、齿龈和鼻翼边缘出现水泡，由谷粒大逐渐增大到豌豆大，水泡破裂后形成烂斑。蹄叉、蹄冠也发生水泡，这是口蹄疫的典型症状。

肉部鉴定时，如口蹄部位有病灶，胃肠有时呈出血性炎症，牛羊的胃黏膜有时出现水泡，偶尔可继发化脓感染。心脏脂肪变性，呈花纹状斑纹，心包上有出血点。

患口蹄疫的牲畜一经发现应立即屠宰，同群牲畜也应全部宰完。宰前检验体温增高的患畜的肉部、内脏及副产品等，高温处理后出厂。体温正常的病畜体去骨后，肉部和内脏经后熟产酸，即在0～6℃ 48h 或6℃以上36h，或10～12℃ 24h无害化处理后可食用。患畜的头、蹄、骨骼、肠、血、肉屑等高温处理后出厂，皮毛消毒后出厂。

三、禽流感

禽流感又称真性鸡瘟或欧洲鸡瘟，是一种由A型流感病毒（AIV）引起的禽类传染性疾病。鸡、鸭、鹅、鸽、鹌鹑等家禽及野生鸟害等均可感染。

1878年禽流感首次发生于意大利，此后禽流感病毒一直在世界各地家禽中普遍存在，并造成了不同程度的影响。

2003年12月15日，韩国农林部和国立保健院公布，在忠清北道阴城郡的一个种鸡饲养场从12月11日以来发生2.1万只鸡集体死亡的事件，并确认为高致病性禽流感。

此后禽流感疫情相继在日本、越南、泰国、印度尼西亚、巴基斯坦、中国、柬埔寨、老挝等国家得到确认。

人感染禽流感后可出现以呼吸系统症状为主的多种临床表现，潜伏期一般为7d以内，早期症状与普通流感相似，主要表现为发热、流涕、鼻塞、咳嗽、咽痛、头痛、全身不适等。部分患者可有恶心、腹痛、腹泻、稀水样便等消化道症状和眼结膜炎症状，体温大多数持续在39℃以上，热程一般为2～3d，若持续高热，则提示病情较重，少数病人出现多种并发症导致死亡。

禽流感的预防可从监测及控制传染源、阻断传播途径、提倡健康的生活方式以及注射疫苗几个方面入手。

四、结核病

结核病的病原体为结核杆菌，以牛、羊和猪等家禽感染为主，特别是牛和羊对人型结核菌易感。

牲畜患结核病的主要症状是全身消瘦、咳嗽、呼吸音粗糙，有罗音、贫血，颌下及体表淋巴肿大变硬。宰后肉部鉴定分为肺结核、淋巴结核、局部结核及全身性结核。

病畜肉处理原则是患全身性结核的肉部消瘦者销毁、肉部不消瘦病变部位割下销毁，其余部分经高温处理后食用。

五、猪瘟、猪丹毒及猪出血性败血症

猪瘟、猪丹毒和猪出血性败血症是猪的三大传染病。猪患上述病时，其抵抗力下降，因此其肌肉及内脏往往伴有沙门菌属的继发感染。如烹调处理不当，人因食肉而引起沙门菌属食物中毒，应特别加以关注。

除猪丹毒通过皮肤传染给人以外，猪瘟和猪出血性败血症都不感染人。

猪瘟为滤过性病毒而引起。猪宰后常发现全身淋巴结肿大，边缘出血或网状出血呈大理石状、皮肤上尤见腹内侧和下腹部皮肤有大小不等的出血点，指压不退色。解剖后可见肾、脾、肝、心、肺等均有小出血点。

猪丹毒由丹青杆菌引起，宰后皮肤上出现稍隆起的红斑，呈大小不等的方形、菱形或圆形疹块，指压退色。全身淋巴结肿大、充血，剖面多汁。脾脏、肾肿大，胃底及幽门部和小肠黏膜呈出血性炎症。

猪出血性败血症又名猪肺疫，是由巴氏杆菌引起的一种猪传染病，宰后见四肢皮肤有出血点，肺呈暗红色，有化脓性病灶，肾脏有针尖状出血点，脾肿大，全身淋巴结肿胀、出血，切面呈红色。

六、弓 形 体 病

人、狗、猪、牛、鼠、兔、鸡、鸭等都能感染弓形体病，是人畜共患的原虫性疾病。

猪患弓形体病后，症状似猪瘟。解剖可见肠系膜淋巴结肿大，呈桃红色，刀切有脆感；肺充血、水肿，肝脏浊肿，质地变硬，小叶有散在性细小的黄色坏死点，肾、脾肿大，肉部一般放血不全。淋巴结新鲜切面做涂片可见到裂殖型弓形虫体，呈半月形散布于细胞之间，其长度与红血细胞直径相当，核为紫红色。

第四节 工业"三废"对食品的污染

工业化的发展促进了社会物质文明的进步，但同时引起的环境污染的问题严重地影响了现代社会生活。工业废气、废渣、废水进入到人类生活的环境中，经过水体污染、土壤污染、大气污染，有害成分被植物吸收而残留在植物中，也积聚在动物的体内，从而污染了食物、饮水和人类赖以生存的空气，通过食物链与生物富集作用，最终影响人类的健康。

工业"三废"中对人体危害较大的有害物质是汞、镉、砷、铅、铬等重金属以及有机毒物。

一、汞对食品的污染

1. 概述

汞俗称水银,是唯一的液体金属。汞有金属汞和化合汞两种形态。化合汞包括无机汞和有机汞化合物,后者最常见的是甲基汞、乙基汞和苯基汞。无机汞可通过纯化学反应和微生物作用形成甲基汞。

2. 食品中汞污染的来源

汞对食品的污染主要是通过环境引起的,汞开采和冶炼,氯碱、造纸业、含汞农药、医疗药物、灯泡、电池等生产和应用中均可造成含汞废水、废气、废渣的排放,进而污染食品。除职业接触外,人体的汞主要来源于受污染的食物,其中又以鱼贝类食品的甲基汞污染对人体的危害最大。

汞的工业废水未经净化处理排放入河川海域等水体后,汞含量增加较多,进入水中的汞多吸附在悬浮的固体微粒上而沉降于水底,使底泥中含汞量比水中高7~25倍,且可转化为甲基汞,并通过食物链逐级提高生物组织中汞含量。鱼体中甲基汞的蓄积是主要的,其所占比例在鱼类可达体内含汞总量的80%。因此鱼体中甲基汞含量比其他食品高得多,有的鱼对汞的浓缩系数甚至可达数千倍以上。海洋中处于生物链最高层的鲨鱼、箭鱼、金枪鱼、带鱼等大型鱼类以及海豹体内的汞含量最高。震惊世界的日本"水俣病"就是由于长期食用受甲基汞污染的鱼贝类而引起的慢性甲基汞中毒。

3. 食品中汞对人体的危害性

甲基汞进入人体后分布较广,对人体的影响取决于摄入量的多少。长期食用被汞污染的食品,可引起慢性汞中毒的一系列不可逆的神经系统中毒症状,也能在肝、肾等脏器蓄积并透过血脑屏障在脑组织内蓄积。还可通过胎盘侵入胎儿,使胎儿发生中毒。严重的造成妇女不孕症、流产、死产或使初生婴儿患先天性水俣病,表现为发育不良、智力减退,甚至发生脑麻痹而死亡。

甲基汞中毒的主要临床表现为肢体末端或口唇周围有麻木、刺激痛感,随后出现手部动作与感觉、视力等障碍,伴有语言、步态失调,甚至发生全身瘫痪、精神错乱乃至死亡。甲基汞自体内排出速度很慢,生物半衰期全身平均为70d左右,脑组织生物半衰期为180~245d。

有机汞可影响蛋白质、半胱氨酸、铁、铜、镁、硒、维生素E、维生素C的代谢,而无机汞可影响钙、铜、硒、维生素C、维生素B_6的代谢。

4. 食品中汞的允许量

1972年FAO/WHO联合委员会规定每周摄取总汞量为0.3mg,其中甲基汞不得超过0.2mg,分别相当于5μg/kg和3.3μg/kg。我国食品卫生标准(GB 2762—1994)制定了食物汞允许含量标准,如表1-2所示。

表 1-2　　　　　　　　　　汞允许含量标准

品　　种	汞允许含量（以 Hg 计）/（mg/kg）
粮食（成品粮）	≤0.02
薯类（马铃薯、白薯）、蔬菜、水果	≤0.01
牛乳	≤0.01
乳制品	按牛乳折算
肉、蛋（去壳）	≤0.05
蛋制品	按蛋折算
鱼	≤0.3，其中甲基汞<0.2
其他水产品	参照鱼的标准

二、镉对食品的污染

1. 概述

镉是一种银白色的金属，质地柔软，富有延展性，抗腐蚀，耐磨。镉广泛存在于自然界中，一般食品中均可以检出镉，含量在 0.004~5mg/kg。我国调查表明粮食、蔬菜的平均镉含量分别为 0.035mg/kg 和 0.3mg/kg。

2. 食品中镉污染的来源

镉是重要的工业原料和环境污染物，镉对环境的污染主要来自如铅、锌矿的开采冶炼，合金钢、电镀镉、玻璃、蓄电池、塑料、陶瓷、照相材料等的生产加工过程。大气中的镉扩散后向地面降落，沉积于土壤中，是植物吸收镉的主要来源。动物性食品含镉量比植物性食品略高些，内脏含镉量明显比肌肉高。水生生物能从水中富集镉，其体内浓度可比水体含镉量高 4500 倍左右。不同食物被镉污染的情况差异很大，甜菜、洋葱、豆类和萝卜最易受污染，谷类能蓄积较多的镉。海产品、肉类（特别是肾脏）、食盐、油类和烟叶中镉的平均含量比饮料、蔬菜和水果高，在海产品中贝类含镉量最高。

3. 食品中镉对人体的危害

进入人体内的镉一般排出很慢，其生物半衰期为 16~33 年，而引起疾病潜伏期短者 2~8 年，长者 10~30 年。

镉中毒主要是由于镉对人体内含疏基酶的抑制。镉中毒的病理变化主要发生在肾脏、骨骼和消化器官三个部分，特别是肾小管的损害，使其再吸收发生障碍，出现蛋白尿、氨基酸尿和糖尿。镉可使人体内的钙析出，从尿排出体外，如补钙不及时可以引起骨质疏松，关节出现疼痛。痛痛病患者极易在轻微碰撞下发生多发性病理骨折。另外，体内外试验均发现镉有致突变作用，如氯化镉和硫酸镉可分别引起卵细胞染色体数目和染色单体型畸变。大量动物实验已经证明镉可引起肺、前列腺和睾丸的肿瘤，最近发现，镉有类似雌激素的作用，与乳腺癌的发生有密切联系。

镉对膳食正常含量的 Zn、Fe、Mn、Se、Ca 的代谢有影响，而上述各类无机元素的缺乏及不足可增加镉的吸收及增强镉的毒性作用。

4. 食品中镉的允许量

WHO 建议每人每天镉的摄入量应控制在 57~71μg，我国平均每人每天镉的摄入量为 37~46μg。

三、铅对食品的污染

1. 概述

铅是对人体有害的元素，是大气重金属污染物中毒性较大的一种。铅在自然界分布甚广。其化合物种类繁多，在自然界多以硫化物存在，仅少量以金属状态存在，并常与锌、铜等元素共存。

2. 食品中铅污染的来源

使用的生产设备、食品容器、食具中的铅会污染食品，如铅合金、搪瓷、陶瓷、马口铁等均可能含铅；在一定条件下铅可进入食品，特别是在酸性食品中，铅的溶入量更高。国内曾有因用含铅容器蒸馏酒及盛酒导致酒中铅含量过高而引起中毒的多次报告。另外，使用含铅农药也可对食品造成污染，如砷酸铅可使水果和粮食上铅残留量达 1mg/kg。铅粉尘、含铅废气、废水等都可能造成食品的铅污染。

3. 食品中铅对人体的危害

经饮水、食物进入消化道的铅，有 5%~10% 被人体吸收。铅吸收后即进入肝，一部分由胆汁排到肠内，随粪便排出体外；另一部分进入血液。血液中的铅初期分布在各组织内，以肝、肾含量最高，随后以不溶的磷酸铅沉积于骨头、头发等处。其半衰期长达 14 年，可在体内产生蓄积作用。

食用被铅化物污染的食品，可引起神经系统、造血器官和肾脏等发生明显的病变，常见的症状有食欲不振、胃肠炎、口腔金属味、失眠、头痛、头晕、肌肉关节酸痛、腹痛、腹泻或便秘、贫血等。此外，铅对儿童的智力发育和行为会有不良影响，对男性生殖系统也有一定的损害。

4. 食品中铅的允许量

我国《食品中铅限量卫生标准》（GB 14935—1994）规定粮食、豆类、薯类、蔬菜、水果、肉类、鱼虾类、蛋类及乳类食品中的铅限量（以 Pb 计）(mg/kg)为：豆类 0.8、蛋类 0.2、蔬菜水果 0.2、肉类鱼虾类 0.5、粮食薯类 0.4、奶粉 0.5。

四、砷对食品的污染

1. 概述

砷在自然界广泛存在,砷的化合物种类很多,其中毒性最大的是 As_2O_3。

2. 食品中砷污染的来源

天然食品中砷的含量极微。由于化工冶炼、焦化、染料和砷矿开采后的"三废"中的含砷物质污染水源和土壤就会间接污染食品。水生生物特别是海洋甲壳纲动物对砷有很强的富集能力,可浓缩高达 3300 倍。

3. 食品中砷对人体的危害

摄入人体内的砷 95%～99% 与血红蛋白结合,在 24h 内分布到全身。主要从尿排出,粪、乳、汗、毛发、指甲可以排出部分。砷在体内有强蓄积性,主要蓄积在肝、肾、肺、皮肤、毛发、指甲、子宫、胎盘和骨骼等上。毛发中砷含量常作为接触砷的监测指标。

由于食用砷污染食品或者饮用受砷废水污染的水而引起的急性中毒,主要表现为胃肠炎症状、中枢神经系统麻痹、四肢疼痛、意识丧失而死亡。慢性中毒表现为植物性神经衰弱症候群,如皮肤色素沉着、过度角化、多发性神经炎、肢体血管痉挛而坏疽。近年来有些资料提出,砷有致癌和致突变作用,特别是导致皮肤癌及肺癌。

4. 食品中砷的允许量

FAO/WHO 提出砷每日允许摄入量为 0.05mg/kg 体重。

我国规定食品中砷允许含量(以 As 计)为:酱、酱油、味精、食盐、发酵和非发酵豆制品、淀粉类制品、腌菜、糕点、红茶、绿茶、冷饮均不超过 0.5mg/kg;食醋不超过 0.5mg/L;食用植物油不超过 0.1mg/kg;粮食(以原粮计)不超过 0.7mg/kg。

第五节 农药对食品的污染

一、概 述

我国是农业大国,也是农药生产大国。近十年来,随着我国病、虫、草害的发生和危害的加剧,农药产量和消费量快速增长,为农业的丰产、丰收做出了巨大的贡献,但使用后造成的环境污染和食品农药残留已成为我国农畜产品出口的重要制约因素。

农药是指用于预防、消灭或者控制危害农业、林业的病、虫、草及其他有害生物,以及有目的地调节植物、昆虫生长的化学合成,或者来源于生物、其他天然物质的一种或者几种物质的混合物及其制剂。

农药有化学性农药和生物性农药。生物性农药由微生物、昆虫等生物体及其代谢物制成。在开发农药的新品种上，生物性农药是人们寄予很大希望的一大类，包括微生物农药、动物源农药与植物源农药。目前使用的农药主要为化学农药，按用途分为杀虫剂、杀（真）菌剂、除草剂、除螨剂、植物生物调节剂等，按化学结构可分为有机磷、氨基甲酸酯、拟除虫菊酯、有机氯等农药。

农药使用后残存于环境、生物体及食品中的农药本体物和具有毒性的衍生物（包括其降解物、代谢物及反应产物）称为农药残留。

二、农药污染食品的途径

在生产使用过程中，农药可经呼吸道、皮肤侵入人的机体，但更主要的是通过污染食品进入人体。

农药对食品的污染包括：喷洒后残留于食用作物上；植物吸收后在其体内残留；小部分飘浮于空中随雨雪等降落于陆地、江、河、湖海等中；水中的农药（来自雨水冲刷或地下水溶解渗透部分的农药）进入浮游生物及水产动物；运输及储存中混放而造成污染。

在上述污染中还有一个富集的过程，即当动物食用饲料时，农药随饲料进入体内，或水生小动物吞食了含农药的浮游生物后又被较大的水生动物吞食，在构成连锁关系的食物链中，最后的动物体内含的浓度最高，其危害性也最大。

三、食品中农药残留的危害

1. **急性中毒**

急性中毒主要是由于不正确使用农药、误食误服含有大量高毒、剧毒农药残留的食物引起，这些农药主要是高毒的有机磷和氨基甲酸酯类杀虫剂、杀鼠剂等。

2. **慢性中毒**

长期从事农药生产、包装、配药、喷洒等各个环节的人员或者长期食用农药残留超标的农副产品的人员，易引起慢性中毒。引起慢性中毒的农药大多是脂溶性的有机氯和有机磷农药。

农药中毒轻者头痛、头昏、无力、恶心；中度中毒时会出现乏力、呕吐、肌肉振颤、心慌，严重者会出现全身抽搐、昏迷、心力衰竭乃至死亡等。高毒农药只要接触极少量就会引起中毒或死亡；中低毒农药毒性虽较低，但接触多时中毒后抢救不及时也可导致患者死亡。

3. **三致作用**

动物试验和人群流行病学调查已表明，有些农药具有致癌、致畸、致突变的"三致"作用。

4. **降低农药残留的措施**

① 加强对农产品中农药残留量的监督管理和检测工作,并严格按《农药安全使用标准》(GB 4285—1989)使用农药。

② 限制农药在食物中的残留量,严格按照农药的使用范围、用药量、用药次数施药,在规定的安全期采收农产品。

③ 加强对农户的教育培训和指导,防止由于工作失误而导致农药污染食品。

④ 改进食品清洗、烹调及食用方法,确保农药残留量达安全标准以下。

第六节 运输及储存过程的污染

一、污染途径

1. 运输过程

① 食品及原料,特别是生熟食品、荤素食品、散装粮菜、食品与非食品、有特殊气味的食品与易吸收气体的食品,或与化肥、农药等物质同一车船装运而造成污染及交叉污染。

② 因用于运输食品的车船等运输工具不符合卫生要求,致使食品及原料在运输途中遭受日光照射、雨淋、灰尘污染、蝇、鼠等虫害的叮咬。

③ 运输过程中因冷藏条件差而加速了食品及原料在途中变质及污染。

④ 车船及其站台、码头的卫生状况不良也可使食品及原料发生严重的污染。

⑤ 从业人员未经职业培训,缺乏有关专业知识,在装卸货物及堆放食品时,违反操作要求,造成食品及原料在途中因严重碰撞使食品组织受破坏损伤,微生物及其他污染物侵入食品组织,致使食品及原料污染变质。

2. 储存过程

① 食品及原料入库时,未经挑选及剔除工作,使霉变、溃烂及质次劣品夹杂在合格食品及原料中一起入库储藏,造成相互交叉污染。

② 食品堆放不符合卫生规定,出现食品与其他药品、化肥、农药等物同库交叉堆放,易吸收气味的食品与有特殊气味之食品相邻堆放,造成污染。

③ 储存食品与原料的仓库未达到相应的储存条件,使食品及原料中的微生物进一步生长繁殖,加速了食品中酶的活动及其新陈代谢产物对食品成分或营养的分解破坏,最终使食品易受污染和变质。

④ 储存库房管理制度不健全,没有落实清洗、消毒、防霉、防虫害、防潮等工作。

二、预防措施

1. 防止在运输过程中被污染

① 运输食品的交通工具、站台、码头、容器及用具必须符合卫生要求。

② 食品企业（工厂、门市部）运送食品的交通工具应专用，绝对防止有害物质与食品同车装运。

③ 长途运输粮、蔬菜等的车船应专用，使用非专用交通工具时必须在装运前彻底清洗消毒。

运输水产品类、肉类、乳类、糕点等易受污染和易变质食品时要注意采取以下措施：

① 长途外运水产品应尽量使用冷藏车和冷藏船，在设备条件受限制时，可装桶加冰和中途补冰，防止日晒雨淋。装运时应轻装浅堆，勿使其受重压，卸货时应用跳板滑卸，禁止随便抛掷，以防止水产品组织损伤而加速污染和腐败变质。

② 运输活畜、活禽时要防止拥挤，途中应供给足够饮水和饲料，以防引起疫病。运送活畜的车辆必须和肉制品分车运送。内脏含细菌较多、组织酶活性强、易变质，运送时不能与肉混放。运输熟肉食品要有清洁专车，内设有分层架装置及盛熟肉容器或者有密闭的包装容器。运输其他肉制品应用箱、盒盛装，上盖下垫，避免污染。运输化学药品或多污染又不易消除的车辆不得运输肉与肉制品。搬运工人应专职分工，搬运病畜肉、鲜肉、熟肉及其他肉制品的人员应分开；工人上下车卸货，其鞋需经5%碱水消毒，且不可脚踩肉尸；盒子不能落地，用后必须用碱水洗刷干净。

③ 夏季乳桶储运时应防止装载程度不够而在途中振动使乳脂互相撞击形成乳酪团；冬季要防止装盛太满在运输途中由于乳的冻结，致使乳桶破裂造成污染。奶油产品转运时，应保持低温、清洁的条件，到达用货地点时奶油产品温度不得超过12℃。

④ 糕点食品运输时要采用专用木箱、塑料箱。

2. 防止在储存过程中被污染

① 已经腐败变质、发霉、有异味或受其他有害物质污染的食品及原料不得入库储藏。

② 库内保持清洁干燥及通风，仓库要有防蛀防虫、防鼠设施，定期出货消毒。

③ 食品成品入库藏放，要求与四周墙壁距离在20cm以上，离地10cm以上，以木架或搁板垫隔，并按入库先后、生产日期和规定品种分别堆放，出库时严格遵守产品先进先出、后进后出的原则，以避免产品保藏时间过长引起变质。

对于水产品类、肉类、油脂、粮谷类、蛋类等易受污染、易变质的食品储存过程中要注意采取以下措施：

① 水产品类：捕捞后的鲜鱼应就地冷却、早期冷冻冷藏等，会大大抑制微生物的生长繁殖，并可延长储存期。用冰冷却鱼，冰用量为鱼体重的50%～

100%，一般可储藏8～10d，不要超过12～13d；如在冰中添加含有效氯0.005%的次氯酸钠，可储藏17～18d。而冻结的鱼在-12～-15℃温度下可储存6个月左右。

② 肉及肉制品：尽量采用吊挂或用缸、盒、池等容器存放。肉垛间要相距30～40cm，离墙也应有30cm的距离，使库内空气流通；冷冻肉应储存于-15℃、相对湿度80%～85%的条件下。

③ 油脂：储存过程中应避光、避热及避水，以防油脂酸败造成食物中毒。

④ 粮谷类：储藏过程设有通风设备，保持干燥、低温、清洁。

思 考 题

1. 什么是食品污染？如何分类？
2. 食品的污染来源有哪些？
3. 如何防止食品的细菌污染？
4. 如何防止食品的农药污染？
5. 重金属污染食品对人类造成哪些危害？
6. 你对我国目前食品污染的现状有什么看法？有何建议？

案 例

【案例一】

北京市食品安全办公室2006年11月在北京市场抽检了来自河北、江苏、湖北、山东等地的咸鸭蛋样本22个，其中红心样本14个，其他样本8个。检测了苏丹红Ⅰ、苏丹红Ⅱ、苏丹红Ⅲ、苏丹红Ⅳ、苏丹红B、苏丹红7B等六个项目。结果显示，在6个红心鸭蛋样本中检出苏丹红B，含量从0.041mg/kg（百万分之一）到7.18mg/kg。这6个样本中5个来自河北、1个来自湖北，分别为河北白洋淀国华禽蛋加工厂生产的红心咸鸭蛋、河北白洋淀金桥禽蛋食品加工厂生产的溢油香鸭蛋、河北白洋淀金桥禽蛋食品加工厂生产的白洋淀特产湖鸭蛋、河北涿州志武禽蛋加工厂生产的鸭蛋、河北安新县关城张大眼禽蛋加工厂生产的咸鸭蛋、湖北荆州九头鸟蛋制品厂生产的天然红心咸鸭蛋。

【案例二】

2004年3月27日，长春市繁荣路成都小吃城，9人亚硝酸盐中毒，中毒原因为投毒或误服。2004年4月11日，松原8人被有毒糖三角毒倒，1人死亡，确定为亚硝酸盐中毒。2004年4月18日，陕西省咸阳市乾县发生115人食物中毒事件，初步查明中毒原因是食物中含有过量的亚硝酸盐。2004年5月19日，长春大学职业技术学院部分学生早餐后，出现不同程度的恶心、呕吐、发绀等症状，就餐的202名学生中有117人到医院就诊。根据发病学生的临床表现和检验结果分析，诊断为亚硝酸盐引起的食物中毒。中毒原因为投毒。2004年9月24

日，辽源福镇路小学百余学生中毒，原因是在校运动会上食用的火腿肠在生产时亚硝酸盐搅拌不匀。

【案例三】

2003年广东信宜北界"8·22"食物中毒，是至今在国内发生的中毒人数最多的大案。"瘦肉精"猪肉毒倒530人。此次中毒事件之所以发病快、影响面大，关键在于养猪户特别贪心，刚停止喂瘦肉精就宰杀出卖，导致瘦肉精在猪肉和猪内脏中高浓度残留。

【案例四】

2003年6月广东江门市区连续发生两宗蔬菜残留甲胺磷农药引致中毒事件。江门市群兴制衣厂100多名职工在厂食堂用餐后，出现食物中毒症状。媒体报道，该厂职工食堂在厂区附近市场购买了空心菜后，回来未经"一洗、二浸、三消毒"处理便下锅烹煮。另外，江门市北郊一建筑工地食堂也出现10多人食用含有残留农药蔬菜的中毒事件。

第二章 食物中毒

【学习目标】
1. 了解食物中毒的概念；
2. 了解食物中毒的原因与特点；
3. 熟悉各种食物中毒的原因和预防措施；
4. 熟悉食物中毒事故处理的程序。

第一节 概 述

一、食物中毒的概念

食物中毒一般认为是由于食用各种"有毒食物"所引起的以急性或亚急性过程为主的一类疾病的总称，属食源性疾病的范畴。

所谓"有毒食物"是指可食状态的、正常数量的、经口摄入而使健康人发病的食物。有毒食品通常含有致病菌、生物性或化学性以及动植物毒素。

摄取非可食状态的（如食用未成熟的西红柿）、非正常数量的（如暴饮、暴食而引起的急性肠炎）某些食物虽也可以引起疾病，但不能认为是食物中毒。另外，某些疾病虽与食物中毒类似，但也不属于食物中毒。例如，食用大量脂肪引起的消化不良，特异体质者食后所致的变态反应，食用刺激性食品所引起的局部刺激症状，经饮食所引起的寄生虫病（如旋毛虫病、囊虫病）、人畜共患传染病（如禽流感、疯牛病）、食源性肠道传染病（如伤寒）、营养缺乏病或营养过剩症，通过呼吸道进入体内有害物质而引起的急性中毒，通过皮肤或静脉进入体内有害物质引起的中毒，急性放射病和生产性职业中毒，食物中混入玻璃屑、金属等异物导致的物理性机械性损伤，摄取高热饮品而导致的烫伤等。

二、食物产生毒性的原因

正常情况下，食物并不具有毒性。食物产生毒性并引起中毒的原因主要有以下几种：

① 致病菌或其毒素污染。某些致病性微生物污染食品并急剧繁殖，以致食品中存有大量活菌或产生大量毒素。

② 已达急性中毒剂量的有毒化学物质的污染。

③ 食品本身含有毒成分，而加工、烹调方法不当未能将其除去。

④ 食品在储存过程中,由于储藏条件不当而产生了有毒物质。
⑤ 长期生存在有毒环境下的动植物对毒素起着转移与富集的作用。

三、食物中毒的特点

食物中毒常呈集体性暴发,其种类很多,病因复杂,发病情况亦有不同,但一般都具有下列共同特征:

① 潜伏期短而集中,具有暴发性。一般都在食后 24～48h 以内,大量病人同时发病。发病曲线呈现突然上升又迅速下降的趋势,无传染病流行时的余波。

② 所有病人都具有相同的症状或症状基本相似。一般来讲,都是从胃肠道的刺激症状开始的,如恶心、呕吐、腹痛等,有类似的临床表现并有急性胃肠炎的症状。

③ 发病与食物有关。发病的人在相近的时间内吃过同样的食物,发病范围限在吃了这种有毒食物的人群,停止食用该食物后,发病立即停止。

④ 人与人之间不直接传染,即食物中毒不具传染性。

四、食物中毒的分类

1. 按病源分类

(1) 细菌性食物中毒　指因摄入被致病菌或其毒素污染的食物引起的急性或亚急性疾病,是食物中毒中最常见的一类,发病率较高而病死率较低,有明显的季节性。包括以下几类:

① 沙门菌食物中毒;
② 变形杆菌食物中毒;
③ 副溶血弧菌食物中毒;
④ 致病性大肠菌食物中毒;
⑤ 葡萄球菌肠毒素食物中毒;
⑥ 肉毒梭菌毒素食物中毒;
⑦ 其他细菌性食物中毒。

(2) 有毒动植物中毒　指误食有毒动植物或摄入因加工、烹调不当未除去有毒成分的动植物食物而引起的中毒。发病率较高,病死率因动植物种类而异。

① 有毒动物中毒,如河豚鱼、有毒鱼贝类等引起的中毒。
② 有毒植物中毒,如毒蕈、含氰苷果仁、木薯、四季豆等中毒。

(3) 化学毒物中毒　误食有毒化学物质或食入被其污染的食物而引起的中毒,发病率和病死率均比较高,如某些金属或类金属化合物、亚硝酸盐、农药等引起的食物中毒。

(4) 真菌毒素和霉变食品中毒　这是食用被产毒真菌及其毒素污染的食物而引起的急性疾病。发病率较高,病死率因菌种及其毒素种类而异,如赤霉病麦、霉甘蔗等导致的中毒。

2. 按食物中毒病因分类

① 细菌性食物中毒。

② 自然毒食物中毒（有毒动植物中毒、霉菌毒素中毒等）。

③ 化学性食物中毒。

3. 按污染菌分类

① 细菌性食物中毒。

② 非细菌性食物中毒（有毒动植物中毒、霉菌毒素中毒、化学毒物中毒等）。

五、我国重大食物中毒情况

2006年，卫生部通过中国疾病预防控制中心网络直报系统共收到全国食物中毒报告596起，中毒18063人，死亡196人，涉及100人以上的食物中毒17起。

2003年国家出台《突发公共卫生事件应急条例》以后，各级卫生行政部门对食物中毒的报告管理明显加强，食物中毒的漏报、瞒报情况有所减少；新闻媒体的舆论监督力度明显加大；同时进一步加强了食物中毒报告制度建设，卫生部对瞒报或报告不及时的部门和单位进行通报。

我国发生的食物中毒主要有以下几个特点：

① 季节性比较明显。就时间而言，第三季度报告的重大食物中毒起数、中毒人数、死亡人数最多。6~9月由于气温较高，适合细菌等微生物的生长繁殖，一旦食物储存、加工、食用不当，极易引起微生物性食物中毒；同时由于此时也正值各种野生植物和蔬菜采食期，如果缺乏相应的鉴别能力，极易误食引起食物中毒。

② 农村地区、集体食堂、学生中发生起数和中毒人数较多。

③ 微生物性食物中毒人数居多。主要是由于食用了受细菌污染、腐败霉变的食品而引起，与食品加工、销售环节卫生条件差、公众的食品卫生意识淡薄等密切相关。

④ 有毒动植物食物中毒是死亡人数最多的食物性中毒。中毒原因以食用的四季豆、扁豆、菜豆等加热温度和时间不够，以及误食毒蘑菇、河豚鱼等有毒动植物为主。

第二节 细菌性食物中毒

一、概　　述

细菌性食物中毒是指因摄入被致病菌或其毒素污染的食物后发生的急性或亚

急性疾病。

我国每年发生的细菌性食物中毒事件占食物中毒事件总数的60%~90%。近两年来的统计资料表明，我国发生的细菌性食物中毒以沙门菌、变形杆菌和葡萄球菌食物中毒较为常见，其次为副溶血弧菌、蜡状芽孢杆菌等。

1. 细菌性食物中毒的特点

(1) 季节性强、夏秋季发病率高　细菌性食物中毒全年都可发生，但高峰期多集中在气温较高的夏秋季节，通常4~5月开始发病，6~9月进入高峰期，12~次年3月发病明显减少。这主要是由于夏秋季节温度较高、湿度大，适于细菌生长繁殖。另一方面，夏季人体肠道的防御机能下降，易感性增强。

(2) 病原食物集中　动物性食品是引起细菌性食物中毒的主要食品，其中肉类及其制品居首位；其次为变质禽肉，病死畜肉占第三位；鱼、奶、蛋亦占一定比例。植物性食品如剩饭、米糕、米粉也会引起中毒。这是因为这些食品营养丰富，含水量大，易被细菌污染，并适合细菌生长，所以引发食物中毒的机会比较多。

(3) 发病率高、病死率低　在各类原因的食物中毒中，细菌性食物中毒无论在发病起数还是发病人数上均居首位，中毒人数占全部食物中毒人数的70%~90%。虽然细菌性食物中毒的发病率较高，但病死率则明显低于其他种类的食物中毒。大多数细菌性食物中毒病程短、恢复快、预后好、病死率低，且无后遗症。但李斯特菌、肉毒杆菌等引起的食物中毒病死率通常较高，为20%~100%。

2. 细菌性食物中毒发生的原因

(1) 致病菌的污染　食品在生产、加工、运输、储藏、销售等过程中受到致病菌的污染。

(2) 致病菌大量繁殖或产生毒素　被致病菌污染的食物具有适宜的条件使致病菌大量生长繁殖或产生毒素。

(3) 烹饪不当　食品在食用前未烧熟煮透或生熟食品交叉污染。

3. 细菌性食物中毒的类型

细菌性食物中毒的发病机制可分为感染型、毒素型、混合型三种类型。

(1) 感染型　细菌污染食品并大量繁殖，随食物进入人体肠道后，侵入肠黏膜及黏膜下层，造成消化道感染，引起胃肠炎症状。潜伏期一般8~24h。临床表现除胃肠道综合征外，多伴有发热症状。其主要病原菌有沙门菌属、致病性大肠杆菌等。

(2) 毒素型　某些病原菌污染食品后大量生长繁殖并产生毒素，毒素随食物进入人体，经肠道吸收而发病。临床表现以消化道综合征（主要是恶心、呕吐）为主，发热较少见。常见的有葡萄球菌产生肠毒素、肉毒杆菌产生神经毒素等。

(3) 混合型　某些病原菌进入肠道除侵入黏膜引起肠黏膜的炎性反应外，

还产生引起急性胃肠道症状的肠毒素。这类病原菌引起的食物中毒是致病菌的侵入性和其产生的肠毒素的协同作用，因此，其发病机制为混合型，如副溶血弧菌引起的食物中毒。

4. 细菌性食物中毒的预防

根据传染途径和细菌的生物学特性，细菌性食物中毒的预防应在主要污染环节上采取相应的措施。

（1）加强卫生管理，防止细菌污染　食品加工过程中要严格遵守卫生操作要求，对生产、加工、包装、储存和加工环境等进行科学管理，将细菌污染的可能性降到最低。餐饮业要强化卫生检疫和食品卫生监督。

（2）控制细菌繁殖　根据细菌生长条件，控制温度可以有效地抑制细菌的繁殖。同时控制食物的水分与酸度也能很好地控制细菌的生长。食物在常温下不要长时间存放。一般熟食品在10℃以上存放不要超过4h，带肉馅的食品在常温下存放不要超过2h。

（3）杀灭污染细菌　食品加工必须严格落实杀菌温度与时间的工艺技术要求，保证达到产品的卫生要求。此外，食物在食用前一定要烧熟煮透，以杀灭污染的活菌；存放的食品在食用前都必须重新加热、蒸煮灭菌。

二、沙门菌食物中毒

沙门菌是国内外细菌性食物中毒中最常见的致病菌，细菌性食物中毒中有80%以上是沙门菌中毒。沙门菌属属肠杆菌科，为革兰阴性杆菌。该属种类繁多，迄今已发现约2000个血清型，我国已发现100个血清型。

沙门菌属生长繁殖的最适温度为35~37℃，在水中可生存2~3周，在粪便和冰水中可生存1~2个月，在食盐含量为12%~19%的咸肉中可生存75d，在冰冻土壤中可存活。沙门菌对热的抵抗力较弱，在70℃加热5min，65℃加热15~30min可杀灭。

沙门菌属食物中毒全年皆可发生，但多见于夏、秋两季，即5~10月。该两季发病起数和发病人数可达全年发病总起数和总人数的80%。

1. 沙门菌的污染途径

沙门菌中毒多见于动物性食品，主要为鱼、肉、禽、蛋和乳等食品，其中尤以肉类为多数。

沙门菌污染肉类，可分为生前感染和宰后污染两方面。生前感染指家畜、家禽在宰杀前已感染沙门菌，患病家畜的带菌率较高，如病猪沙门菌检出率达70%以上。宰后污染是家畜、家禽在宰杀以后被带菌的粪便、容器、污水所污染。宰后污染可发生在从宰杀到烹调处理的各个环节。被沙门菌污染的饲料（鱼粉等）还可以通过食物链的作用使家畜（禽）带菌，进而使畜（禽）肉、蛋被污染。为此，应对饲料进行沙门菌无菌化处理。

家禽、蛋类及其制品感染沙门菌的机会较多,鸭、鹅等水禽及其蛋类的带菌率一般比鸡高,为30%~40%之间。蛋类感染沙门菌主要是在卵巢内和卵壳表面。

水产品感染沙门菌主要是由于水源被污染,淡水鱼虾有时带菌,海产鱼虾一般带菌者较少。

带菌牛产的奶有时带有沙门菌,即使是健康奶牛的奶在挤出后亦可受到带菌奶牛粪便或其他污物的污染。故鲜奶和鲜奶制品,如消毒不彻底,也可引起沙门菌食物中毒。

由于沙门菌不分解蛋白质,因此被沙门菌污染的食品通常没有感官性状的变化,难以用感官鉴定方法鉴别。

2. 食物中毒症状及发生原因

沙门菌食物中毒潜伏期一般为12~48h。初期症状有寒战、头晕、头痛、恶心和腹痛,主要症状为发热、恶心、呕吐、腹痛、腹泻。一般3~5d内迅速减轻,病死率为1%。临床症状有五种类型,即胃肠炎型、类霍乱型、类伤寒型、类感冒型和败血症型,其中胃肠炎型最为多见。

沙门菌食物中毒的临床表现是由活菌和内毒素的协同作用造成的,近年来发现鼠伤寒沙门菌能产生耐热性肠毒素而引起毒素型中毒。因此,沙门菌食物中毒可能具有细菌侵入和肠毒素两者混合型中毒特性。

沙门菌食物中毒的发生不仅与进入人体的菌量有关,而且与菌型、毒力的强弱以及人类个体的抵抗力有关,一般随食物摄入10万至10亿个(平均1000万个)沙门菌才出现临床症状。

3. 预防措施

加强食品生产企业特别是肉制品企业的卫生管理,严禁加工和出售病、死畜禽肉制品。从业人员要严格遵守有关卫生法规,按照卫生操作规程和工艺技术措施进行加工、销售、储存,防止食品的沙门菌污染与繁殖。

三、变形杆菌食物中毒

变形杆菌是革兰阴性无芽孢杆菌,属腐败菌,在自然界分布广泛,其生长繁殖对营养要求不高,主要包括普通变形杆菌、奇变形杆菌、莫根变形杆菌、雷极变形杆菌和无恒变形杆菌。其中前三种都能引起食物中毒,无恒变形杆菌能引起婴儿夏季腹泻,莫根变形杆菌与组胺中毒有关。变形杆菌对热抵抗力不强,加热55℃持续1h即可杀灭。

变形杆菌食物中毒全年均可发生,大多数发生在5~10月,以7~9月最为多见。

1. 变形杆菌的污染途径

被变形杆菌污染并引起中毒的食品主要是动物性食品,如熟肉类、熟内脏、熟蛋品、水产品等，豆制品、凉拌菜、剩饭和病死的家畜肉也引起过中毒。

食物中的变形杆菌主要来自外界的污染。变形杆菌属在土壤、污水和动植物中都可检出，在人和动物的肠道中也常有存在，所以食品受污染的概率很高。

生的肉类和内脏带菌率较高，往往是污染源。被污染的食品在20℃以上如果放置较长时间，变形杆菌便会大量繁殖，食用前如又未经足够地加热煮熟，则极易引起食物中毒。

变形杆菌和其他细菌一起污染食品后，可使食品的感官性状有明显改变。而单纯的变形杆菌污染熟食品时，由于不分解蛋白质，食品没有腐败的感官性状迹象，但同样可引起食物中毒，因此在进行食品卫生鉴定时，不能单以熟食品感官性状的好坏来判断是否被污染。

2. 食物中毒症状及发生原因

变形杆菌食物中毒的临床症状可分为三种类型，即急性胃肠炎型、过敏型和同时具有上述两种类型临床表现的混合型。

急性胃肠炎型有两种发病机制：即由大量活菌引起的感染型急性胃肠炎和由变形杆菌产生的肠毒素引起的毒素型急性胃肠炎。潜伏期2~30h，主要症状是恶心、呕吐、头晕、头痛、乏力、阵发性剧烈腹疼，腹泻多为水样便并伴有黏液、恶臭，一天数次至10余次。体温38~39℃，重者可达40℃。病程1~3d，多数在24h内恢复，预后一般良好。

过敏性组胺中毒是由于莫根变形杆菌具有脱羧酶，可使组氨酸脱羧形成组胺而引起组胺中毒。主要表现为面部和皮肤潮红、头晕、头痛及荨麻疹。病程短，预后好，病程一般为1~2d。

急性胃肠炎型和过敏型同时出现的混合型中毒，多系由莫根变形杆菌所引起。体温一般不升高，1~2d可恢复，一般预后良好。

3. 预防措施

变形杆菌属食物中毒的预防除抓住防止污染、控制繁殖和食前彻底加热杀灭病原菌三个主要环节外，尤其应控制人类带菌者对食物的污染及生、熟食品的交叉污染。为此，食品企业、饮食企业应建立严格的卫生管理制度，搞好食品卫生，从业人员应定期进行身体健康检查，带菌者不得从事相关工作。

四、副溶血弧菌食物中毒

副溶血弧菌是一种嗜盐性细菌，为革兰阴性菌，在无盐培养基上不生长，在含盐3%~3.5%的培养基内，30~37℃，pH7.4~8.2时生长最佳。在淡水中生存不超过2d，海水中存活时间可超过47d。该菌对酸和热敏感，在普通食醋内5min即死亡；75℃加热5min或90℃加热1min即可杀灭。对低温抵抗力较弱，0~2℃经24~48h可死亡。

副溶血弧菌食物中毒的最显著特点是与食用海产品有关，在沿海地区最为常见，夏秋季节尤其是7~9月是高发季节。

1. 副溶血弧菌的污染途径

引起副溶血弧菌食物中毒的食品主要为海产鱼虾贝类，其次为肉类、家禽和蛋等，少数由咸菜、酱菜、熟菜和面食所引起。

副溶血弧菌广泛存在于海水、海产品和海底沉积物中。海产鱼虾贝类是该菌的主要污染源，接触过海产鱼虾的带菌厨具、容器不经洗刷消毒也可成为污染源，苍蝇也能传播该菌。

生活污水、粪便是主要传染源，带菌者也是传染源之一。

生食海产品或食用凉拌菜及未烧熟煮透的鱼虾，或者烧熟后放置时间较长，食前又未充分加热以及生、熟食品的交叉污染是引起副溶血弧菌食物中毒的主要原因。

2. 食物中毒症状及发生原因

副溶血弧菌食物中毒的临床症状有三种类型，即毒素型、感染型和混合型急性胃肠炎。毒素型中毒是副溶血弧菌产生的类似霍乱毒素的肠毒素引起的；感染型中毒是由于大量活菌侵入造成的；混合型中毒则是由于上述两种类型的协同作用所致。

副溶血弧菌食物中毒的潜伏期一般为11~18h，短者4~6h，长者32h。潜伏期短者病情较重，主要症状为上腹部阵发性绞痛，继之腹泻，每天5~6次，多者达20多次。一般呈洗肉水样血水便、脓血便。多数病人腹泻后呈恶心、呕吐等症状，体温一般37.5~39.5℃，病程为2~4d，恢复较快，预后良好。少数严重病人由于休克、昏迷而死亡。

3. 预防措施

副溶血弧菌食物中毒的预防与沙门菌食物中毒基本相同，应紧紧抓住防止污染、控制繁殖和杀灭病原菌这三个主要环节，其中控制繁殖和杀灭病原菌尤为重要，因副溶血弧菌对低温抵抗力弱，故海产品或熟食品应低温冷藏。水产品应烧熟煮透，蒸煮时需加热100℃并持续30min。烹调后的食品应尽早吃完，食前要回锅热透。由于副溶血弧菌对酸的抵抗力较弱，对凉拌食物（如海蜇）在清洗干净后可用食醋拌渍或在100℃沸水中漂烫数分钟以杀灭副溶血弧菌。海产品用盐渍也可有效地杀灭此菌。

五、致病性大肠杆菌食物中毒

大肠杆菌系革兰阴性杆菌，作为正常菌群存在于人和动物肠道中，并广泛分布于自然界，一般不致病。但有极少部分大肠杆菌可感染人和动物肠道，引起腹泻和急性胃肠炎，故称其为致病性大肠杆菌或肠炎致病性大肠杆菌。致病性大肠杆菌除血清分型外，在形态、生化反应等方面与一般大肠杆菌相似，难以鉴别。可经空气和水源传播，进而污染食物而引起食物中毒。

致病性大肠杆菌中，有些菌株能侵袭肠黏膜上皮细胞，产生与痢疾杆菌和伤寒杆菌相似的致病力；有些菌株虽不能侵入肠黏膜上皮细胞，但能产生引起强烈腹泻的肠毒素，该肠毒素有耐热与不耐热之分，耐热型肠毒素100℃加热30min尚不破坏，而不耐热型60℃加热1min即可被杀灭。

致病性大肠杆菌的抵抗力弱，在室温下能生存数周，在土壤或水中可达数月，60℃加热20min或煮沸数分钟即被杀灭，一般的消毒剂易使其死亡。

致病性大肠杆菌中毒全年均可发生，特别是在夏秋季节，由于环境温度适合于该菌生长、繁殖，故发病率高。

1. 致病性大肠杆菌的污染途径

易被致病性大肠杆菌污染的食品主要是肉类、水产品、豆制品、蔬菜，特别是熟肉类及凉拌菜。污染源是人和动物的粪便，经手、蝇和不洁用具等而污染食品，在适宜条件下放置较长时间大量增殖而引起食物中毒。被污染的牛乳也常是引起婴儿腹泻的主要原因。

2. 食物中毒症状及发生原因

致病性大肠杆菌中毒的潜伏期最短为4~10h，有时可达48h左右。致病性大肠杆菌食物中毒的临床症状有两种类型，即急性胃肠炎型和急性痢疾型。急性胃肠类型最为常见，多见于婴幼儿，常有食欲不振、腹泻和呕吐。粪便呈水样，伴有黏液，但无脓血；体温38~40℃。成人患者腹泻1~2d，多达5~10次，粪便呈米泔样。少数患者有剧烈的腹绞痛与呕吐。脱水严重时可发生循环衰竭。急性痢疾型主要症状为腹泻、腹疼、发热，少有呕吐，病程7~10d，一般预后良好。

3. 预防措施

与沙门菌属食物中毒的预防措施类似，防止食物带菌是关键。同时，要防止食品被人类带菌者、带菌动物以及污水、容器和用具等污染，应特别强调防止生、熟食品交叉污染和熟后污染。熟食品应低温保存，食用前最好加热处理。

六、葡萄球菌肠毒素食物中毒

葡萄球菌为革兰阳性兼性厌氧菌。能产生肠毒素的葡萄球菌有两种，即金黄色葡萄球菌和表皮葡萄球菌。金黄色葡萄球菌致病力最强，可引起化脓性病灶和败血症，其肠毒素能引起急性胃肠炎。

葡萄球菌的抵抗力较强，能在12~45℃下生长，最适生长温度为37℃，最适生长pH为7.4，但耐酸性较强，pH4.5时也能生长；耐热性也较强，加热到80℃，经30min方能杀死；在干燥状态下，可生存数月之久。

葡萄球菌肠毒素食物中毒全年皆可发生，但多见于夏秋季节。

1. 葡萄球菌的污染途径

引起葡萄球菌肠毒素中毒的食品多具备以下条件：① 食物中污染大量产肠

毒素的葡萄球菌；② 污染后的食品放置于适合产毒的温度下；③ 有足够的潜伏期；④ 食物的成分和性质适于细菌生长繁殖和产毒。

主要引起污染及中毒的食品有奶、肉、蛋、鱼类及其制品等各种动物性食品。糯米凉糕、凉粉、剩饭和米酒等也曾引起过中毒。引起中毒的原因主要是食品被致病性葡萄球菌污染后在适宜条件下迅速繁殖而产生大量肠毒素。

葡萄球菌广泛分布于自然界，如空气、土壤和水中皆可存在。其传染源主要是人和动物，例如患有化脓性皮肤病和疖疮或急性呼吸道感染以及口腔、鼻咽炎症等的病人，患有乳房炎的乳牛的奶及其制品和带有化脓性感染的屠畜肉尸等。

2. 食物中毒症状及发生原因

葡萄球菌肠毒素食物中毒潜伏期短，一般为 2~3h，多在 4h 内发病，最短 1h，最长不超过 10h，主要表现为明显的胃肠道症状。起病急，恶心，有剧烈而频繁的呕吐，吐物中常有胆汁、黏液和血，同时伴有上腹部剧烈的疼痛，大量分泌唾液，腹泻呈水样便，次数不多，常为每天 3~4 次。体温一般正常，偶有微热，不超过 38℃。因多次呕吐和腹泻可致虚脱、严重脱水、意识不清，个别患者有血压下降或循环衰竭。儿童对肠毒素比成人更为敏感，故其发病率较成人高，病情亦较成人重。病程较短，1~2d 即可痊愈，预后良好。

葡萄球菌食物中毒是由葡萄球菌在繁殖过程中分泌到菌细胞外的肠毒素引起，因此，若仅摄入葡萄球菌并不会发生中毒。

葡萄球菌肠毒素，根据其血清学特征的不同，目前已发现 A、B、C、D、E 五型。A 型肠毒素毒力最强，摄入 1μg 即能引起中毒，在葡萄球菌毒素中毒中最为多见。各型肠毒素引起的中毒症状基本相同。

葡萄球菌产生的肠毒素是一种可溶性蛋白质，耐热性强。破坏食物中存在的葡萄球菌肠毒素须加热至 100℃，并持续 2h。故在一般烹调温度下，食物中如有肠毒素存在，仍有引起食物中毒的可能。

3. 预防措施

葡萄球菌肠毒素食物中毒的预防应从防止葡萄球菌污染和防止其肠毒素形成两方面着手。

（1）防止葡萄球菌污染食物

① 避免人为污染：定期对食品加工人员、饮食从业人员、保育员进行健康检查，对患局部化脓性感染、上呼吸道感染者，应调换工作或彻底治愈后再恢复工作。

② 避免畜产品污染：应定期对牲畜进行兽医卫生检查，患病的牲畜其奶禁止食用。挤奶过程中要严格遵守卫生要求，避免人为污染。健康奶牛的奶在挤出后，除应防止葡萄球菌污染外，亦应迅速冷却至 10℃ 以下，防止在较高温度下该菌的繁殖和毒素的形成。

（2）防止肠毒素的形成　在低温、通风良好条件下储藏食物不仅可防止葡萄球菌生长繁殖，同时也可防止毒素形成。

七、肉毒杆菌毒素食物中毒

肉毒梭状芽孢杆菌简称肉毒杆菌（肉毒梭菌），系革兰阳性厌氧菌。该菌在厌氧环境下可产生外毒素，即肉毒杆菌毒素（简称肉毒毒素）。肉毒毒素是一种强烈的神经毒素，对人的致死量为 10^{-9} mg/kg 体重。根据产生毒素的抗原特性，现已发现肉毒杆菌有 A、B、C、D、E、F、G 七个型。人类肉毒中毒主要由 A、B 及 E 型所引起，少数由 F 型引起，但也已有关于 C、D 型引起人类中毒的报道。肉毒毒素对热很不稳定，各型毒素在 80℃ 下经 30min、在 100℃ 经 10～20min 可完全破坏。

肉毒杆菌的芽孢能耐高温，其中 A 型和 B 型的抗热力最强，杀死 A 型肉毒杆菌芽孢湿热 100℃ 需 6h，120℃ 需 4min。

肉毒杆菌对酸较为敏感，在 pH4.5 以下和 9.0 以上时，所有菌株都受到抑制。

肉毒杆菌在食盐浓度为 10% 时不能生长；食盐浓度为 2.5%～3% 时，所产生的毒素可减少 98%。

肉毒杆菌食物中毒一年四季均可发生，大部分发生在 3～5 月。

1. 肉毒杆菌的污染途径

引起肉毒毒素中毒的食品因饮食习惯、膳食组成和制作工艺的不同而有差别。我国引起中毒的食品大多是家庭自制的发酵食品，如豆瓣酱、豆酱、豆豉、臭豆腐等，有少数发生于各种不新鲜肉、蛋、鱼类食品。日本以鱼制品引起中毒者较多，美国以家庭自制罐头和肉乳制品引起中毒者为多，欧洲多见于腊肠、火腿和保藏的肉类。

肉毒杆菌广泛存在于土壤、江河湖海的淤泥沉积物、尘土和动物粪便中，其中土壤是重要污染源。土壤表层的肉毒杆菌附着于农作物上，家畜、家禽、鸟类、昆虫也能传播肉毒杆菌。

食品在加工、储藏过程中被肉毒杆菌或其芽孢污染并产生毒素，食用前对带有毒素的食品又未加热或未充分加热，由此引起中毒。

2. 食物中毒症状及发生原因

肉毒中毒是神经型食物中毒，潜伏期比其他细菌食物中毒潜伏期长，一般 12～48h，短者 5～6h，长者 8～10d 或更长。潜伏期越短，病死率越高；潜伏期长，病情进展缓慢。肉毒中毒症状主要是神经系统症状，以对称性颅神经损害的症状为特征，如视力模糊、眼睑下垂、复视、瞳孔散大、语言障碍、吞咽困难、呼吸困难，继续发展可由于呼吸肌麻痹引起呼吸功能衰竭而死亡。

肉毒毒素中毒发病机制为肉毒毒素可抑制神经传导介质——乙酰胆碱的释放

而导致肌肉麻痹,重症者亦可影响颅神经。

肉毒中毒的病死率较高,是细菌性食物中毒中最严重的一种。近年来,我国肉毒杆菌食物中毒的病死率较低,为10%左右。死亡多发生在中毒后4~8d,快者6~12h即死亡,病程超过10d者大多能生存。病人经治疗恢复后,一般无后遗症。

3. 预防措施

(1) 注意食品加工卫生 在食品加工过程中,应当使用新鲜的原料,避免泥土的污染;加工时要烧熟煮透;加工后的熟食品应避免再污染,按要求进行保藏。提倡科学地制作发酵食品,避免肉毒杆菌污染。

(2) 无害处理 罐头食品如发现胀罐要进行检验或废弃;对可疑的食品应做加热处理,加热温度一般为100℃ 10~20min,可破坏各型毒素。

八、其他细菌性食物中毒

其他细菌性食物中毒及预防措施见表2-1。

表2-1　　　　　其他细菌性食物中毒及预防措施

名　称	污染源及污染途径	发病及中毒症状	预防措施
蜡样芽孢杆菌食物中毒	蜡样芽孢杆菌广泛存在于土壤、灰尘、腐草和空气中。肉类、奶类及其制品、米饭、蔬菜、水果可带有该菌。不洁用具和容器可传播。熟食品在20℃下放置时间过长,可使该菌繁殖产生肠毒素而引起中毒	由于食物带有大量活菌或其毒素,可引起呕吐、腹泻等胃肠炎。潜伏期0.5~6h,主要症状为恶心、呕吐、腹痛、头晕和全身无力。病程约为1d	加强卫生管理,防蝇、防鼠和防尘。熟食品不应放置时间过长,食用前应再次充分加热煮透
韦氏杆菌食物中毒	韦氏杆菌广泛存在于动物粪便、土壤、灰尘和污水中。大多数肉类、水产品带有该菌	食入大量活菌可致腹泻。潜伏期一般为3~20h,主要症状为腹痛、腹泻、大便水样或稀便,无脓血。重症休克、痉挛、意识障碍或肠出血坏死等,病程1~4d	加强卫生管理,控制传染源,彻底杀灭病原菌,食品要在低温下保存,防止熟后污染
链球菌食物中毒	链球菌广泛存在于动物粪便、尘埃、水、奶类和人的口腔、鼻咽部。家畜、家禽患化脓性炎症时,可带有大量链球菌。引起中毒的食品是熟肉和奶类食品	潜伏期一般为8~10h,主要症状为上腹部不适、恶心、呕吐、腹痛、腹泻,水样便,体温略高。病程1~3d	加强肉类食品卫生管理,特别屠宰患化脓性疾病的牲畜时,要进行高温无害化处理。从业人员患感冒或化脓性皮肤病时,不得参加接触食品的工作

续表

名称	污染源及污染途径	发病及中毒症状	预防措施
志贺菌属食物中毒	志贺菌在熟肉等熟食品上繁殖较快，熟食品放置时间较长，食前未经加热，食后可引起食物中毒。苍蝇能传播该菌	潜伏期一般为10~14h，主要症状为突发剧烈的腹痛、多次腹泻，初期为水样便，后带血样黏液。体温40℃，少数病人发生痉挛，重症者出现休克	夏秋季应特别加强食品的卫生管理，严格执行卫生制度。对患细菌性痢疾或带菌者应暂时调离加工食品工作
结肠炎杆菌食物中毒	结肠炎杆菌在自然界分布较广，动物带菌率较高，该菌污染的食物和水能使人被感染	多发于春夏季，主要症状为发热、右下腹疼痛，有时腹泻，大便呈稀血水样	加强食品卫生管理，严格执行卫生制度
产气荚膜梭菌食物中毒	产气荚膜梭菌广泛存在于人和动物的粪便、土壤及下水道污水中，因此，食品受到污染的机会较多	产气荚膜梭菌食物中毒为感染型中毒，由于食入污染该菌的食品而发病，潜伏期为8~12h。主要症状是腹泻、腹疼。一般不呕吐，无发烧。病程一般为一周	烹调后的熟食品应尽快食用，熟食品放置后须再加热后食用
小肠结肠炎耶尔森菌食物中毒	小肠结肠炎耶尔森菌广泛存在于自然界，易通过狗、猫、鼠等带菌动物的排泄物二次污染食品，故饮用水、食品原料中常易感染该菌	感染该菌可导致胃肠炎、败血症、关节炎等，婴幼儿主要为腹泻、回肠末端炎、阑尾炎、肠间系膜淋巴结炎。本菌引起食物中毒为肠道感染，主要症状为腹疼、腹泻、发烧	加强食品加工的卫生管理，食品应低温保存；食用前对食品应充分加热灭菌
空肠弯曲菌食物中毒	空肠弯曲菌广泛存在于家畜、家禽、狗和其他野生动物的肠道内，因而屠杀后通过食肉污染的危险性较高	该菌中毒属于感染型，潜伏期一般为2~4d；症状为腹泻、腹疼、发热、头痛及呕吐，水样便，病程一般为一周	加强屠宰场的卫生管理，注意手指和加工器具等的卫生。食用前对食品应充分加热杀菌
不凝集弧菌食物中毒	不凝集弧菌存在于淡水、淡咸水等中，特别含盐在0.4%~1%浓度的水中分布广泛，夏季分布频度升高。生鲜鱼、贝类和饮用水作为污染源，容器、食具也可引起二次污染。该菌在冷冻和冷藏条件下仍可存活	主要症状是腹泻、水样便，有时伴有恶心、呕吐、腹疼、发烧等胃肠炎症状。有时还可引起胆囊炎、阑尾炎、肺炎、中耳炎等	严格加强卫生管理。防止熟食品放置时间过长

第三节 有毒动植物中毒

有毒动植物中毒主要指有些动植物中含有某种有毒天然成分（如河豚含有河豚毒素、毒蕈含有毒蕈碱等），而且由于其形态与无毒品种类似，容易混淆而误食，或食用方法不当而引起人类中毒。某些食物在一般情况下并不含有毒物质，由于储存不当形成某种有毒物质（如马铃薯发芽后可产生龙葵素），食用后也会引起中毒。

一、动物性食物中毒

食入动物性有毒食品引起的食物中毒即为动物性食物中毒。动物性有毒食品主要有两类：天然含有有毒成分的动物或动物体内的有毒成分；在一定条件下产生大量的有毒成分的可食动物性食品。动物性食品中的天然有害物质几乎都属于鱼及贝类的毒素。近年我国发生的动物性食物中毒主要是河豚中毒，其次是贝类中毒。

1. 河豚中毒

河豚又名鲀，或称鲢鲅鱼，是一种味道鲜美但含有剧毒物质的鱼类。我国沿海各地及长江下游均有出产，属无鳞鱼的一种，在淡水、海水中均能生活。

(1) 中毒原因　河豚中毒多为误食而中毒，其次为喜食河豚但未将其毒素除净而引起中毒。

河豚的有毒成分为河豚毒素，系无色针状结晶，微溶于水，对热稳定，热处理120℃20min仍有毒素残存，煮沸、盐腌、日晒均不能将其破坏。河豚毒素主要存在于河豚的肝、脾、肾、卵巢、卵子、睾丸、皮肤、血液及眼球中，其中卵巢毒性最大，肝次之。虽然新鲜肌肉可视为无毒，但如鱼死后较久，内脏毒素溶入体液中能逐渐渗入肌肉内，仍不可视为无毒。个别品种在肌肉内也有弱毒。一般雄鱼组织的毒素含量低于雌鱼。每年2~5月为河豚卵巢发育期，此时毒性最强，故河豚中毒事故多发生在春季。

河豚毒素是毒性最强的非蛋白质的神经毒素，其毒力比氰化钠大1000倍，对人的致死量为每千克体重7μg，即0.5mg就能毒死一个体重70kg的人。

河豚毒素主要作用于神经系统，阻碍神经传导，可使神经末梢和中枢神经麻痹。最初为知觉神经麻痹，继而运动神经麻痹，从而引起外周血管扩张、血压下降，最后出现呼吸中枢和血管运动中枢麻痹。

(2) 中毒症状　河豚中毒发病急速而剧烈，潜伏期一般在10min至3h，先感觉手指、口唇、舌尖麻木或有刺痛感，然后出现恶心、呕吐、腹泻等肠胃症状，以后发展到四肢麻痹、共济失调、瘫痪、血压和体温下降，重症者因呼吸衰竭窒息而死，中毒病死率约20%左右，致死时间最快在食后1.5h。

河豚中毒尚无特效解毒药，一般以排除毒物和对症处理为主。排出毒物的方法主要是催吐、洗胃和导泻。由于河豚毒素在体内解毒和排泄很快，如果发病后8h未死亡，多能恢复。因此，一旦发现中毒，应尽快给予各种排毒和对症处理的措施，让病人度过危急期。

（3）预防措施

① 加强卫生宣传教育，使大众充分认识其危害，以不食河豚较为妥善。

② 加强对河豚的监督管理，我国严禁食品饮食行业加工河豚，要禁止其流入市场。

2. 麻痹性贝类中毒

此类中毒系由于食用某些贝类如贻贝、蛤类、螺类、牡蛎等引起，这与贝类吸食浮游藻类有关，毒物在贝类内部蓄积和代谢，使人类食用后造成食物中毒。

（1）中毒原因　在全世界4000多种海洋浮游藻中，大约有260种能形成赤潮，其中有70多种能产生毒素。赤潮中的"藻毒素"通过食物链，在贝类和鱼类的身体内积累。太平洋沿岸地区有些贝类多在3~9月使人中毒，中毒特点为神经麻痹，故称麻痹性贝类中毒。发生麻痹性贝类中毒一般与进食"赤潮海鲜"有关。

有毒藻类主要为甲藻类，特别是一些属于膝沟藻科的藻类。毒藻类中的贝类麻痹性毒素主要是石房蛤毒素。该毒素为白色，易溶于水，耐热，一般烹调温度很难将其破坏，胃肠道易吸收。贝类含石房蛤毒素的多少取决于海水中膝沟藻类的数量，贝类中毒的发生往往与水域中藻类大量繁殖、集结形成所谓"赤潮"有关。

某些无毒可供食用的贝类在吸食有毒藻类后，其所含的有毒物质即进入贝体内，产生石房蛤毒素，因毒素在贝类体内呈结合状态，故贝体本身并不中毒，也无生态和外形上的变化。但是，当人们食用这种贝类后，毒素迅速被释放，呈现毒性作用。石房蛤毒素是一种神经毒，主要作用为阻断神经传导，作用机制与河豚毒素相似，在相对分子质量较小的毒素中为毒性较高者。对人经口致死量为0.54~0.9mg。

（2）中毒症状　人类误食了含有麻痹性毒素的贝类，潜伏期一般为数分钟至20min，主要表现为突然发病，唇、舌麻木，肢端麻痹，头晕恶心，胸闷乏力等，部分病人伴有低烧，重症者则昏迷，呼吸困难，最后因呼吸衰竭窒息而死亡。重症者常在2~24h因呼吸麻痹而死亡，病死率为5%~18%。如病程超过24h者则预后良好。

麻痹性贝毒是所有赤潮毒素中最多见的。目前对贝类中毒尚无有效解毒剂，有效的抢救措施包括及早催吐、洗胃、导泻及对症治疗，设法排除毒素。

（3）预防措施

① 建立疫情报告和定期监测制度。定期对贝类生长水域采样进行显微镜检查，如发现水中藻类细胞增多，即有中毒的危险，应对该批贝类做毒素含量测定。

② 规定市售贝类及加工原料用贝类中毒素限量。目前，美国和加拿大对冷藏鲜贝肉含石房蛤毒素（STX）的限量≤80μg/100g，可作为借鉴。

③ 做好卫生宣传教育，介绍安全食用贝类的方法。贝类毒素主要积聚于内脏，如除去内脏，洗净、水煮、捞肉弃汤，可使毒素含量降至最小程度。

3. 鱼类引起的组胺中毒

鱼类引起的组胺中毒是由于食用含有一定数量组胺的某些鱼类而引起的过敏型食物中毒。

（1）中毒原因　组胺是组氨酸的分解产物，因此组胺的产生与鱼类所含组氨酸的多少有关。一般海产鱼类中的青皮红肉鱼，如鲣鱼、鲐鱼、骖鱼、秋刀鱼、沙丁鱼、竹荚鱼、金枪鱼等鱼体中含有较多的组氨酸。当鱼体不新鲜或腐败时，污染于鱼体的细菌如组胺无色杆菌特别是莫根变形杆菌所产生的脱羧酶，使组氨酸脱羧基形成组胺。

在温度15～37℃以及有氧、中性或弱酸性（pH6.0～6.2）和渗透压不高（盐分3～5%）的条件下，容易产生大量组胺。当鱼品中组胺含量达到4mg/g时，即可引起中毒。人体摄入组胺达100mg以上时，易发生中毒，而且还与个人体质的过敏性有关。

其他氨基酸脱羧产物，如尸胺、腐胺、酪胺、氨基己醇等，可与组胺发生协同作用，使毒性增强。

（2）中毒症状　组胺中毒是一种过敏型食物中毒，其特点是发病快、症状轻、恢复快。潜伏期一般仅数分钟至数小时。主要症状为面部、胸部或全身潮红，头痛、头晕、胸闷、呼吸促迫。部分病人出现眼结膜充血，口唇肿，或口、舌、四肢发麻，以及恶心、呕吐、腹痛、腹泻、荨麻疹等。有的可出现支气管哮喘、呼吸困难、血压下降。一般体温正常，1～2d内恢复健康。

（3）预防措施　主要是防止鱼类腐败变质。商业部门应尽量保证在冷冻条件下运输和保存鱼类，市场供应的鲜鱼应采用冷藏货柜或加冰保鲜，凡青皮红肉鱼类（如鲐、鲣等）应有较高的鲜度，严禁销售变质鱼类。消费者选购青皮红肉鱼类时，应特别注意鲜度质量。烹调加工时，将鱼肉漂洗干净，充分加热，采用油炸和加醋（或红果）烧煮等方法可使组胺减少。

4. 其他有毒动物中毒

其他的动物性食物中毒及预防见表2-2。

表 2-2　　其他动物性食物中毒及预防

中毒名称	有毒成分	中毒症状	预防措施
鱼卵中毒（如青海裸鲤、石斑鱼、鲶鱼等）	可能是鱼卵毒素	潜伏期短，有恶心、呕吐、腹痛、腹泻等胃肠道症状，有的有口干、眩晕、脉搏快、胸闷等。重病例痉挛、抽搐昏迷而死亡，轻症者多	加强宣传教育、普及有关知识。产卵季节鱼卵毒性大，应除净。加工、腌制时亦须除去鱼卵
鱼肝中毒（如鲨鱼、鲅鱼、旗鱼、鲟鱼等）	大量维生素A	头痛、皮肤潮红、恶心、呕吐、腹部不适、食欲不振，继之可有脱皮，一般可自愈	不过量食用可能含大量维生素A的动物肝脏
鱼胆中毒（如草鱼、鲤鱼、鲢鱼、鳙鱼等）	胆汁毒素	潜伏期短，恶心、呕吐、腹痛、腹泻，随之有肝肾损害，重度中毒者可因中毒性休克及昏迷而死亡	普及鱼胆有毒的知识，如须用鱼胆治病，需按医嘱，切勿过量
雪卡毒素中毒（存在于某些毒鱼肌肉、内脏和生殖腺中和某些软体动物体内）	雪卡毒素	潜伏期数小时，主要症状为恶心、呕吐、感觉异常、运动失调、眩晕、肌无力等，病人多死于呼吸麻痹	不食用含毒鱼及软体动物
有毒蜂蜜中毒	因蜜源的有毒植物而异。我国主要是雷公藤、昆明山海棠等钩吻属植物中含的生物碱类	潜伏期24~48h，临床症状以消化道、神经系统和肾脏等的改变较突出，如口干、唇、舌发麻、恶心、呕吐、头昏、发热腹痛、肾区上部疼痛和肝肿大等	加强蜂蜜的检验工作，对可疑有毒蜂蜜改做工业用，不得食用，并防止毒蜜流入市场
动物甲状腺中毒	甲状腺毒	潜伏期12~24h，头晕、头痛、狂躁、多汗、手振颤等	去除牲畜的甲状腺，以免误食
动物肾上腺中毒	肾上腺素	恶心，呕吐，腹泻，头晕，手、舌发麻，心动过速	去除牲畜肾上腺，以免误食
鲍鱼中毒	鲍鱼内脏，染毒后肠腺呈深黑绿色	潜伏期1~2d，颜面和手指出现红肿、疼痛	不食鲍鱼中肠腺

二、植物性食物中毒

植物性食物中毒是指摄入含有有毒成分的天然植物或其加工制品（如桐油、大麻油等）、在加工过程中未能破坏或除去有毒成分的植物（如木薯、苦杏仁等)、在一定条件下产生大量的有毒成分的可食的植物性食品(如发芽马铃薯等)后引起的中毒。

1. 毒蕈中毒

毒蕈中毒又称毒蘑菇中毒,是一种常见的植物性食物中毒。蕈类又称蘑菇,在我国资源丰富,自古以来就是一种很珍贵的食品,因具有独特的风味和有一定的营养价值,深受人们的喜爱,在我国境内可食用的蘑菇近300种,有毒的蘑菇80多种,其中含有剧毒能使人致死的不到10种。

(1) 中毒原因　毒蕈中毒多发生于高温多雨的夏秋季节,往往由于毒蕈与食用蕈不易区别而误食中毒。毒蕈含有毒素的种类与多少因品种、地区、季节、生长条件的不同而异。个体体质、烹调方法和饮食习惯以及是否饮酒等,都与能否中毒或中毒轻重有关。毒蕈的有毒成分十分复杂,一种毒蘑菇可以同时含有几种毒素,同种毒素也可能存在于数种毒蘑菇之中,对毒蕈毒素的研究目前还在进行中。

(2) 中毒症状　不同的毒蘑菇所含的毒素不同,引起的中毒表现也各不相同,一般可分为以下几个类型。

① 胃肠炎型:发病快,潜伏期为10min至6h。主要症状为剧烈恶心、呕吐、腹泻、腹痛,一般病程2~3d,病死率低。如能及时治疗,预后良好。产生此类症状的蘑菇很多,如红菇、乳菇、毒粉褶菌、橙红毒伞等。

② 神经精神型:一般在进食后10min至6h发病,除胃肠炎出现症状外,还表现出神经精神症状,如大汗、恶心、呕吐、流泪、流涎、脉搏缓慢、瞳孔缩小、头晕、嗜睡、视力模糊、幻觉、狂躁、谵妄等。此型多预后良好,病死率低,无后遗症。

③ 溶血型:潜伏期6~12h,除有胃肠炎表现外,还有溶血表现,可出现贫血、肝脾肿大等,严重时可致死亡,预后不良。多为误食鹿花蕈、马鞍蕈所致。

④ 多脏器损伤型:此型中毒最为严重,多为误食毒伞七肽、白毒伞、鳞柄毒伞等所引起。有毒成分主要为毒肽类及毒伞肽类,毒素为剧毒,对人致死量为0.1mg/kg体重,可使体内大部分器官发生细胞变性,属原浆毒。食用含有此毒素的新鲜蘑菇50g(相当于干蘑5g)即可使人死亡,几乎无一例外。一般进食后10~30h出现胃肠炎症状,部分患者可有假愈期,然后出现肝、脑、心、肾等多脏器损害的表现,以肝损害最为严重。部分患者可有精神症状。一般病程2~3周,症状严重,病情凶险,变化多端,病死率高达90%。此型中毒临床表现十分复杂,按其病情发展可分为六期,即潜伏期、胃肠炎期、假愈期、内脏损害期、精神症状期和恢复期。假愈期仅有乏力、不思饮食的症状,但毒素已深入内脏进行侵害,应引起高度重视。

⑤ 光过敏性皮炎型:因误食猪嘴蘑引起,中毒时身体暴露部分如颜面出现肿胀、疼痛等。

（3）预防措施

① 加强宣传教育：不吃不认识或没有吃过的蘑菇。由于许多毒蘑菇难以鉴别，防止中毒的有效措施就是不要随便采集野蘑菇食用，不认识的蘑菇一定不采、不吃。

② 提高鉴别毒蘑菇的能力：较可靠的毒菇鉴别方法是根据蘑菇的形态学特征的分类鉴定，要依靠专业人员来进行。

2. 含氰苷植物中毒

含氰苷植物中毒国内外均有报道，其中以苦杏仁中毒最为多见，此外还有苦桃仁、枇杷仁、李子仁、樱桃仁及木薯等。

（1）中毒原因　许多高等植物中含有氰苷，引起食物中毒的往往是杏、桃、李和枇杷等的核仁和木薯。杏仁中含有苦杏仁苷，木薯和亚麻子中含亚麻苦苷。木薯块根中氰苷的含量因栽培季节、品种、土壤和肥料等因素的影响而不同。

苦杏仁中毒常发生于儿童生吃水果核仁，或不经医生处方自用苦杏仁治疗小儿咳嗽而引起中毒。木薯中毒主要是由于食用未经合理加工处理的木薯或生食木薯而引起。此外，还曾报告过人吃酸竹笋引起中毒，笋尖含氰苷量高于苦杏仁。

氰苷被摄入后，经食物所含酶的作用，分解放出氢氰酸而引起中毒。氢氰酸对人的最低致死量经口测定为 $0.5 \sim 3.5 mg/kg$ 体重；苦杏仁中毒量为成人生食 $40 \sim 60$ 粒，儿童生食 $10 \sim 20$ 粒，致死量约 $60g$。

含氰苷植物的毒性，除了决定于其氰苷含量，还与摄取的速度、植物中催化氰苷水解酶的活力以及人体对氢氰酸的解毒能力大小有关。

（2）中毒症状　苦杏仁中毒潜伏期为 $0.5 \sim 5h$，木薯中毒潜伏期为 $1 \sim 12h$。开始时，有口中苦涩、流涎、头晕、头痛、恶心、呕吐、心悸、脉频及四肢软弱无力等症状。重症者出现胸闷、呼吸困难等症状。再严重者意识不清、昏迷、四肢冰冷，最后因呼吸麻痹或心跳停止而死亡。

（3）预防措施

① 加强宣传教育，尤其是向儿童父母和较大的儿童讲解苦杏仁中毒的知识。宣传勿食苦杏仁，亦勿食用干炒的苦杏仁。

② 推广含氰苷低的木薯品种，并改良木薯种植方法，在硝酸态氮含量较低的土地上种植。

③ 木薯在食用前去皮，水洗薯肉，可以溶解氰苷除去部分毒素。在木薯加工中采用切片水浸晒干法（鲜薯去皮、切片，浸水 $3 \sim 6d$，沥干、晒干）、熟薯水浸法（去皮、切片，煮熟，浸水 $48h$，沥干）和干片水浸法（干薯片水浸 $3d$，沥干，蒸熟）等，去毒效果良好。

④ 禁止生食木薯。不能喝煮木薯的汤，不得空腹吃木薯，一次不宜吃得

太多。

3. 菜豆中毒

四季豆、刀豆等菜豆中毒一年四季均可发生，但多发生于秋季。

（1）中毒原因　菜豆品种很多，引起中毒的原因一般认为是由于菜豆中所含的皂素和血球凝集素引起，较常见的是四季豆中毒。

（2）中毒症状　四季豆的烹调加工方法不当，加热不透，内含的毒素不能被破坏，即可引起食物中毒。菜豆中毒多发生在集体饭堂，主要原因是锅小，加工量大，翻炒不匀，受热不匀，不易把菜豆烧熟焖熟。

菜豆中毒发病快，可在进食后数分钟发病，多数在 2~4h 内。主要表现为急性胃肠炎症状，胃部有烧灼感，恶心、呕吐、腹痛、腹泻（多为水样便），重者可呕血，并伴有头晕、头痛、出冷汗，有的四肢麻木，体温多正常或伴有低热。一般病程较短，多在 1~3d 内恢复，预后良好。

（3）预防措施　预防菜豆中毒的方法是在加工时一定要翻炒均匀，充分加热至"烧熟煮透"，使菜豆外观失去原有的生绿色，没有豆腥味，食用时才不会引起中毒。另外，还要注意不买、不吃老菜豆，要去除菜豆两头和豆荚这些含毒素较多的部位。

4. 发芽马铃薯中毒

马铃薯又名土豆、洋山芋、山药蛋，是一种大众蔬菜，尤其在北方的冬天，它是许多家庭的冬储菜和主食蔬菜之一。然而食入未成熟的或发芽、腐烂的马铃薯却可导致人体中毒。

（1）中毒原因　马铃薯中含有一种叫龙葵素的毒素，由于含量极少，一般情况下不会使人中毒。但如果马铃薯尚未成熟，或马铃薯发芽、变绿、腐烂，龙葵素含量就明显增多，而且较集中地分布在发芽、变绿和溃烂的部分。当摄入 0.2~0.4g 龙葵素时，就能发生严重中毒。引起发芽马铃薯中毒的主要原因是由于马铃薯储藏不当，使其发芽或部分变黑绿色，烹调时又未能除去或破坏龙葵素，食后发生中毒。

（2）中毒症状　龙葵素毒性较强，食后约数分钟至数小时中毒者就会感到舌、咽麻痒发干，胃部灼痛，恶心，呕吐，腹痛，腹泻，伴有头晕、耳鸣、瞳孔散大等症状，严重的可因呼吸中枢麻痹而死亡。

（3）预防措施　为了预防龙葵素中毒，要把马铃薯存放在干燥、阴凉处；食用之前把芽、芽眼、变绿和溃烂部分挖去，切好后在水中浸泡 2h 以上，可使龙葵素的含量大大减少；烹调时在菜中放些醋，乙酸可以将龙葵素分解，并且还有解毒作用。另外将马铃薯彻底煮熟煮透，也能解除龙葵素的毒性。

5. 鲜黄花菜中毒

（1）中毒原因　鲜黄花菜中含有秋水仙碱，秋水仙碱的氧化物会刺激胃肠器官引起病变，病症以胃肠道症状为主。

（2）中毒症状　主要表现为恶心、呕吐、腹痛、腹泻、头昏、头痛、口渴喉干等。严重者可出现抽搐、虚脱，最后因呼吸抑制而死亡。潜伏期短，多在食用后0.5~4h发病。病程较短，轻者1~2d即可痊愈。

（3）预防措施　食用鲜黄花菜时应先用水洗净浸泡，再用沸水焯烫，而后弃汤再行烹炒。加热要彻底，使其熟透再食，便不会引起中毒。食量不宜过多，应适当间隔进食比较安全。经干制后的黄花菜，引发中毒的病因物质已被破坏，可放心食用。

6. 豆类食品中毒

豆类食品因其富含营养、味道鲜美而成为人们膳食中的主要食品，然而没有煮熟的豆制品却可在人体内产生毒性反应。

（1）中毒原因　未煮熟的豆类食物中含有植物血球凝集素、皂素和抗胰蛋白酶因子等抗营养因子，进入人体后使人出现一些胃肠道症状。

（2）中毒症状　恶心、呕吐、腹痛、腹泻等。食入未煮熟的豆类食物发生中毒后，症状一般会持续数小时或1~2d，一般不会留下后遗症。

（3）预防措施　为预防此类中毒，豆类食物在食用前必须煮熟煮透，尤其是豆浆，必须加热到95℃以上，才能使其中所含的中毒性物质被充分分解破坏而失去毒性。目前市场上销售的豆粉，出厂前已经过高温加热处理，故饮用豆粉冲的豆浆一般不会中毒。

喝"假沸"豆浆易中毒，豆浆由于皂素作用，当加温至80℃时，便出现泡沫，造成豆浆已经煮沸的假象，但是有害物质未被破坏。煮豆浆时，容器豆浆不可盛得太满，在烧煮过程当中，不要随意加入生豆浆。

7. 其他有毒植物中毒

其他有毒植物中毒及预防见表2-3。

表2-3　　　　　　　　　　其他有毒植物中毒及预防

中毒名称	有毒成分	中毒症状	预防措施
白果中毒	银杏酸、银杏酚	潜伏期1~12h，呕吐、腹泻、头痛、恐惧感、惊叫、抽搐，重症者意识丧失、昏迷甚至死亡	不吃生白果或变质白果，生白果去壳，加水煮熟煮透后弃水食用
棉子油棉酚中毒	棉酚、棉酚紫、棉酚绿	烧热（皮肤潮红、口干等）、肢体软瘫、影响男女生殖功能	勿食粗制棉子油，榨前必须将棉子粉碎，经蒸炒加热后再榨油
蓖麻子中毒	蓖麻碱、蓖麻毒素	一般误食1d左右呈胃肠炎症状、血样便，重者黄疸、血红蛋白尿、抽搐、昏迷甚至死亡	广泛宣传，不食用，防止误食

续表

中毒名称	有毒成分	中毒症状	预防措施
大麻子（小麻子）油中毒	四氢大麻酚、大麻二酚、大麻酚	食后1~4h发病，头晕、口干、恶心、四肢麻木；重者兴奋异常，后转抑郁、昏睡	不食用大麻子油，其盛装容器应有明显标志，防止误食
桐油中毒	桐酸、异桐酸	食后1h，剧烈呕吐、腹泻。毒素一旦进入血液，可引起胃炎，出现蛋白尿、管型及红细胞	与食用油分别存放，防止误食
毒麦中毒	毒麦碱	潜伏期0.5~4h，头昏、恶心、呕吐、视力模糊、腹痛、抽搐、面红、畏寒、心率快	加强宣传，麦中不得混入毒麦
苦瓠子中毒	可能为苦瓠子苷	食后10min至2h，出现头昏、恶心、呕吐、腹胀、腹泻	不吃苦瓠子
苍耳中毒	苍耳苷、毒蛋白、生物碱	潜伏期4h至5d。初现肠胃症状，继而头痛、昏迷、惊厥。严重者黄疸、尿闭，最后呼吸麻痹死亡	防止误食苍耳子、苍耳芽
毒芹中毒	毒芹碱	食后半小时出现口苦，口腔、咽喉、胃有烧灼感，头晕、头痛、恶心、呕吐、四肢麻痹，最后因呼吸麻痹而死亡	毒芹根的纵削面有较密的片状分隔，而水芹则无。采摘水芹时要不误采毒芹

第四节　化学性食物中毒

化学性食物中毒系由于食用被有毒有害化学物质污染的食品，或超量使用食品添加剂、营养强化剂的食品等所引起的食物中毒。其特点是潜伏期很短，发病快，一般中毒程度严重，而病程往往比一般食物中毒时间长。有毒化学品是导致家庭食物中毒的重要原因之一，也是病死率最高的食物中毒，中毒原因主要是误食或投毒。

近几年全国食物中毒的统计资料表明，化学性食物中毒所占比例逐年上升，2001—2003年化学性食物中毒发生的起数和死亡人数均居首位。造成化学性食物中毒的有毒物质种类繁多，主要包括有毒金属及其化合物、非金属及其化合物、农药、兽药、食品添加剂等。目前剧毒鼠药和亚硝酸盐食物中毒报告起数、中毒人数和死亡人数均超过化学性食物中毒总数的50%。

一、亚硝酸盐食物中毒

亚硝酸盐食物中毒是指由于食用硝酸盐、亚硝酸盐含量较高的食品,或误将工业用亚硝酸钠作为食盐食用,或饮用含有硝酸盐或亚硝酸盐的苦井水、蒸锅水所引起的食物中毒。

1. 中毒原因

(1) 蔬菜中亚硝酸盐含量过高 亚硝酸盐和硝酸盐广泛存在于土壤、水域,蔬菜在生长过程中可从土壤中吸收大量的硝酸盐。新鲜蔬菜、煮熟的蔬菜在储存过程中,在某些细菌硝酸盐还原酶的作用下,硝酸盐会转变为亚硝酸盐。当人的胃肠道功能紊乱、贫血、患肠寄生虫病及胃酸浓度降低时,可使胃肠道内硝酸盐还原菌大量繁殖。此时如大量食用硝酸盐含量较高的蔬菜等食物,则肠道内的细菌可将硝酸盐还原为亚硝酸盐,引起亚硝酸盐中毒。

蔬菜在腌制过程中,其亚硝酸盐含量会逐渐升高,在 8~14d 时有一高峰,以后逐渐降低,一般于腌后 20d 消失。故刚腌不久的蔬菜(暴腌菜)含有大量亚硝酸盐。

(2) 饮用水中亚硝酸盐含量较高 有些地区饮用水中含有较多的硝酸盐,一般称为"苦井"水,如用此水作蒸锅水连续使用,或熬粥煮菜,易引起中毒。

(3) 加工食品超量使用亚硝酸盐 在食品加工中,常用硝酸盐或亚硝酸盐作为某些肉、鱼加工品的发色剂,但是超量使用会造成食品安全问题。此外,误将亚硝酸盐当食盐食用,可引起急性中毒。

亚硝酸盐类食物中毒又称肠原性青紫病、紫绀症、乌嘴病,亚硝酸盐为强氧化剂,进入人体后,可使血中低铁血红蛋白氧化成高铁血红蛋白,失去运氧的功能,致使组织缺氧,出现青紫而中毒。亚硝酸盐的中毒量为 0.3~0.5g,致死量为 1~3g。

2. 中毒症状

亚硝酸盐中毒发病急速,潜伏期一般为 1~3h,误食亚硝酸盐者仅 10min。中毒的主要特点是由于组织缺氧引起的紫绀现象,如口唇、舌尖、指尖青紫,重者眼结膜、面部及全身皮肤青紫,头晕、头疼、乏力、心跳加速、嗜睡或烦躁、呼吸困难、恶心、呕吐、腹痛、腹泻,严重者昏迷、惊厥、大小便失禁,可因呼吸衰竭而死亡。

3. 预防措施

(1) 蔬菜在收获和运输过程中,避免严重损伤,存放地点应干燥、阴凉、通风,避免长时间高温下堆放,注意保鲜、防止腐烂。禁止出售和食用已腐烂变质的蔬菜。食剩的熟菜不可在高温下存放长时间后再食用。不要在短时间内吃大量叶菜类蔬菜。

（2）不要食用大量新腌制的菜，腌菜要腌制一个月以后再食用，腌菜时选用新鲜菜。现腌的菜要马上就吃，不宜存放过久。尽量少吃腌菜、酸菜等腌制品。

（3）严格执行国家相关标准，控制作为食品添加剂的硝酸盐和亚硼酸盐的使用范围、使用量和残留量。

（4）尽可能不饮用苦井水，必须使用时，应进行水质处理。不喝反复烧开的开水。

（5）包装或存放亚硝酸盐的容器应有醒目标志，与食盐、小苏打等分开储存，避免误食。

二、毒鼠强中毒

毒鼠强，化学名为四亚甲基二砜四胺，是一种剧毒鼠药，其中毒事件常发生在农村家庭中。1991年起国家已明令禁止生产和销售毒鼠强，但由于其制作工艺简单、原料易得，一些不法厂家仍继续生产和销售。近年来，毒鼠强引发的食物中毒，无论发生起数还是死亡人数在食物中毒中所占的比例逐渐增加。2003年全国共报告重大剧毒鼠药中毒75起，1316人中毒，121人死亡，高居中毒致死原因的第一位。毒鼠强投毒案件和污染食品引起的中毒事件频频发生，严重危害到广大人民群众的身体健康和生命安全，已受到全社会的广泛关注。

1. 中毒原因
（1）投毒。
（2）误服毒饵或被污染的食物。
（3）因毒鼠药滥用引起环境污染造成饮水及粮食污染等。
（4）生产包装毒鼠强时的工作接触。

2. 中毒症状

毒鼠强中毒的潜伏期很短，多数在进食后0.5~1h内发病，最短为数分钟，最长可达10余小时。中毒症状的轻重与接触量有密切关系，急性中毒症状主要表现为突然发作的惊厥、四肢抽搐，如不及时治疗，中毒者可因剧烈的强直性惊厥导致呼吸衰竭而死亡。轻度中毒则会出现头痛、头晕、恶心、呕吐、胸闷、心悸等症状。

3. 预防措施
（1）毒鼠强属剧毒品，最根本的预防措施就是严禁生产、销售和使用毒鼠强，取缔无照销售。
（2）防止投毒。
（3）加强对农村的民事行政宣传教育，动员农民使用新型灭鼠药。
（4）提高全社会特别是中小学生自我防护意识，提高群众防范急性鼠药中毒的意识。

三、瘦肉精中毒

瘦肉精又称克仑特罗,是一种兴奋剂、生长剂,可使猪等畜禽生长速度、饲料转化率、胴体瘦肉率提高。20世纪90年代初国外曾用做饲料添加剂,后因对人体有不良反应而被禁用。猪食用过含瘦肉精的饲料后,会在体内组织中残留。人食用含瘦肉精的猪肉后会导致中毒,严重时可致人死亡。我国农业部早在1997年就下发文件,严禁在饲料中和畜牧生产中使用瘦肉精,但瘦肉精中毒事件在国内仍有发生。

1. 中毒原因

一般来说,饲料中添加适量克仑特罗后,可使猪等畜禽生长速率、饲料转化率、胴体瘦肉率提高10%以上。然而,由于克仑特罗有毒性,人食用含瘦肉精的猪肉一定量后就会中毒。

2. 中毒症状

潜伏期为30min至2h,因进食含瘦肉精的猪肉(内脏)的多少而不同,也因进食的猪肉中含量的多少而不同。急性中毒有心悸、肌肉振颤、头晕、乏力、呕吐、腹泻、心跳过速和神经紊乱等症状,严重的会危及生命,特别是对于高血压、心脏病等疾病患者危险性更大。

3. 预防措施

(1) 控制源头,加强法规的宣传,禁止在饲料中掺入瘦肉精。
(2) 加强对上市猪肉的检验。
(3) 提高鉴别能力。

四、食品添加剂过量或使用不当引起的食物中毒

食品添加剂是指为改善食品品质和色、香、味,以及为防腐和加工工艺的需要而加入食品中的化学合成或者天然物质。

随着食品工业的迅速发展,食品添加剂的品种和产量不断增加,尤其是复合食品添加剂,已成为食品工业化生产不可缺少的原辅材料之一。但食品添加剂如果不恰当使用,可直接影响食品的卫生质量,甚至可能造成食物中毒。

1. 某些食品添加剂的毒性作用

某些食品添加剂的使用剂量及过量使用的毒性作用见表2-4。

表2-4　　　　某些食品添加剂使用剂量及过量使用的毒性作用

名称	作用	使用范围	最大使用量/(g/kg)	超标中毒反应
糖精	甜味剂	果汁、糕点、饼干等	0.15	导致膀胱癌
苯甲酸	防腐剂	酱油、罐头、果酱类等	1.0	胃肠道壁刺激症状
亚硫酸钠	漂白剂	蜜饯类、饼干、葡萄糖等	0.6	激烈头痛

续表

名 称	作 用	使用范围	最大使用量/（g/kg）	超标中毒反应
胭脂红	合成色素	果味、水果、酒、罐头等	0.05	慢性毒性、致癌性
亮蓝			0.025	
亚硝酸钠	发色剂	肉类罐头、肉类制品	0.15	致癌，引起肠源性青紫症

2．中毒原因

（1）食品中使用了未经国家批准使用或禁用的添加剂品种。

（2）食品中添加剂超出了规定使用量和使用范围。

（3）使用工业级添加剂代替食品级添加剂。

3．预防措施

国家对食品工业使用的食品添加剂已经制定了法规标准。为了确保食品添加剂正确使用，食品加工企业应严格遵循以下原则：

（1）使用的食品添加剂经食品毒理学安全性评价证明，在其使用限量内长期使用对人体安全无害。

（2）使用的食品添加剂不影响食品自身的感官性状和理化指标，对营养成分无破坏作用。

（3）食品添加剂在使用中应有明确的检验方法。

（4）使用食品添加剂不得以掩盖食品腐败变质或以掺杂掺假、伪造为目的。

（5）不得经营和使用无卫生许可证、无产品检验合格证及污染变质的食品添加剂。

（6）应严格按照国家标准使用食品添加剂。

五、农药或兽药中毒

1．农药中毒

农药对防治病虫害、保证农业增产增收和消灭有害生物发挥了重要作用，但在生产和使用过程中如不注意防护，广泛大量使用农药，则往往会造成对食品的污染而发生食物中毒。由于农药使用、存放、运输、保管不当污染食物引起中毒的事例屡见不鲜，此外还有因误食农药而引起中毒的案例。

据世界卫生组织统计，全世界因农药中毒的人数已超过125万人，死亡人数大于33万。我国每年农药生产和使用量为69万吨，居世界第二位，每年因农药中毒和死亡的人数也是世界上最多的国家之一。

农药种类繁多，全世界实际生产和使用的农药品种有500多种，我国有80多种。1984年我国停止使用有机氯农药以后，有机磷农药上升为最主要的一类农药，占全部农药用量的80%～90%，因此有机磷农药中毒在农药引起的食物中毒中占有较大的比例。

(1) 有机磷农药中毒

① 中毒原因：主要是有机磷农药污染食物引起的中毒。如装过有机磷农药的容器未彻底洗净便盛放食物，运输车辆受到有机磷农药污染没有彻底洗净便装运食物，刚喷过有机磷农药的蔬菜、瓜果即供应市场造成残留量过高，把有机磷农药和粮食、食品混放造成误食中毒等。

② 中毒症状：有机磷农药中毒发病急，潜伏期为10min至2h。潜伏期越短，病情越重。轻度中毒表现为头痛、恶心、呕吐、多汗、视力模糊。严重者出现肺水肿、脑水肿、呼吸麻痹、昏迷，甚至呼吸衰竭而死亡。有的中毒者在中毒后3~15d处于好转恢复期时，由于毒物对心脏的迟发毒作用，可致猝死。还有些人急性有机磷中毒恢复后4~45d又出现四肢无力、抬腿困难、双手不听使唤等症状，严重者四肢远端肌肉萎缩，难以恢复。

③ 预防措施：

a. 加强农药管理，必须专人、专库、专柜保存。严禁农药与食物一起存放或装运。装运农药的车、船用后必须彻底洗刷消毒。

b. 不得用盛过有机磷农药的容器盛放食物。

c. 严格遵守农药使用的有关规定。严禁将刚喷过有机磷农药的水果、蔬菜等供应市场。

d. 蔬菜水果在食用前洗净。

(2) 其他农药中毒　其他农药中毒的症状及预防措施见表2-5。

表2-5　　　　　　　　　其他农药中毒的症状及预防措施

农药种类	中毒症状	预防措施
有机汞农药	误食后口咽和上腹部灼痛，流涎，齿龈黏膜灰白出血，恶心、呕吐、腹泻，严重者肾功能衰竭、浮肿，最后因昏迷、呼吸困难而死亡	严格执行农药管理使用制度，严禁食用有机汞农药拌过的粮种，谨防误食有机汞农药毒死的禽畜
有机氯农药	半小时至数小时发病。口腔黏膜腐蚀、咽部充血、恶心、呕吐、上腹痛、血压上升、心跳缓慢、肌肉抽搐，重者昏迷致死	加强农药保管，禁止在蔬菜、水果、茶叶上使用有机氯农药
有机硫农药	以恶心、呕吐、腹痛、腹泻等胃肠道症状为主，继之出现头痛、头晕、心悸、血压降低，甚至因心脏衰竭、呼吸麻痹而死亡	加强农药保管，防止误食，使用有机硫农药前、后禁饮酒
氨基甲酸酯类农药	头痛、头昏、乏力、恶心、呕吐、流涎、多汗、视物模糊	加强农药管理
杀虫脒	麻醉作用，对心肌和血管平滑肌有损害，高铁血红蛋白血症	加强农药管理
百草枯	损害肾小管，进行性呼吸困难，心、肝、肾上腺中毒	加强农药管理

2. 兽药中毒

在畜禽养殖过程中滥用各种兽药和饲料添加剂,造成畜禽产品中残留高浓度的兽药而导致急性或慢性中毒是近年来化学性食物中毒的新特点。兽药残留不仅可以直接对人体产生急、慢性毒性作用,引起细菌耐药性的增加,还可以通过环境和食物链的作用间接对人体健康造成潜在危害。动物性食品中兽药残留的潜在的危害已愈来愈引起人们的重视。

常见兽药中毒如表2-6所示。

表2-6　　　　　　　　　　常见兽药中毒

种类	药物	毒性作用
抗生素类	青霉素	过敏反应,过敏性休克
	链霉素	肾损害,听神经受损
	土霉素	产生抗药菌株,菌群失调,维生素B_2缺乏,紫癜性损伤
	氯霉素	再生障碍性贫血
驱肠虫药	丙硫咪唑	贫血、睾丸萎缩,骨细胞减少
	氯氰碘柳胺	肝脂肪变性
	异阿凡曼菌素	中枢神经症状(如瞳孔散大、共济失调、振颤及呕吐)
抗原虫药	三甲硝咪唑	致癌作用
	洛哨哒唑	致癌作用,致突变
	甲硝哒唑	致癌作用

六、砷中毒

砷和砷的化合物在工业、农业、医药上用途很广,农业上作为杀虫剂使用也很广泛。最常见的为三氧化二砷(As_2O_3),俗称砒霜、白砒或信石;砷化物常用的有砷酸钙、亚砷酸钠、砷酸铅等。这些砷化物毒性较高,人类接触机会也较多,所以极易引起中毒。

1. 中毒原因

(1)食品加工时,所使用的原料或添加剂中含砷量过高。如滥用含砷过高的色素,或使用含砷过高的盐酸、碱等加工助剂。

(2)含砷杀虫剂混入食物也可引起中毒,如误食含砷农药拌种的粮食、误食含砷农药毒死的禽畜或不按规定滥用含砷杀虫剂喷洒果树和蔬菜,以致残留量过高。

(3)用盛过砷农药的容器盛装粮食和其他食品,用碾磨过砷农药的工具加工粮食从而污染食品。

（4）误食、误用含砷化合物也是常见的中毒原因。例如三氧化二砷为无臭、无味的白色粉末，易与淀粉、面碱、小苏打等混淆而误食中毒。As_2O_3成人中毒量5~50mg，致死量为60~300mg。

2. 中毒症状

潜伏期短，仅数十分钟至数小时。患者口腔和咽喉有烧灼感，口渴及吞咽困难，口中有金属味，随后出现恶心、呕吐、剧烈腹疼、顽固性腹泻、脉搏频数微弱、颜面及眼睑浮肿、头昏、头痛、四肢麻木。由于剧烈的吐泻可致脱水、血压下降，严重者可引起昏迷、惊厥和虚脱，常因呼吸衰竭而死亡。

3. 预防措施

（1）对砷化合物必须严格保管，并标上"极毒"标志。

（2）食品生产加工过程使用的某些化学物质如添加剂等必须符合卫生质量要求，其砷含量应符合国家食品卫生标准的要求。

（3）农药要健全管理制度和领用手续，有专人和专库妥善保管。农药不准与粮食和其他食品混放、混运。含砷农药必须染成红色，贴上有毒标志防止误用、误食。已拌过农药的种子应及时处理或专人保管，严禁食用。凡因含砷农药中毒死亡的禽畜必须销毁深埋，严禁食用。

（4）盛装过含砷农药的容器和包装材料不得再装任何食品。

（5）严禁用加工食品的磨、碾子等工器具加工砷制剂。

（6）饮雄黄酒（雄黄的主要成分为硫化砷）应慎防砷中毒。

七、吊白块中毒

吊白块又称雕白粉，在工业上用作漂白剂。国家禁止在食品中使用吊白块，因此吊白块不属于食品添加剂。但一些不法分子利用吊白块可以使食品增白防腐等特点，用吊白块漂白面粉、米线、粉丝、豆腐皮、毛肚等食品，导致近年来吊白块引起的食物中毒事件屡禁不止。

吊白块中毒的潜伏期为数小时至十几小时不等，与摄入有毒食品的数量及掺入吊白块多少有关。临床表现为患者出现打喷嚏、咳嗽、胸痛、声音嘶哑、食欲缺乏、头晕、头痛、恶心、呕吐、疲乏无力、肝区疼痛，重者出现黄疸、出血倾向，周围血管水肿，有的出现畏寒、发热、少尿、血压下降等。

八、其他化学性食物中毒

有毒化学物质种类繁多，引起中毒的毒物多是剧毒、在体内易被消化道吸收。对各种化学毒物存放、使用、运输、保管不当而使其污染食品或误食中毒的事件也屡有发生。

其他常见的化学性食物中毒见表2-7。

表2-7　　　　　　　　　　其他常见的化学性食物中毒

中毒名称	中毒原因	中毒症状	预防措施
锌中毒	多由于用镀锌容器存放酸性食品和饮料所致。由于锌不溶于水，能在有机酸（如柠檬酸、乙酸等）中溶解，溶解后的锌以有机酸盐的形式大量混入食品中，食用后即可引起中毒	呈急性发病，潜伏期短，仅几分钟至1h，主要为胃肠道刺激症状，表现为恶心、持续性呕吐、腹绞痛、腹泻、口腔烧灼感，伴随眩晕及全身不适。严重者可因剧烈的呕吐和腹泻而导致虚脱	禁止使用镀锌容器和工具盛放、加工、运输和保存酸性食品、醋及清凉饮料，妥善保管各种锌化物，防止误食中毒
铅中毒	某些铅化合物（如乙酸铅）在外表颜色、性状上与明矾相似，而硫酸铅、氧化铅与发酵粉、小苏打、面碱相似，很容易误用中毒。瓷器上面釉含量高，在酸性条件下可溶出铅	潜伏期0.5~2h，主要症状为口腔、咽部干燥、发热、疼痛、大量流涎、剧烈绞痛、脸色苍白、冷汗、大便秘结、色黑、腿部肌肉痛、痉挛、贫血	铅化物单独保管，不准与食品混放；盛放过铅化物的容器、用具不得用于盛放食品，同时避免误食
锑中毒	搪瓷器皿上的釉在酸性条件下可释放出锑	与砷中毒相似，症状较轻，呈胃肠炎症状，腹痛，严重者可昏迷而死亡	不用搪瓷器皿盛放或煮酸性食物，防止误食
磷化锌中毒	以磷化锌为主要成分制成鼠药，通过鼠饵或误食而造成中毒	发病急，口干、恶心、喉部麻木、上腹烧灼感，呼吸和呕吐物有蒜臭气味；重者肝区痛、黄疸、昏迷乃至死亡	毒鼠药由专人保管，不吃毒死或死因不明的动物，避免误食
酸败油中毒	食用已酸败的油脂而引起中毒	潜伏期0.5~12h，恶心、呕吐、腹痛、腹泻、无力、头痛、发热、喉疼，病程1~4d，无死亡	避免油脂氧化酸败，使用抗氧化剂保存油脂，不食用已酸败的油脂
甲醇中毒	酒类在加工过程中加入或产生甲醇，进入人体，一旦超标，会对人体造成危害	头痛、恶心、胃痛、视力模糊、呼吸困难、呼吸中枢麻痹、发绀、昏迷，甚至死亡。全身状态已恢复者也常发生视力障碍、甚至失明	控制酒类中甲醇含量，严禁用非食用酒精兑制酒类饮用或出售
钡盐中毒	误食	误食后30min至24h，出现恶心、呕吐、心慌。症状以进行性向心性肌肉麻痹为特点，血钾低，最后因呼吸肌麻痹而死亡	含钡化合物必须妥善保存，防止误食。含钡较高的井盐，必须除钡后方能食用

续表

中毒名称	中毒原因	中毒症状	预防措施
氟化物中毒	误食	误食30min至3h后，有上腹灼痛及胃肠炎症状、头晕、全身酸痛、无力、手足抽搐、虚脱，可因呼吸衰竭而死亡	各种氟化物应严加保管，应与食品分开存放，防止误食。使用有机氟农药时，应严格遵守农药使用的有关规定

第五节 真菌毒素和霉变食品中毒

一、赤霉病变食物中毒

麦类、玉米等谷物被镰刀菌属侵染所引起的赤霉病是一种世界性病害，谷物赤霉病的流行除造成谷物严重减产外，谷物中存留的镰刀菌所产生的毒素可引起人畜中毒。

1. 中毒原因

赤霉病是麦类作物的一种流行性病害，尤以小麦受害最重，多发生在穗期多雨、气候潮湿地区。赤霉病麦是禾谷镰刀菌侵害麦类的结果。病麦麦粒呈灰红色，谷皮皱缩，胚芽发红，组织松散易碎，含粉量少。禾谷镰刀菌在病麦中寄生和繁殖产生了有毒的代谢物，即镰刀菌毒素。

麦类赤霉病每年都会发生。我国麦类赤霉病每3~4年有一次大流行，每流行一次，就会发生一次大规模的人畜食物中毒。赤霉病麦食物中毒一般发生于麦收以后，也有因误食库存的赤霉病麦或霉玉米而引起中毒的情况。

2. 中毒症状

中毒潜伏期一般在食后10~30min内，出现恶心、眩晕、呕吐、乏力、腹痛、腹泻、流涎、头昏、头痛，少数伴有发热、畏寒等。症状一般一天左右消失，缓慢者一周左右，预后良好。个别严重者有呼吸、脉搏、体温及血压波动、四肢酸软、步态不稳，形似醉酒，故有的地方称为"醉谷病"，一般中毒患者不经治疗可自愈。

3. 预防措施

（1）加强粮食卫生管理，制定粮食中赤霉病变谷物毒素的限量标准。

（2）加强田间管理，预防谷类感染赤霉病，推广抗赤霉病的谷物品种。收获时及时脱粒、晒干或烘干，仓储粮食要勤翻晒，注意通风，控制粮食水分在11%~13%。

（3）尽量设法去除或减少粮食中的病麦粒或毒素，可采取下列方法。

① 分离法。病麦相对密度低于好麦，故可用风选（风筛）和浮选的方法将病麦与好麦分离，浮选时还可以溶解除去部分毒素。

② 稀释法。用正常麦粒与病麦混合，将病麦稀释，降低病麦比例。病麦检出率降至 1% 以下才对人体健康无害。

③ 去皮法。病麦毒素集中于麦粒外层，故通过碾磨磨去一部分病麦外层，磨成出粉率较低的精白面，则可减轻其毒性。

④ 浸出法。利用清水或石灰水浸出去毒。

⑤ 发酵法。病麦经过发酵可以破坏毒素且效果较好。

⑥ 采用可以破坏毒素的烹调方法。

二、霉变甘蔗中毒

1. 中毒原因

甘蔗霉变主要是由于甘蔗在不良条件下经过长期储存，微生物大量繁殖。甘蔗收割时如未完全成熟，含糖量低也有利于微生物生长繁殖而引起甘蔗霉变，食用后会发生中毒。北方地区霉变甘蔗中毒多发生于初春 2~4 月。近 20 年来，仅北方地区因为在初春时节吃霉变甘蔗中毒的就有 200 多起，致死近百人。

引起中毒的霉变甘蔗，外皮失去了原有的紫黑色及其光泽，呈淡紫色或灰褐色；质地松软，断面瓤部比正常甘蔗色深，呈淡黄色、浅棕色或褐色，有轻度酸霉味或酒糟味和略有辣味；外皮及断端有时还长有白色絮状绒毛状菌丝或各种颜色的霉斑。

2. 中毒症状

潜伏期短，一般为 15min 至数小时，多在 5h 内发病。轻者恶心、呕吐、头痛、腹痛、腹泻、黑色稀便，部分中毒患者伴有眩晕、眼前发黑、复视，不能立、坐，被迫卧床等。病程一般为 24h，患者逐渐恢复健康，不留下后遗症。重者出现抽搐、昏迷，可因呼吸衰竭而死亡，幸存者会留下严重的后遗症。

3. 预防措施

（1）甘蔗必须成熟后才收割，收割后要防止受冻。

（2）在储存过程中应采取防霉措施，储存时间不能太长，并定期进行感官检查，必要时可进行霉菌检查及动物实验。

（3）加强食品卫生监督，严禁出售和食用霉变甘蔗，亦不得将其加工成鲜蔗汁出售。

（4）加强宣传教育工作，教育群众不吃霉变甘蔗。

三、霉变甘薯中毒

甘薯又名红薯、甜薯、地瓜等。由于储藏不当，可因霉菌作用而引起表面出现黑褐色斑块，变苦、变硬等，称为黑斑病。食用黑斑病甘薯可引起人畜中毒。

1. 中毒原因

霉变甘薯中毒是由于茄病腐皮镰刀菌或甘薯长喙壳菌的污染以及由此而产生的毒素引起的。

引起霉变甘薯中毒的毒素主要是甘薯酮、甘薯醇、甘薯宁等。毒素耐热性较强,因此生食或熟食霉变甘薯均可引起中毒。毒素在中性环境下很稳定,但遇到酸、碱都能被破坏。

2. 中毒症状

轻者恶心、呕吐、腹痛、腹泻,并有头晕、头痛;重者同时出现痉挛、嗜睡、昏迷、瞳孔散大,3~4d后体温升高,严重者可导致死亡。

3. 预防措施

(1)做好甘薯的储藏工作,防止薯皮破损而受病菌污染,注意储存条件防止霉变。

(2)经常检查储藏的甘薯,如发现有褐色或黑色斑点应及时选出,防止病菌扩散。

(3)已发生黑斑病的甘薯,不论生熟都不能食用。

四、其他真菌毒素和霉变食物中毒

其他真菌毒素和霉变食物中毒见表2-8。

表2-8　　　　　其他真菌毒素和霉变食物中毒

中毒名称	中毒原因	中毒症状	预防措施
麦角中毒	麦角生物碱(麦角碱、麦角胺、麦碱等)混入面粉后,随食品进入人体而造成中毒	急性中毒可见胃肠炎症状,皮肤刺痒、头晕、感觉迟钝、语言不清、神经系统失调,有时会死亡	用机械法或用25%食盐水浮洗去除粮谷中麦角;谷物及面粉中检验麦角含量是否符合标准规定
霉变花生米中毒	黄曲霉毒素引起中毒	肝脏病变,肝细胞变性、坏死;致癌	不食用发黄、霉变的花生米等食物及食用油
霉变凉粉中毒	凉粉受紫青霉污染而引发中毒	恶心、呕吐、腹胀、腹痛、抽搐及呼吸困难,重者昏迷、休克,甚至死亡	粉块需妥善保存,特别是在夏秋季要注意防止霉变。不食用霉变的凉粉
黄变米中毒	大米主要被青霉属和曲霉属污染而发生霉变,使米色变黄	肝坏死,肝昏迷而死亡	稻谷成熟后及时收割、脱粒和晾晒,防止发热、霉变;保持良好的储存环境,防止霉变产毒;经检测黄变米中若黄曲霉毒素超过国家标准,坚决不允许食用

第六节　食物中毒的处理

预防食物中毒是食品卫生工作的重要任务之一。一旦发生食物中毒后,首先应积极组织抢救治疗病人,并立即进行现场调查处理。调查处理食物中毒事件的总体原则一是要尽快确定中毒食物,控制中毒食物,阻止中毒人数的进一步扩大;二是要查清中毒原因,预防同类食物中毒的再次发生;三是对中毒者实施针对性抢救和治疗;四是加强食品卫生管理和监控。

一、食物中毒的急救处理

在毒物性质未查明之前,不一定要等待明确诊断,只要符合食物中毒的特点,就应立即对病人采取紧急处理,并及时报告当地食品卫生监督机构。急救的一般原则如下:

① 尽快排除胃肠道内未被吸收的毒物。
② 防止毒物吸收,保护胃肠道黏膜。
③ 使用特效解毒剂。
④ 促进已被吸收毒物的排泄。
⑤ 根据病情,对症治疗。

如有呕吐、腹泻、舌苔和肢体麻木、运动障碍等食物中毒的典型症状时,要注意以下几点:

① 想吐的应让其吐出,出现脱水症状要送医院。
② 为防止呕吐物堵塞气道而引起窒息,应让病人侧卧,便于吐出。
③ 在呕吐中,不要让病人喝水或吃食物,但在呕吐停止后马上补充水分。
④ 用塑料袋留好呕吐物或大便,带着去医院检查,有助于诊断。
⑤ 不要轻易地给病人服止泻药,以免贻误病情。
⑥ 如腹痛剧烈,可取仰睡姿势并将双膝变曲,有助于缓解腹肌紧张。
⑦ 腹部盖毯子保暖,这有助于血液循环。
⑧ 当出现脸色发青、冒冷汗、脉搏虚弱时,要马上送医院,谨防休克症状。一般来说,进食短时间内即出现症状,往往是重症中毒。食物中毒引起的中毒性休克会危及生命。
⑨ 出现抽搐、痉挛症状时,马上将病人移至周围没危险物品的地方,并取来筷子,用手帕缠好塞入病人口中,以防止咬破舌头。

二、食物中毒事故报告

根据2000年卫生部发布的《食物中毒事故处理办法》,发生食物中毒或者疑似食物中毒事故的单位和接收食物中毒或者疑似食物中毒病人进行治疗的单位应当及时向所在地人民政府卫生行政部门报告发生食物中毒事故的单位、地址、时间、中毒人数、可疑食物等有关内容。

县级以上地方人民政府卫生行政部门接到食物中毒或者疑似食物中毒事故的报告，应当及时填写《食物中毒事故报告登记表》，并按下列要求报告同级人民政府和上级卫生行政部门。中毒人数较多的食物中毒事故实施紧急报告制度。县级以上地方人民政府卫生行政部门接到跨辖区的食物中毒事故报告，应当通知有关辖区的卫生行政部门，并同时向共同的上级人民政府卫生行政部门报告。

① 中毒人数超过30人的，应当于6h内报告同级人民政府和上级人民政府卫生行政部门。

② 中毒人数超过100人或者死亡1人以上的，应当于6h内上报卫生部，并同时报告同级人民政府和上级人民政府卫生行政部门。

③ 中毒事故发生在学校、地区性或者全国性重要活动期间的应当于6h内上报卫生部，并同时报告同级人民政府和上级人民政府卫生行政部门。

④ 其他需要实施紧急报告制度的食物中毒事故。任何单位和个人不得干涉食物中毒或者疑似食物中毒事故的报告。

三、相关部门在食物中毒事故调查处理中的职责

1. 卫生行政部门

① 负责辖区范围内食物中毒事故的监督管理工作。

② 成立食物中毒事故处理小组，负责制定食物中毒处理程序、相关制度和应急预案，组织、协调和指导各有关部门对重大、疑难食物中毒事故的调查处理工作。

③ 负责或委托卫生监督机构向上级部门和有关部门报告。

④ 依法查处违法行为，追究有关责任人的行政责任。

⑤ 按规定汇总报送食物中毒事故发生情况，并向社会通报。

⑥ 国家食品与药品监督管理局负责对重大食物中毒事故和食品污染案件的督办和协调工作。

2. 卫生监督机构

① 对接报的疑似食物中毒事故的情况记录、核实。

② 会同疾病预防控制机构开展调查、取证。

③ 对可疑食品、工具及场所采取临时控制措施。

④ 根据责任单位违法事实提出处罚建议，监督责任单位进行整改。

⑤ 责令生产经营者追回已售出的造成食物中毒的食品。

⑥ 执行同级卫生行政部门的处罚决定。

3. 疾病预防控制机构

① 负责食物中毒事故的卫生学和流行病学调查。

② 采集可疑食物及其他有关样品并及时检测。
③ 调查、诊断中毒原因。
④ 填报有关的食物中毒登记报告表,并做出技术性总结报告。

4. 医疗机构

① 收治中毒患者的医疗机构负责中毒患者的救治和报告。
② 做好患者呕吐物、排泄物、血样等样品的采集和保存工作。
③ 配合卫生监督机构和疾病预防控制机构做好食物中毒事故的调查取证。

四、食物中毒事故现场调查处理基本程序

食物中毒发生后,通过单位、学校、医院、群众、新闻媒体等多种渠道将食物中毒的信息传递到卫生行政部门或者卫生监督机构、疾病预防控制机构。接到报告的卫生行政部门应及时组织卫生监督所和疾病预防控制机构赶赴现场进行调查和控制。各级卫生监督所和疾病预防控制机构应立即组织必要的人员、车辆、采样器材、药品器械、调查表格和必要的技术资料赶赴现场。一般要求各级卫生监督所和疾病预防控制机构对食物中毒调查制定有相应的预案,并按照预案要求做好人员、技术和物资储备。

现场工作一般程序如下。

1. 初步调查,提出问题

调查人员到达现场后,要尽快确定所发生事件的性质和类别,判断是否是食物中毒,以便尽快确立调查处理的方向。要初步判断事件是由于摄食导致的食物中毒事故,还是其他如传染性疾病等突发公共卫生事件。迅速掌握中毒人数和中毒者的严重程度,在进行调查的同时必须积极协助医疗单位采取针对性措施,对病人进行救治。

2. 现场调查,初步确定中毒原因

立即开展现场流行病学调查和个案调查,查找中毒危险因素。调查主要包括两个部分,一是对中毒场所和环境的调查,二是对中毒者的个案调查。

(1) 食物中毒现场调查

① 深入食堂、厨房、食品加工场所调查72h内所供应的所有食物,并列表登记。
② 了解食品加工场所的环境卫生以及用水卫生状况。
③ 系统了解各种食品的原料,包括调味剂、添加剂的来源和现状。
④ 详细了解食物生产加工流程,保存条件和保存时间。
⑤ 对食品生产加工从业人员的健康状况进行调查。

(2) 对食物中毒者进行个案调查

食物中毒个案调查的目的是通过对中毒者的调查,确定食物中毒事实;调查中毒病人,确定中毒人数及主要临床症状;查明可疑食品与中毒病人发病的因果

关系；确定引起食物中毒的餐次和食品。

食物中毒类型多，中毒原因、途径、临床表现差异大，为防止不同调查者在调查时产生主观偏倚，进行食物中毒个案调查时应采用统一的食物个案调查表。

3. 检测鉴定，确定病因

食物中毒发生后实验室能否快速做出正确诊断对迅速控制疫情蔓延，查清传染源、传播途径以及临床治疗都有着非常重要的意义。现场调查时在进行个案调查的同时，应根据初步的病因假设有针对性地采集相关环境样本、食物样品以及中毒者的生物样本。

采集的样本应具有代表性，并尽可能早，一般按病人出现的临床症状和检验目的选择样品种类。食品样品应立即采取，应尽可能追溯剩余食物；无剩余食物时，可对餐具、食品用具等进行采样，病人的样品尽可能在使用抗生素和生物抑制剂前采取，需要时可采集病人恢复期血清。

用于不同的鉴定目的的样品要分别采集，并使用不同的样品保存方式。采集的样品数量应能满足实验室检验项目需要量，以及必要复检时的量，具体采样数量要根据食品种类的不同而定。对一起发病规模较大的食物中毒事件一般至少应采集 10~20 名具有典型临床症状病人的检验样品，同时应采集部分具有相同进食史但未发病者的同类样品作为对照。采样用具、容器必须无菌，盛装标本的容器必须要有标签、编号，并详细填写采样单。

样品采集后，应尽快送实验室进行检验，一般从采样到检验不应超过 4h，不能及时送检的应在现场对样品进行冷藏。根据现场调查的资料，有重点地决定检测项目。如果需要向上级疾病预防控制机构或其他食物中毒检验鉴定机构送检样品时，送检时须携带现场流行病学调查和临床分析资料，或提供大部分中毒病人的《食物中毒个案调查登记表》，只有提供了比较充分的现场调查资料，才能有助于检验机构迅速确定应检测的项目种类，做出准确的中毒原因鉴定结论。

4. 采取措施，控制暴发

食物中毒发生后，应立即组织对中毒者进行救治，救治措施有催吐、洗胃、导泻等，以及根据中毒的性质给予特效治疗药物和解毒药物。应密切注意具有同一饮食史人群的健康变化，必要时给予医学观察和预防性服药。对食物中毒原因明确者，应立即采取针对性强制措施，如切断被污染的水源，禁止销售、食用被污染的食物，并责令生产经营者追回已售出的造成食物中毒的食品。对于可疑的食物，也应暂时封存、禁止销售和食用，待采样检验后再行处理。发生食物中毒的集体食堂应立即进行彻底清洗、消毒。

5. 总结评价，责任追究

① 要确定食物中毒发生的原因和特征，分析其流行病学联系，总结经验教训，形成食物中毒的调查报告，及时上报、反馈和交流。

② 建立食物中毒处理资料档案，包括中毒发生过程、调查过程、发生原因、

促进因素、处理记录、采取的控制措施、处理结果及效果评估。

③ 依据《中华人民共和国食品卫生法》的相关规定，追究导致食物中毒的单位和个人的法律责任。对重大食物中毒事故责任人，触犯《刑法》的，依法追究其刑事责任。

思 考 题

1. 食物中毒有什么特点？
2. 细菌性食物中毒有哪些类型？
3. 预防细菌性事物中毒有哪些措施？
4. 引起化学性食物中毒的主要原因有哪些？
5. 如何预防农药与兽药食物中毒？

案 例

卫生部公布的2006年查处的10个食品卫生典型案件。

1. 江苏省查处嫌疑人吉广发制售伪劣保健食品案。此案查获75种非法制售的减肥类、改善性功能类食品计33件，货值逾10万元，其经营网络涉及17个省、直辖市。2006年2月22日大丰市卫生局依法责令吉广发停止生产经营，并立即公告收回已售出非法加工经营的减肥类及改善性功能类食品，销毁尚未售出和公告收回的减肥类及改善性功能类食品，并处以罚没款706620元的行政处罚。同时，大丰市卫生局将此案移送司法机关，依法追究吉广发等人的刑事责任。

2. 河北省查处元氏县兴华食品厂用非食品原料加工食品案。据举报，该厂涉嫌使用工业用保险粉漂白藕片。检查中，现场查封工业用保险粉18袋、焦二亚硫酸钠8袋以及成品天然鲜藕片2000余箱。石家庄市卫生局依法责令元氏县兴华食品厂停止生产经营并公告收回已售出的产品，销毁1989箱非法加工的鲜藕片，并处以罚款人民币5万元的行政处罚。

3. 河南省查处周口市育新街西段育新冷库无证销售猪喉头肉导致食物中毒案。周口市育新街西段育新冷库销售的含有甲状腺素的猪喉头肉引起63人食物中毒。该冷库系未取得卫生许可证非法进行食品经营，周口市卫生局依法对该冷库处以罚没款74080元的行政处罚。

4. 河北省查处邯郸市丛台区海城街"玉兰海鲜行"违法销售用甲醛泡制的海鲜产品案。执法人员在现场发现甲醛液体约200kg，发现用甲醛浸泡过的毛肚、鱿鱼约130kg。当地卫生行政部门依法责令其停止生产经营，销毁甲醛浸泡的毛肚、鱿鱼，没收甲醛溶液，并给予吊销卫生许可证并处罚款20000元的行政处罚。

5. 四川省查处绵竹万兴大酒店细菌性食物中毒案。2006年5月2日晚，在该酒店进餐的人中有164人陆续出现食物中毒症状。经执法人员采样和实验室检测，结果在基围虾菜品和患者的排泄物中分别检出副溶血弧菌。四川省绵竹市卫生执法监督所依法没收该酒店违法所得16860元，并处以违法所得4倍的罚款计67440元，对雇用7名未取得健康合格证明的从业人员进行食品加工经营活动的违法事实处以罚款2000元的行政处罚，共计罚没款86300元。

6. 河南省查处郑州市北恒科技有限公司生产销售的"唐舒宁玉叶山药胶囊"违法加药案。根据消费者举报，郑州市卫生局和卫生监督所对该公司进行了检查。经检验，"唐舒宁玉叶山药胶囊"违法添加格列本脲、盐酸二甲双胍等化学合成药物；查出涉案金额近80万元。郑州市卫生局已将该案移交当地公安司法部门处理。

7. 浙江省查处温岭市繁昌油脂厂劣质食用油案。根据举报，温岭市卫生局突击检查浙江温岭市繁昌油脂厂，查获劣质成品猪油5.3t，原料毛油37.6t。浙江省卫生厅会同温岭市卫生局对劣质猪油可能流向地采取紧急防控措施，查封6.5t来源于该厂的劣质猪油，并在全省范围内持续开展监督检查。涉案嫌疑人已被公安部门刑事拘留。

8. 北京市查处蜀国演义餐厅福寿螺引发食源性疾病案。该餐厅因厨师加工不当，未彻底加热杀灭螺肉中存在的广州管圆线虫而造成138人患食源性疾病。北京市卫生局依法处以蜀国演义黄寺店罚没款315540元，劲松店罚没款100084元的行政处罚。

9. 广东省查处广州市弘毅食品有限公司配送的课间餐造成中山大学附属小学185名学生食物中毒案。广东省和广州市卫生部门确认该中毒事件是一起由金黄色葡萄球菌肠毒素引起的食物中毒，主要原因是带菌的食品加工用具未按规定进行严格清洗消毒并污染了食品。广州市海珠区卫生局依法对肇事单位吊销了卫生许可证，并处以罚款5万元的行政处罚。

10. 卫生部查处保健食品违法添加化学合成药物案。在2006年全国食品专项整治行动中，发现北京玺圜环球生物医药技术有限公司生产"玺圜牌玺圜利唐康胶囊"、蓬莱深奥生物科技研究所生产"唐新牌唐新胶囊"、嘉兴三立生物制品开发中心生产"绿如蓝唐宁胶囊"、陕西利威尔制药有限公司生产"利威牌康立舒胶囊"四个产品添加了化学合成药物。卫生部对上述四个产品进行了重新审查，依法撤销了上述四个产品的保健食品批准证书。

第三章 食品卫生监督管理

【学习目标】
1. 了解食品卫生监督管理的概念与范围；
2. 熟悉食品卫生监督管理的法律体系；
3. 了解食品卫生标准的制定与分类；
4. 熟悉主要食品的卫生监督管理内容与要求。

第一节 概 述

食品卫生不仅关系人民群众的身体健康和生命安全，也直接影响着社会经济的发展。世界各国已将食品卫生监督管理纳入国家公共卫生事务管理的职能之中，运用国家职权管理食品卫生工作。我国的食品卫生监督执法体系也在不断加强和完善，目前我国在全国 2000 多个县级以上行政区域建立了卫生监督机构，形成中央、省（直辖市、自治区）、市（区）和县四级工作体系，监督及技术人员总数已达 24 万多人。在法律建设方面，我国已经建立以《中华人民共和国食品卫生法》（以下简称《食品卫生法》）为核心，近百个食品卫生管理办法和由近 500 个食品卫生标准所组成的食品安全法规体系，基本涵盖食品安全管理的各个方面，与此同时一系列与之配套的地方法规也相继出台，有力地配合了执法工作的顺利进行。

一、食品卫生监督管理的概念

食品卫生监督管理是卫生监督工作中的一项重要内容，它通过实施国家食品卫生法律、法规和规章，最大限度地减少和控制食品中有害因素对人体的危害，以达到保障人体健康、增强人民体质的目的。《食品卫生法》对于食品卫生监督和管理分别给出明确的说明，赋予食品卫生执法主体以及食品生产经营者不同的权利和义务。

1. **食品卫生监督**

食品卫生监督是指县级以上地方人民政府卫生行政部门在管辖范围内设立并授权食品卫生监督员，主要依据《食品卫生法》的规定，对食品生产经营企业、人员以及相关食品卫生问题等进行监测、检验和检查，并对违反《食品卫生法》的行为依法进行行政处罚。

《食品卫生法》规定"国家实行食品卫生监督制度"，说明食品卫生监督是国家意志和权力的集中反映，具有强大的法律性、权威性和普遍约束性。食品卫生监督是国家行政监督的一部分，具有行政监督管理和行政处罚两方面的手段，并具有一定强制性和很强的技术性。

2. 食品卫生管理

《食品卫生法》规定"国务院有关部门在各自的职责范围内负责食品卫生管理工作"。食品卫生管理除了各级卫生行政部门的食品卫生监督管理外，主要指各级人民政府的食品生产经营管理部门以及食品生产经营者，遵照《中华人民共和国食品卫生法》规定的义务和权利，对食品生产经营活动进行的管理和企业进行的自身管理过程，其中食品企业的食品卫生自身管理占主导地位。

二、食品卫生监督管理的原则

食品卫生监督管理一定要做到正确、及时，"有法可依、有法必依、执法必严、违法必究"。在监督管理活动中应当遵循以下原则。

1. 预防为主的原则

预防为主是我国主要的卫生工作方针，同时也是实行食品卫生监督管理的基本原则；要把食物中危害人体健康的因素控制和消除在对消费者引起危害之前。要采取各种预防性手段和措施，在生产的过程中解决食品卫生问题，防止卫生问题的产生或把问题限制在最小的程度，而不是等食品受到污染甚至是造成食物中毒事故以后再去想办法治理。

2. 有法可依、依法行政的原则

有法可依是要加强食品卫生法规和食品卫生标准建设，建立更加具体化的法律法规和卫生标准，使食品卫生监督在具体执行过程中，目的更明确，针对性更强，更加规范化。

依法行政是卫生部主管全国食品卫生监督管理工作，县级以上地方卫生行政部门在管辖范围内行使食品卫生监督职责，是执法主体；而且各级卫生行政管理部门进行的一切监督执法活动，必须符合法律、法规和规章的规定。

3. 实事求是的原则

食品卫生监督管理过程涉及许多学科和国民经济的很多部门，发现的问题往往都很复杂，牵涉面很多。因此在监督过程中对出现的问题进行调查、了解、分析和处理时，必须实事求是，根据监督的目的和要求，制定相应的监督方法，运用流行病学、统计学、理化检验、生物学试验以及其他技术手段来确定食品中的危害因素及其性质，作为判断是否合法的依据。要将长远利益与眼前利益，整体利益与局部利益，实际需要与现实可能结合起来，确定切实可行的要求和标准，最大限度地做好工作。就是在处理违法食品时，也要根据实际情况尽量利用其可利用的部分，避免不必要的损失。

4. 坚持社会效益第一的原则

食品卫生监督管理要维护《食品卫生法》的顺利执行,把保证食品卫生的社会效益放在第一位,服从并服务于国家经济建设。另外要加强食品安全卫生宣传和教育工作,提高全民食品卫生意识。

三、食品卫生监督管理的范围

按照《食品卫生法》的规定,我国食品卫生监督管理体系主要为政府行政区域管辖,辅之以级别管辖、指定管辖等。

1. 全国范围

国务院卫生行政部门主管全国食品卫生监督管理工作,其他国务院有关部门在各自的职责范围内负责食品卫生管理工作。

2. 地方

县级以上地方人民政府卫生行政部门(包括省、市、县三级)在管辖范围内行使食品卫生监督职责。各级人民政府的食品生产经营管理部门(如工商行政管理部门)应当加强食品卫生管理工作,并对执行食品卫生法律、法规和规章的情况进行检查、督促、纠正和处理。

3. 特定范围或部门

铁道、交通行政主管部门设立的食品卫生监督机构,行使国务院卫生行政部门会同国务院有关部门规定的食品卫生监督职责。军队系统的专用食品和自供食品卫生管理办法由中央军事委员会依据《食品卫生法》制定。进口食品及相关材料由口岸进口食品卫生监督检验机构进行卫生监督、检验,并报国务院卫生行政部门批准。出口食品由国家进出口商品检验部门进行卫生监督、检验。

4. 食品生产经营企业

食品生产经营企业应当健全本单位的食品卫生管理制度,配备专职或者兼职食品卫生管理人员,加强对所生产经营食品的检验工作。各类食品市场的举办者应当负责市场内的食品卫生管理工作。

四、食品卫生监督管理的内容

根据《食品卫生法》的规定,食品卫生监督管理的内容主要包括以下几方面。

1. 食品卫生监督内容

(1) 进行食品卫生监测、检验和技术指导 对食品、食品添加剂、食品容器、包装材料、食品用工具、设备等按照规定进行定期或不定期采样监测和评价,及时掌握食品卫生动态质量,开展有针对性食品卫生监督。对监测、检验发现的问题及时做出处理并指导食品生产经营者加以改进,以提高食品卫生质量。

(2) 协助培训食品生产经营人员,监督食品生产经营人员的健康检查 卫生行政部门要协助生产经营者做好食品卫生知识和法律知识的培训,同时应对从业人员进行的健康检查活动进行监督。

(3) 宣传食品卫生、营养知识,进行食品卫生评价,公布食品卫生情况 各级卫生行政部门要采用各种形式,经常向消费者和食品生产经营者以及领导宣传食品卫生和营养知识,引起社会对食品卫生工作的重视,提高消费者的自我识别能力,同时应对食品卫生监督检查、监测的结果做出卫生学评价,定期或不定期地予以公布。

(4) 对食品企业的新建、扩建、改建工程的选址和设计进行卫生审查,并参加工程验收 对食品企业的新建、扩建、改建工程的选址和设计,应依法进行预防性卫生监督,符合要求的才准予施工;不符合要求的应提出卫生监督意见,要求整改后才准予施工,对竣工的工程要参与验收。

(5) 对食物中毒和食品污染事故进行调查,并采取控制措施 对食物中毒和食品污染事故及时组织开展卫生学、流行病学调查,并进行采样检验,根据调查结果和检验结果做出判定并给予相应处理。对已造成食物中毒事故或者有证据证明可能导致食物中毒事故的,可以对该食品生产经营者采取下列临时控制措施:

① 封存可能导致食物中毒的食品及其原料;
② 封存被污染的食品加工工具及用具,并责令进行清洗消毒;
③ 销毁经检验属于被污染的食品,解封未被污染的食品。

(6) 巡回监督检查《食品卫生法》 巡回监督检查是食品卫生监督的形式之一,是指不定期、不定时地对食品生产经营者进行《食品卫生法》执行情况的检查,同时对违法行为及时进行处理。

(7) 对违反《食品卫生法》的行为追查责任,依法进行行政处罚 对违反《食品卫生法》规定的行为,卫生行政部门应依据《食品卫生法》第八章的规定,追究违法者的行政法律责任。

(8) 负责其他食品卫生监督事项 主要指除以上七项食品卫生监督内容以外,县以上各级卫生行政部门为保证食品卫生安全和保障消费者健康,而进行的食品卫生监督事项。

2. 食品卫生管理内容

(1) 加强各级政府对食品卫生的管理工作 各级人民政府的食品生产经营管理部门应加强食品卫生管理工作,并对执行《食品卫生法》情况进行检查。各级人民政府应当鼓励和支持改进食品加工工艺,促进提高食品卫生质量。

(2) 食品企业的自身管理 食品企业应当健全自身的食品卫生管理制度,配备专职或者兼职食品卫生管理人员,加强对所生产经营食品的检验工作。

(3) 对食品生产经营企业的管理

① 食品企业新建、改建、扩建工程和设计的卫生审查:食品企业的新建、

改建、扩建工程的选址和设计应当符合卫生要求,其设计审查和工程验收必须有卫生行政部门参与。

② 食品包装标识的管理:食品和食品添加剂产品必须在包装标识或产品说明书上按照规定标出品名、产地、厂名、生产日期、批号或者代号、规格、配方或者主要成分、保质期限、食用或者使用方法等。食品、食品添加剂的产品说明书,不得有夸大或者虚假的宣传内容。食品包装标识必须清楚、容易辨识。在国内市场销售的食品,必须有中文标识。

③ 采购食品索证:食品生产经营者采购食品及其原料,应当按照国家有关规定向供货方索取检验合格证或者化验单,供货方应保证提供。需要索证的范围和种类由省、自治区、直辖市人民政府卫生行政部门规定。

④ 食品生产经营人员的健康检查:食品生产经营人员每年必须进行健康检查;新参加工作的和临时参加工作的食品生产经营人员必须进行健康检查,取得健康证明后方可参加工作。凡患有痢疾、伤寒、病毒性肝炎等消化道传染病(包括病原携带者)、活动性肺结核,化脓性或者渗出性皮肤病以及其他有碍食品卫生的疾病的,不得参加接触直接入口食品的生产工作。

⑤ 食品卫生许可证的发放:食品生产企业和食品营销企业必须先取得卫生行政部门发放的卫生许可证后方可向工商行政管理部门申请登记。未取得卫生许可证的,不得从事食品生产经营活动。卫生许可证的发放管理办法由省、自治区、直辖市人民政府卫生行政部门制定。

⑥ 食品市场和集市贸易的管理:各类食品市场的举办者应当负责市场内的食品卫生管理工作,并在市场内设置必要的公共卫生设施,保持良好的环境卫生状况。城乡集市贸易的食品卫生管理工作由工商行政管理部门负责,食品卫生监督检验工作由卫生行政部门负责。

(4) 对食品、食品添加剂及食品生产用具的管理

① 对普通食品、食品添加剂及食品生产用具的管理:生产者必须按照卫生标准和卫生管理办法对食品、食品添加剂、专用于食品的容器、包装材料及其他用具实施检验,合格后方可出厂或者销售。

② 对新资源食品的管理:利用新资源生产的食品、食品添加剂的新品种,生产经营企业在投入生产前,必须提出该产品的卫生评价和营养评价所需的资料。利用新的原材料生产的食品容器、包装材料和食品用具、设备的新品种,生产经营企业在投入生产前,必须提出该产品的卫生评价所需的资料。上述新品种在投入生产前还需提供样品,并按照规定的食品卫生标准审批程序报请审批。

③ 对保健食品的管理:表明具有特定保健功能的食品,其产品及说明书必须报国务院卫生行政部门审查批准,其卫生标准和生产经营管理办法由国务院卫生行政部门制定。此外,表明具有特定保健功能的食品不得有害于人体健康,其产品说明书内容必须真实,该产品的功能和成分必须与说明书一致,不得有

虚假。

④ 对进口食品等的管理：进口的食品、食品添加剂、食品容器、包装材料和食品用工具及设备必须符合国家卫生标准和卫生管理办法的规定。

⑤ 出口食品的管理：出口食品由国家进出口商品检验部门进行卫生监督、检验。

⑥ 禁止生产经营的食品：禁止生产经营的食品包括腐败变质、油脂酸败、霉变、生虫、污秽不洁、混有异物或者其他感官性状异常，可能对人体健康有害的食品；含有毒、有害物质或者被有毒、有害物质污染，可能对人体健康有害的食品；含有致病性寄生虫、微生物的，或者微生物毒素含量超过国家限定标准的食品；未经兽医卫生检验或者检验不合格的肉类及其制品；病死、毒死或者死因不明的禽、畜、兽、水产动物等及其制品；容器包装污秽不洁、严重破损或者运输工具不洁造成污染的食品；掺假、掺杂、伪造，影响营养、卫生的食品；用非食品原料加工的，加入非食品用化学物质的或者并非食品的食品；超过保质期限的食品；为防病等特殊需要，国务院卫生行政部门或者省、自治区、直辖市人民政府专门规定禁止出售的食品；含有未经国务院卫生行政部门批准使用的添加剂的或者农药残留超过国家规定容许量的食品；其他不符合食品卫生标准和卫生要求的食品。

第二节　食品卫生法律与法规

一、食品卫生法律规范

法律规范是一种特殊的社会规范，是法的基本结构层次，其主要特征是体现国家的权力。食品卫生法律规范指食品卫生法律、法规确定的，由国家强制保证的行为原则。

1. 食品卫生法律规范的结构

任何一个法律规范都由三个部分组成，即适用条件、行为模式、法律后果，食品卫生法律规范也同样具有这三个部分。

（1）适用条件　适用条件指法律规范中指出的适用该规范的条件或情况的部分。在实际的食品卫生执法活动中，只有当法律规范所指出的条件或情况出现时，才能适用该法律规范。

（2）行为模式　行为模式是法律规范的核心，它为人们的行为提供一种模式和标准，即允许、禁止或要求主体做一定的行为或不做一定的行为。法律规范的行为模式一般有以下三种：

① 可以这样做的模式；

② 应该或必须做的模式；

③ 不应或禁止做的模式。

(3) 法律后果　法律后果是指法律规范中规定的行为人在符合或者违反该法律规范会产生什么法律后果的部分。法律规范的后果一般有两类：一类是积极或者肯定式的法律后果，即这种行为将得到法律的认可、保护乃至奖励；另一类是消极或者否定式的后果，即这种行为将不为法律所承认、保护，甚至受到撤销或者制裁。

法律规范的三个组成部分，既可以在一条法律条文中表述出来，也可以分别出现在几个条文里，甚至写在不同的规范性文件里。我国食品卫生法律规范中，三个部分同时包含在一个法律条文里的情况比较少见，较常见的是包含其中两个部分，有的条文甚至只有一个部分。

2. 食品卫生法律规范的分类

食品卫生法律规范规定了食品卫生监督管理活动中各种社会关系的权利和义务，按照不同的标准可以将其分成不同的类别。

（1）依食品卫生法律规范本身的性质，可以将其分为授权性规范、义务性规范和禁止性规范

① 授权性规范：授权性规范是指授予主体某种权利的法律规范。它既不规定主体必须做出某种行为的权力，也不规定主体不得做某种行为，而是赋予主体做或不做某种行为的权力。至于是否做或不做这种行为，由主体自行抉择。在法律条文中表述这类法律规范，多用"有权"、"可以"等字样。

② 义务性规范：义务性规范是指规定主体必须做出某种行为的法律规范。法律条文在表述这种法律规范时，多用"必须"、"应当"等字样。

③ 禁止性规范：禁止性规范是指规定主体不得做出某种行为的法律规范。法律条文在表述这种法律规范时，多用"禁止"、"不得"、"不准"等字样。

（2）依食品卫生法律规范对主体的约束程度，可将其分为强制性规范和任意性规范

① 强制性规范：强制性规范是指规定主体必须严格按照它的规定去做或不做一定的行为，不允许做任何变通的法律规范。这种法律规范，多属义务性法律规范或禁止性法律规范。

② 任意性规范：任意性规范是指主体在不违反法律和社会公德的前提下，按照自己的意志，做或不做一定的行为的法律规范。任意性规范多属授权性法律规范。

（3）依食品卫生法律规范内容的确定方式，可将其分为确定性规范、准用性规范和委任性规范

① 确定性规范：确定性规范是指直接、明确地规定某一行为规则的内容的法律规范。食品卫生法律规范多属于这种。

② 准用性规范：准用性规范是指没有直接规定规范的内容，只规定在试用

该规范时准予援用该规范所指定的其他规范的法律规范。准用性规范只需列入它所准用的规范内容，就可以成为确定性规范。如《食品卫生法》第八条第九款规定"用水必须符合国家规定的城乡生活饮用水卫生标准"。

③ 委任性规范：委任性规范是指没有直接规定规范的内容，但指出该规范的内容由某一专门机关加以规定的法律规范。如《食品卫生法》规定"对食品摊贩和城乡集市贸易食品经营者在食品生产经营过程中的卫生，由省、自治区、直辖市人民代表大会常务委员会根据本法做出具体规定"。准用性规范与委任性规范都属于没有直接规定某一行为规则具体内容的法律规范，但二者之间存在区别，前者准予援用的规范是已有明文规定的法律规范，后者是尚无明文规定的非确定性规范。

3. 食品卫生法律规范的效力

食品卫生法律规范是以卫生法律、法规、规章以及其他规范文件的形式表现出来的，因而其效力与所在的规范文件的效力相同，一般分为对空间效力、时间效力、人的效力和对事的效力。

（1）空间效力　空间效力是指食品卫生法律规范适用的地域范围，由国家的立法体制所决定。一般来说，食品卫生法律规范的空间效力与该法律规范指定机关职权所及的地域范围相一致。如《中华人民共和国食品卫生法》由全国人大常委会制定，因此在全国范围内有效，包括我国驻外使馆以及航行或停泊于境外的飞机和船舶。但根据全国人大通过的《香港特别行政区基本法》、《澳门特别行政区基本法》及有关法律文件的规定，《食品卫生法》在香港和澳门特别行政区不能生效。

（2）时间效力　时间效力是指食品卫生法律规范在何时生效和何时失效的时间问题，以及对其颁布实施以前的行为有无追溯权力的问题。《食品卫生法》规定"本法自公布之日起施行。《食品卫生法（试行）》同时废止。"这表明发生法律效力的时间范围，在这之前颁布的食品卫生法律规范与《食品卫生法》不符的，包括《食品卫生法》（试行），自行失去效力；此外《食品卫生法》不具有法律上的溯效力。

（3）对人的效力　对人的效力是指食品卫生法律规范对人即公民、法人或其他组织发生的约束力。食品卫生法律规范对人的效力，一般在所在规范性文件中都有明确表述。

（4）对事的效力　对事的效力是指食品卫生法律规范对其所规定的应具约束的事物或行为的效力。

二、食品卫生法律体系

食品卫生法律体系是指在《中华人民共和国卫生法》的基础上，由《食品卫生法》、与《食品卫生法》相配套的部门行政规章、配套的地方性法规和地方政府规章、食品卫生标准及检验规程等构成的我国食品卫生法律体系。依据食品卫生法律规范的具体表现形式及其法律效力层级，食品卫生法律体系包括食品卫生法律、食品卫生法规、食品卫生规章、食品卫生标准及其他规范性文件。

1. 食品卫生法律

1995年第八届全国人民代表大会常务委员会第十六次会议审议通过的《食品卫生法》是食品卫生法律，法律地位位于我国法律体系中第三个层次。在我国整个法律体系中，宪法是第一个层次，是一切法律的母法。刑法、民法（通则）和三部诉讼法（刑事、民事、行政）这五部是基本法，属于我国法律体系中第二个层次。第三个层次的法律就是各部门法，包括《食品卫生法》及其他卫生法以及所有单项的国家行政管理所依据的法律。由于有上述层次的差别，故与《食品卫生法》有关的刑事案件，要以刑法为依据，与《食品卫生法》有关的民事纠纷，民法中有规定的，必须以民法（通则）为准。涉及《食品卫生法》的刑事案件、民事案件、行政诉讼案件则分别按三部诉讼法规定的程序进行。

虽然《食品卫生法》在我国法律体系中属第三个层次，但在我国食品卫生法律体系中其法律效力层级最高，是制定从属性的食品卫生法规、规章以及其他规范性文件的依据。《中华人民共和国食品卫生法》共设九章五十七条，对食品卫生法律规范的适用条件、行为模式和法律后果都做出了明确的规定。其主要规定内容包括：国家实行食品卫生监督制度；食品、食品添加剂、食品容器、包装材料和食品用工具、设备的卫生；食品卫生标准和管理办法的制定；食品卫生管理；食品卫生监督；法律责任等。

2. 食品卫生法规

根据我国《宪法》、《地方各级人民代表大会和地方各级人民政府组织法》以及国务院发布的《法规、规章备案规定》，食品卫生法规有国务院指定的行政法规和地方性法规之分。食品卫生行政法规是指国务院按照一定程序制定颁布的食品卫生方面的规范性文件，在我国食品卫生法律的效力层级次于《食品卫生法》。食品卫生地方性法规是指根据本行政区的情况和实际需要，在不与宪法、法律、行政法规相抵触的前提下，按法定程序所制定的地方性食品卫生法规的总称。省、自治区人民政府所在地的市和经国务院批准的较大市的人民代表大会常务委员会制定的地方性食品卫生法规，须报省、自治区的人民代表大会常务委员会批准后施行。食品卫生地方性法规的法律效力层级低于食品卫生行政法规。食品卫生法规的法律效力层级低于食品卫生法律，高于食品卫生规章。

3. 食品卫生规章

食品卫生规章包括国务院卫生行政部门制定的部门规章和地方人民政府制定的食品卫生规章。根据国务院发布的《法规、规章备案规定》，部门规章是指国务院各部门根据法律和国务院的行政法规、决定、命令在本部门的权限内按照规定的程序所制定的规定、办法、实施细则、规则等规范性文件的总称。如卫生部制定的《保健食品管理办法》、《辐照食品管理办法》、《学生集体用餐卫生监督办法》、《食品卫生监督程序》及《食品卫生行政处罚办法》等。地方性规章指省、自治区、直辖市以及省、自治区人民政府所在地的市和经国务院批准的较大市的人民政府根据法律和行政法规，按照规定程序所制定的适用于本地区行政管理工作的规定、办法、实施细则、规则等规范性文件的总称。根据《地方各级人民代表大会和地方各级人民政府组织法》的规定，制定地方性规章，须经各该级政府常务会议或者全体会议讨论决定。食品卫生规章的法律效力层级低于食品卫生法律和食品卫生法规，人民法院在审理食品卫生行政诉讼案件过程中可参照食品卫生规章。

4. 食品卫生标准

食品卫生标准是食品卫生法律体系中特有的，作为判断食品是否符合卫生要求的，按照规定程序制定颁布的一系列技术性规范的总称，如《食品添加剂使用卫生标准》等。食品卫生法律规范具有很强的技术性，因而许多食品卫生法律规范须有适用的食品卫生标准。尽管食品卫生标准不同于食品卫生法律、法规和规章，属技术规范，但是，它是食品法律体系中不可缺少的部分。缺少了食品卫生标准，不可能有效地执行或履行食品卫生法律规范。根据《中华人民共和国标准化法》的规定，食品卫生标准可分为国家标准、行业标准、地方标准和企业标准。

5. 其他规范性文件

规范性文件指政府有关部门根据食品卫生法律、法规、规章等规定或授权，按照一定的程序制定颁发的规范性文件的总称，既不属食品卫生法律、法规和规章，也不属食品卫生标准等技术性规范，然而这类规范性文件同样是食品卫生法律体系中重要的组成部分，也是不可缺少的。如省、自治区、直辖市人民政府卫生行政部门制定的食品卫生许可证发放管理办法以及食品生产经营者采购食品及其原料的索证管理办法。这两个规范性文件，尽管是由不具有以上规范文件制定权的省级人民政府卫生行政部门制定，但它是依据《食品卫生法》授权制定的，属于委任性食品卫生法律规范。

第三节 食品卫生标准

一、概　　述

食品卫生标准作为食品卫生法律体系中重要以及特殊的技术性规范文件，对于进行食品卫生监督管理，保证食品卫生法律、规范及规章的顺利执行具有重要的参考价值和现实意义。

1. 食品卫生标准的概念

食品卫生标准是指对食品中与人类健康相关的所有质量要素，主要包括安全、营养与保健三方面要素及其评价方法所做出的规定。这些规定的形成首先要通过调查与技术研究，形成特殊形式的规范性文件，经与食品有关部门进行协商，并按一定程序进行严格的技术审查后，由国务院卫生行政部门或省级地方人民政府批准，以特定的形式发布，作为共同遵守的准则和依据。食品中影响人类健康的质量要素包括安全、营养与保健等三个方面。所以，我国的食品卫生标准也主要围绕这三个方面制定相应的技术要求和评价方法。

2. 食品卫生标准的性质

（1）科学技术性　标准的根本特性即是科学技术性，这是标准的本质。首先，食品卫生标准的形成要进行调查与技术研究，按一定程序进行技术审查，因此食品卫生标准是科学技术的产物。再者，食品卫生标准应用于食品生产加工的技术过程，只有应用科学技术作为基本手段才能对标准的实施进行监督。

（2）政策法规性　食品卫生标准作为食品卫生监督管理政策的技术规定，反映和体现了我国的卫生管理政策模式和具体要求。国务院卫生行政部门一直将食品卫生标准作为卫生政策的组成部分。《食品卫生法》的颁布和实施更赋予了食品卫生标准在食品卫生监督管理过程中的法规特性。

（3）强制性　根据《中华人民共和国标准化法》的规定，凡是保障人体健康与安全的标准，应是强制性标准。《食品卫生法》规定，凡生产加工经营不符合食品卫生标准的食品，应给予相应的行政处罚。所以，食品卫生标准必须强制执行，这是食品卫生标准与食品一般质量标准的重要区别。

（4）健康与安全性　制定和实施食品卫生标准的目的就是要保障居民身体健康，所以，食品卫生标准对于与人体健康相关的所有质量要素，包括食品的安全、营养和保健功能制定一系列的技术规定。食品卫生标准的这一特性，决定了其具有较高的政策法规性和强制性。

（5）社会性和经济性　主要指执行食品卫生标准所带来的社会和经济效益。食品卫生标准的制定与实施，目的在于控制和保证食品中与健康相关的所有质量要素，从而防止食源性疾病的发生，提高消费者健康状况，其社会效益是显而易见的。而食品卫生标准所产生的经济效益（包括直接和间接的）则更广泛。直接经济效益如减少了食品资源的浪费，有助于避免因食品质量问题引发的经济纠纷；间接经济效益如防止食源性疾病的发生而减少了国家和个人的医疗负担，增强国民身体素质而提高了劳动生产力等，由此所产生的经济效益更是不可低估。

3. 食品卫生标准的意义

食品卫生标准的意义主要体现在以下几个方面：

（1）食品卫生标准是食品卫生法律体系的重要组成部分　《食品卫生法》中对于食品、食品添加剂、食品容器、包装材料和食品用工具、设备的卫生进行了原则性规定，但是没有对以上要求做出具体的技术性规定，这就需要对法律未予明确的内容进行补充。食品卫生标准是鉴定和评价食品产品卫生质量及其生产经营行为是否符合《食品卫生法》的重要依据，是食品卫生监督执法的前提和保证，也是食品卫生监督机构和食品卫生监督员的必备工具和执法武器。因此，食品卫生标准作为与《食品卫生法》配套的技术规定，是食品卫生法律体系的重要组成部分，保证了食品卫生法律法规的系统性与完整性。

（2）食品卫生标准是法制化食品卫生管理能顺利进行的保证　食品卫生标准是分析和判断食品是否符合有关卫生要求的主要技术依据。所以，食品卫生标准保证了法制化食品卫生管理工作的顺利进行。

（3）食品卫生标准是维护我国主权、促进食品国际贸易的技术保障　WTO在其《卫生和植物卫生措施协定》（SPS）以及《贸易技术壁垒协定》（TBT）中规定：各成员国有权根据各国国民的健康需要制定各自的涉及健康与安全的食品标准。我国的食品卫生标准在复杂的国际食品贸易中发挥着积极的作用，一方面可以有效阻止国外低劣食品进入中国市场，防止我国消费者遭受健康和经济权益损害，维护国家的主权与利益；另一方面，它为提高国内出口食品的卫生质量、增强国内食品的国际市场竞争力，也起到了重要的技术支持作用。

二、食品卫生标准的分类

按照不同的分类原则，食品卫生标准有不同的分类。

1. 按适用对象分类

食品卫生标准按照适用对象，可以分为以下几类：

① 食品原料与产品卫生标准：按食品的类别分为二十多类食品卫生标准，包括粮食及其制品，食用油脂，调味品，肉与肉制品，禽肉，蛋类，水产类及其制品，乳与乳制品，冷饮，酒类，豆制品，茶叶，糖果，淀粉，酱腌菜，食用菌，干果，坚果，炒制食品，蜜饯，小食品，营养强化食品，保健食品等。

② 食品添加剂使用卫生标准。

③ 营养强化剂使用卫生标准。

④ 食品容器与包装材料卫生标准。

⑤ 食品中农药最大残留限量卫生标准。

⑥ 食品中霉菌与霉菌毒素限量卫生标准。

⑦ 食品中环境污染物限量卫生标准。

⑧ 食品中激素（植物生长素）及抗生素的限量卫生标准。

⑨ 食品企业生产卫生规范。

⑩ 食品标签标准。

⑪ 辐照食品卫生标准。

⑫ 食品卫生检验方法：包括食品卫生微生物检验方法，食品卫生理化检验方法，食品安全毒理学评价程序与方法，食品中营养素检验方法，保健食品功能

学评价程序和检验方法。

⑬ 其他：包括餐饮具洗涤卫生标准、洗涤剂和消毒剂卫生标准等。

2. 按标准发生作用的范围或审批权限分类

按照标准发生作用的范围或审批权限可以分为以下几类：

（1）国际食品卫生标准　国际食品法典委员会（CAC）向各成员国推荐的有关食品标准、卫生规范、准则和推荐值等通称为食品法典（codex），包括所有加工、半加工食品或食品原料的标准、有关食品卫生、食品添加剂、农药残留、污染物、标签及说明、采样与分析方法等方面的通用条款及准则。

（2）国家食品卫生标准　是需要在全国范围内统一的食品卫生标准。国家食品卫生标准由国务院卫生行政部门（卫生部）审批，国家质量监督检验检疫总局负责编号（GB），"全国卫生标准化技术委员会食品卫生分技术委员会"负责技术审查。目前我国卫生部已制定和发布的国家食品卫生标准有474个，已基本形成了一个较为完善的由基础标准、产品标准、行为标准和检验方法标准所组成的国家食品卫生标准体系。

（3）行业食品卫生标准　是没有国家食品卫生标准，而需要在全国范围内统一的、由卫生部制定的食品卫生标准。其制定和审批程序与国家标准相同，编号以WB开头。当相应的国家食品卫生标准颁布实施后，行业标准即废止。

（4）地方标准　是没有国家或卫生部行业食品卫生标准，又需要在省、自治区、直辖市范围内统一的食品卫生标准。由省级卫生行政部门制定和审批，报国务院卫生行政部门和国务院标准化行政主管部门（卫生部和国家质量监督检验检疫总局）备案后执行。地方标准不得低于同类食品的国家标准和行业标准，即低层次标准不得与高层次标准相抵触。在国家标准或卫生部行业标准颁布实施后，该项地方标准即废止。

（5）企业标准　是在没有相应的国家标准或卫生部行业标准或地方标准的情况下，由企业根据其自身范围内需要协调统一的食品卫生技术要求和一般质量要求而制定的标准。在已有国家标准或者卫生部行业标准的情况下，国家鼓励企业制定严于国家标准或者卫生部行业标准的企业标准。企业标准由企业内部的高层主管审批，食品卫生监督管理机构对其中涉及安全、营养与保健的内容进行技术审查，并报当地政府标准化行政主管部门和卫生行政部门备案。企业标准也不得与以上三类高层次标准相抵触，只起自身管理作用，保证产品符合国家标准、行业标准和地方标准，但不具备法律效力。

3. 按约束性分类

食品卫生标准按照约束性可分为强制性标准和推荐性标准。根据《食品卫生法》和《中华人民共和国标准化法》的有关规定，涉及人体健康与安全的标准应是强制性标准。所以在国家标准、行业标准和地方食品卫生标准中，除了分析方法标准属于推荐性标准外，其他均为强制性标准。食品法典不对国际食品贸易构成直接的强制约束力,属于推荐性标准。

三、食品卫生标准的制定

1. 食品卫生标准的制定依据

(1) 法律依据 《食品卫生法》和《中华人民共和国标准化法》是制定食品卫生标准的主要法律依据,对食品卫生标准的制定与批准、适用范围、技术内容等三个重要方面都做了明确的规定。

① 国家与地方食品卫生标准的制定与批准:《食品卫生法》规定"食品,食品添加剂,食品容器、包装材料,食品用工具、设备,用于清洗食品和食品用工具、设备的洗涤剂、消毒剂以及食品中污染物质、放射性物质允许量的国家卫生标准、卫生管理办法和检验规程,由国务院卫生行政部门制定或者批准颁发";"表明具有特定保健功能的食品,其产品及说明书必须报国务院卫生行政部门审查批准,其卫生标准和生产经营管理办法,由国务院卫生行政部门制定";"国家未制定卫生标准的食品,省、自治区、直辖市人民政府可以制定地方卫生标准,报国务院卫生行政部门和国务院标准化行政主管部门备案";"食品添加剂的国家产品质量标准中卫生学意义的指标,农药、化肥等农用化学物质的安全性评价,必须经卫生部审查同意。屠宰畜、禽的卫生检验规程,由国务院有关行政部门会同国务院卫生行政部门制定"。《标准化法》规定"对没有国家标准而又需要在某个行业范围内统一的技术要求,可以制定行业标准。行业标准由国务院有关行政部门制定";"法律对标准的制定另有规定的,依照法律的规定执行"。

② 食品卫生标准的适用范围:主要是指标准所管理的事务对象的种类,包括食品和可能影响食品卫生质量的所有事务与行为。根据《食品卫生法》的规定,食品卫生标准的适用范围包括:食品,食品生产加工条件与行为,保健食品,食品添加剂(包括营养强化剂),食品与食品添加剂标签,食品容器与包装材料(包括生产加工助剂、食品容器内壁涂料),食品用工具、设备,用于清洗食品和食品用工具、设备的洗涤剂和消毒剂(包括食具的消毒效果),食品中污染物质(包括农药),检验方法与规程。

③ 食品卫生标准的技术内容:主要指标准所规定的各项技术要求。《食品卫生法》规定"食品应当无毒、无害,符合应当有的营养要求,具有相应的色、香、味等感官性状"。因此,食品卫生标准的技术内容包括安全、营养和食品的感官要求,保健食品卫生标准还应包括保健功能要求。食品卫生法规、规章有规定的,也应按照这些法规,在食品卫生标准中制定相应的技术要求。

(2) 科学技术依据 食品卫生标准是科学技术研究和生产经验总结的产物。因此在标准制定过程中,应尊重科学、尊重客观规律,保证标准的真实性;合理使用已有的科研成果,总结和发现与标准有关的各种技术问题;另外还应充分利用现代科学技术条件，促使标准具有较高的先进性。

（3）有关国际组织规定　WTO要求各成员国应参照WTO的有关协议制定国家食品卫生标准。WTO在其制定的《卫生和植物卫生措施协定》（SPS）中规定，WTO成员国应按照以下两种形式制定国家食品标准：一是按照国际食品法典委员会（CAC）的法典标准、导则和推荐指标制定食品标准或等同采用进口国标准；二是出于对本国国民实施特殊的健康保护目的，自行制定本国食品标准时，必须首先对以下两种危害进行评价：① 某种疾病在本国的流行及其可能造成的健康和经济危害；② 食品、饮料或饲料中的添加剂、污染物、毒素、致病菌对人或动物健康的潜在危害。WTO认为只有在上述评价的基础上才能制定确实既能保护本国国民身体健康又不致对食品国际贸易产生技术壁垒作用的食品标准。因此，每一个WTO的成员国都必须履行WTO有关食品标准制定和实施的各项协议和规定。

2. 食品卫生标准的主要技术指标及其健康意义

（1）安全指标

① 严重危害人体健康的指标：包括致病性微生物与毒素、有毒有害的化学物质、放射性污染物等。常见的指标有致病菌、金黄色葡萄球菌毒素、黄曲霉菌毒素、砷、铅、汞、苯并[a]芘、多环芳烃类化合物等。

② 对人体有一定威胁或危险性的指标：反映食品可能被污染以及污染的程度，主要包括菌落总数、大肠菌群等。并不预示疾病发生的可能性与危害程度，但却反映食品在生产加工过程中的卫生状况。

③ 间接反映食品卫生质量的指标：包括水分、含氮化合物、挥发性盐基氮、酸价等。这些指标不能被简单地看作是一般质量指标，它们对保证食品安全具有非常重要的意义。如水分是食品中微生物生长繁殖的有利条件，水分越高，食品中的细菌越易生长繁殖，食品也就越易腐败变质。

（2）营养质量指标　主要包括能量、碳水化合物、脂肪、蛋白质、矿物质、维生素、水等组成与含量，以及用于评价食品营养价值的指标如氨基酸评分、蛋白质生物价等。在制定营养素指标时还应正确选择和使用评价食品中营养素含量与比例的科学依据，如参考"中国居民膳食营养素参考摄入量"等。

（3）保健功能指标　是对食品中具有保健功能作用的有效成分，如原料或能代表该原料的特征性因子所规定的指标。目前根据功能类别确定相应的功能因子是个极为复杂的过程，所以在制定功能质量指标时，对于那些不能根据功能类别确定相应指标的，可考虑制定能代表或反映某种产品的特征性指标。此外由于保健功能因子或主要成分大多为生物活性成分，过量摄入也会产生毒副反应。所以在制定保健功能指标时，除了规定功能因子应发挥功效作用的最低含量，还应规定最高限量。

四、食品中有毒物质限量标准的制定

由于食品被污染或食品中添加特殊物质,以及某些食品原料自身产生有毒成分,必然导致食品产品中存在某些有毒物质,为此必须制定相应的控制标准,即食品中有毒物质的限量标准。这类标准通常是根据食品毒理学安全性评价的基本原理,并按照下列步骤制定的。

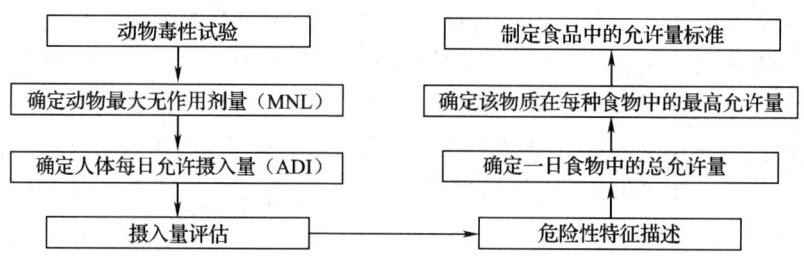

1. 确定动物最大无作用剂量(MNL)

该剂量是指某一物质在试验时间内,对受试动物不显示毒性损害的最大剂量水平。有时也用无明显作用水平(NOEL)或无明显损害水平(NOAEL)表示。在确定最大无作用剂量时,首先在指标的选择上应采用动物最敏感的指标或最易受到毒性损害的指标。除了观测一般毒性指标,还应考虑受试物的特殊毒性指标,如致癌、致畸、致突变以及迟发性神经毒性等。对于具有特殊毒性的物质在制定食品中最大允许量标准时应慎重从事,而且允许量越小越安全,最好为零含量。动物最大无作用剂量是制定食品中的最大允许量标准的基本数据,必须准确可靠。

2. 确定人体每日允许摄入量(ADI)

ADI 是指人类每日摄入某物质直至终生,而不产生可检测到的对健康产生危害的量,以每公斤体重可摄入的量表示,即 mg/(kg 体重·d)。该指标的意义在于确定了人体每日摄入某种物质的量不能超过此值。否则将可能产生不良影响,所以也可以将 ADI 理解为人体的理论最大无作用剂量。ADI 不能通过人体直接测定,须由动物最大无作用剂量(MNL)换算获得。考虑到动物与人、人与人之间对于有毒物质毒性反应敏感性的差异,因此,在用 MNL 换算 ADI 时应加上安全系数,一般规定人体的 ADI 值应比动物 MNL 值小 100 倍,但此安全系数并不是固定不变的,可根据毒性性质与反应强度、暴露人群的种类不同而发生改变。如毒性损害强烈或可能是婴幼儿等生理特殊人群经常接触的有毒物质,安全系数还将扩大。

人体每日允许摄入量(ADI)(mg / kg 体重) = 动物最大无作用剂量(MNL)(mg / kg 体重) $\times \frac{1}{100}$

例如某农药的动物最大无作用剂量为 10mg / kg 体重,则此农药的人体 ADI

为 $10 \times \frac{1}{100} = 0.10$ mg／kg 体重。如果一般成人体重以 60kg 计，则此农药成人每日摄入量不应超过 $0.10 \times 60 = 6$［mg·人·日］。

3. 确定一日食物中的总允许量

一日食物中的总允许量是指人体每日膳食的所有食品中含有该物质的总量。食品中总允许量一般以 mg/kg 或 mg/L 表示，这一数值是根据人体 ADI 推算而来。由于人体每日接触的有毒物质不仅来源于食物，还可能来源于空气、饮水或由于职业性接触等，所以，人体每日由膳食摄入的有毒物质的允许量应比 ADI 小。对于非职业性接触者，食品仍然是有毒物质的主要来源，大致占暴露量的 80%～85%。

以上述农药为例，已知该农药的人体 ADI 为每日 6mg，根据调查，此物质进入人体总量的 80% 来自食品，则每日摄取的各种食品中含该农药的总量不应超过 $6 \times 80\% = 4.8$（mg）。此数据即为该农药在食品中的总允许量。

4. 确定每种食物中的最高允许量

要确定某种物质分别在人体摄取的食物中的最高允许量，首先要通过膳食调查，了解含有该物质的食物种类与每日摄入量。

$$\frac{\text{食物中的平均最高}}{\text{允许量（mg/kg 体重）}} = \frac{\text{一日食物中}}{\text{的总允许量}} \Big/ \frac{\text{食物每日摄入}}{\text{量之和（kg）}}$$

如只有一种食物含有某种物质，该食物每日摄入量为 0.25kg，那么这一种食物中最大允许量等于一日食物中总允许量/0.25；如果还有另外一种食物中含有该种物质，这一食物的摄入量为 0.15kg，那么这两种食物中该物质的平均最大允许量等于一日食物中总允许量/（0.25 + 0.15）；以此类推。

5. 制定食品中有毒物质的限量标准

一般说来，根据食品中有毒物质的最高允许量可制定食品中有毒物质的限量标准，但在实际工作中还必须根据具体情况进行分析和制定。首先，要考虑安全问题，对于健康危害严重的有毒物质，如可致癌、急性损害明显、蓄积毒性较强的有毒物质，其限量标准应低于食品中的最高允许量标准。其次，还要对食品中有毒物质的污染或残留量进行抽样检测，如食品中有毒物质实际污染或残留量小于前述研究获得的最高允许量，以实际污染或残留量制定限量标准，既安全也符合实际，这样做的前提是要进行危险性分析。此外，一些国际认可的毒理学评价结果、暴露评估结论等也可作为制定有毒物质限量标准的参考。

第四节 各类食品的卫生监督管理

各类食品的卫生问题包括其在生产、运输、储存、销售等环节中，可能受到生物性、化学性及物理性有毒、有害物质的污染，食品添加剂残留，以及食品中本身存在的某些天然有害成分。

一、粮豆的卫生及管理

1. 粮豆的主要卫生问题

（1）霉菌和霉菌毒素的污染　粮豆在农田生长期、收获及储存过程中的各个环节均可受到霉菌的污染。常见污染粮豆的霉菌有曲霉、青霉、毛霉、根霉和镰刀菌等。霉菌污染粮豆会降低其营养价值，改变感官性状、产酸、产气，出现异臭，更为严重的是，霉菌毒素可能对人体造成严重危害。

（2）仓储害虫。

（3）农药残留。

（4）有害毒物的污染　主要来自工业废水中的重金属、氰化物、酚等。

（5）其他污染　包括无机夹杂物（泥土、砂石等）和有毒种子。

2. 粮豆的卫生管理

（1）控制粮豆中的水分　水分过高，粮豆易发热霉变。粮谷的安全水分为12%～14%，豆类为10%～13%。

（2）加强粮食入库前的质量检查和仓库的卫生要求

① 加强粮食入库前的质量检查，因为籽粒饱满、成熟度高、外壳完整、晒干扬净的粮豆更耐储藏。

② 严格执行粮库的卫生管理要求，包括：① 仓库建筑应坚固、不漏、不潮，能防鼠、防雀；② 保持粮库的清洁卫生，定期清扫、消毒；③ 控制仓库内温度、湿度，按时翻仓、晾晒，降低粮温，掌握顺应气象条件的门窗启闭规律；④ 定期检测粮豆温度和水分含量的变化，加强粮豆的质量检查，发现问题后立即采取相应措施。

③ 仓库使用熏蒸剂防治虫害，但要注意其质量以及使用范围和用量，熏蒸后粮食中的药剂残留量必须符合国家卫生标准才能出库、加工和销售。

（3）粮豆运输、销售的卫生要求　铁路、交通和粮食部门要认真执行安全运输的各项规章制度，搞好粮豆运输和包装的卫生管理。运粮应有清洁卫生的专用车，对装过毒品、农药或有异味的车船未经彻底清洗、消毒的，不准装运，以防止意外污染。粮豆包装必须专用，并在包装上标明"食品包装用"字样。包装袋使用的原材料应符合卫生要求，袋上油墨应无毒或低毒。

销售单位应按食品卫生经营企业的要求设置各种经营房舍，搞好环境卫生。加强成品粮卫生管理，对不符合卫生标准的粮豆不进行加工和销售。

（4）防止农药及有害金属的污染　严格遵守《农药安全使用规定》和《农药安全使用标准》，合理使用农药，以控制粮豆中农药的残留。

（5）防止无机夹杂物及有毒种子的污染　加强选种、大田管理，收获后的过筛、吸铁和风车筛选等手段可有效地去除有毒种子和无机夹杂物。此外，应制定粮豆中各种有害植物成分的限量标准并进行监督。我国规定，按质量计麦角不得大于0.01%，毒麦不得大于0.1%。

（6）执行GMP和HACCP　在粮食类食品的生产加工过程中应执行良好生产规范（GMP）和危害分析与关键控制点（HACCP），以保证粮食类食品的卫生安全。

二、蔬菜、水果、果汁类的卫生及管理

1. 蔬菜、水果、果汁类的主要卫生问题
（1）细菌及寄生虫的污染。
（2）有害化学物质对蔬菜、水果的污染
① 农药污染：蔬菜和水果施用农药较多，其农药残留较严重。
② 工业废水中有害化学物质的污染：工业废水中含的重金属等有害物质，残留在蔬菜中。有些地区蔬菜受工业废水中酚和铬的污染严重。
③ 亚硝酸盐问题：一般情况下蔬菜、水果中硝酸盐与亚硝酸盐含量很少，但在生长时遇到干旱或收获后不恰当的存放、储藏和腌制时，硝酸盐和亚硝酸盐含量增加，对人体产生不利影响。
（3）果汁中霉菌毒素污染　用水果制作果汁的过程中，如果所用水果原料不新鲜，果料的霉变可使果汁中含有霉菌毒素。

2. 蔬菜、水果的卫生管理
（1）防止肠道致病菌及寄生虫卵的污染
① 人畜粪便应经无害化处理后再施用。
② 用生活污水灌溉时应先沉淀及杀灭病菌和去除寄生虫卵后方可使用。
③ 食前应清洗干净，水果和生食蔬菜还应消毒。
④ 蔬菜、水果在运输、销售时应注意剔除残叶、烂根、破损及腐败变质部分，推行清洗干净后以小包装上市的方式。
（2）施用农药的卫生要求　蔬菜的特点是生长期短，植株的大部分或全部均可食用而且无明显成熟期，有的蔬菜自幼苗期即可食用，一部分水果食前也无法去皮，因此应严格控制蔬菜、水果中农药残留。具体措施如下：
① 严格遵守并执行有关农药安全使用规定，不准使用高毒农药，如甲胺磷、对硫磷等。
② 控制农药的使用剂量，根据农药的毒性和半衰期来确定对作物使用的次数、剂量和安全间隔期。
③ 制定蔬菜和水果中农药的最大残留限量标准。
④ 慎重使用激素类农药。
（3）工业废水灌溉卫生要求　利用工业废水灌溉菜地，水质应符合国家工业废水排放标准；尽可能地使用地下灌溉方式进行灌溉，以避免污水与蔬菜直接

接触；收获前3~4周停止使用工业废水灌溉。

（4）蔬菜、水果储藏的卫生要求　蔬菜和水果含水分多、组织娇嫩，采收后生命活动仍旺盛地进行，易受损伤和腐败变质。储藏条件按蔬菜、水果的种类和品种特点而异，一般保存蔬菜、水果的适宜温度为1~5℃，此温度既能抑制微生物生长繁殖，又能有效抑制果蔬的呼吸作用。蔬菜、水果大量上市时可用冷藏或速冻的方法。

（5）水果汁制作的卫生要求　选择新鲜、无霉变原料制作果汁，加工时清洗干净。

三、畜肉的卫生及管理

经过兽医卫生检验，肉品质量分为以下三类：

① 良质肉：指健康畜肉，食用不受限制。

② 条件可食肉：指必须经过高温、冷冻或其他无害化方法处理达到卫生要求并食用无害的肉。如患口蹄疫猪的体温正常，其肉和内脏经后熟过程可食用。

③ 废弃肉：指不准食用的患有烈性传染病的牲畜如炭疽、鼻疽等的肉尸；严重感染囊尾蚴的肉品；死因不明的死畜肉及严重腐败变质的畜肉等。这些肉均应进行销毁或化制而不准食用。

畜肉的主要卫生问题包括不适当的生产加工和保藏条件引起的腐败变质、人畜共患传染病和寄生虫病，在畜产品生长过程中使用各种药物造成的残留。

1. 牲畜宰后的变化及肉的腐败变质

牲畜宰杀后，从新鲜至腐败变质要经僵直、后熟、自溶和腐败四个过程。

不适当的生产加工和保藏条件会促进肉类腐败变质，其原因如下：

（1）健康牲畜在屠宰、加工运输、销售等环节中被微生物污染；

（2）病畜宰前就有细菌侵入，并蔓延至全身各组织；

（3）牲畜因疲劳过度，宰杀后肉的后熟力不强、产酸少，难以抑制细菌的生长繁殖，导致肉的腐败变质。

2. 常见人畜共患传染病畜肉的处理

（1）猪瘟、猪丹毒、猪出血性败血症　这三者是猪传染病中常见的，分别由猪瘟病毒、丹毒杆菌、猪出血性败血症杆菌所致。除猪丹毒可通过皮肤接触感染人外，猪瘟和猪出血性败血症均不感染人，但因病猪抵抗力下降，肌肉和内脏中往往有沙门菌属继发感染，易引起食物中毒。

病畜肉的处理措施是：当病畜肉尸和内脏有显著病变时作工业用或销毁；有轻微病变的肉尸和内脏应在24h内经高温处理后出厂；若超过24h，则高温处理需延长0.5h，内脏改工业用或销毁，其血液作工业用或销毁，猪皮消毒后可利用，脂肪炼制后方可食用。

（2）炭疽、鼻疽　炭疽是由炭疽杆菌引起的烈性传染病。其对人的传染途径主要是经过皮肤接触或由空气吸入，因食用被污染食物引起的胃肠型炭疽较少见。炭疽主要是牛、羊和马的传染病，猪多患慢性局部炭疽，病变部位在颌下、咽喉与肠系膜淋巴结，病变淋巴结剖面呈砖红色、肿胀、质硬，宰前一般无症状。

鼻疽是由鼻疽杆菌引起的牲畜烈性传染病，感染途径为消化道、呼吸道和损伤的皮肤和黏膜。

病畜肉的处理措施是：发现炭疽病畜后必须在6h内采取措施，隔离消毒。病畜一律不准屠宰和解体，应整体（不放血）高温化制或2m深坑加生石灰掩埋，同群牲畜应立即隔离，并注射炭疽芽孢疫苗和免疫血清进行预防。若屠宰中发现可疑患畜应立即停宰，将可疑部位取样送检。屠宰人员应接受青霉素预防注射，手和衣、饲养间、屠宰间都需消毒。

对鼻疽病畜的处理同炭疽病畜。

（3）口蹄疫　口蹄疫是由口蹄疫病毒感染引起的一种急性有高度传染性的人畜共患传染病，主要发生于猪、牛、羊等偶蹄动物身上。

病畜肉的处理措施是：凡确诊或疑似患口蹄疫的牲畜应急宰，为杜绝疫源传播，同群牲畜均应全部屠宰。体温升高的病畜肉、内脏和副产品应高温处理。体温正常的病畜去骨后，肉和内脏经后熟过程或无害化处理后方可食用。凡接触过病畜的工具、衣服、屠宰场所等均应进行严格消毒。

（4）猪水疱病　病原体为滤过性病毒，主要侵害猪。人的感染途径以接触感染为主。在牲畜集中、调度频繁的地区易流行此病，应予注意。病猪的口、蹄、鼻端、奶头等处均有水疱，症状与口蹄疫难以区别，主要依靠实验室诊断。

病畜肉的处理措施是：对病猪及同群生猪应急宰，病猪的肉尸、内脏和副产品（包括头、蹄、血、骨等）均应经高温处理后方可出厂；毛皮也须消毒后出厂。对屠宰场所、工具、工人衣物应进行彻底消毒。

（5）结核病　结核病是由结核杆菌引起的人畜共患慢性传染病，牛、羊、猪和家禽均可感染。牛型和禽型结核可传染给人。牛型菌经常引起肺外结核，主要见于儿童，多数为颈淋巴结结核；常因饮用生牛奶而感染。

病畜肉的处理措施是：全身结核且消瘦病畜应全部销毁，未消瘦者病灶部位切除销毁，其余部分高温处理后可食用。个别淋巴或脏器有病变时可局部废弃，肉尸不受限制。

（6）布氏杆菌病　布氏杆菌病是由布氏杆菌引起的慢性接触性传染病，人主要经皮肤、黏膜接触传染。布氏杆菌分为六型，其中羊型、牛型、猪型是人类布氏杆菌病的主要致病菌，羊型对人的致病力最强，猪型次之，牛型较弱。

病畜肉的处理措施是：病畜生殖器和乳房必须废弃，肉尸及内脏均应高温处理或盐腌后食用。

3. 常见人畜共患寄生虫病畜肉的处理

（1）囊虫病　患有囊虫病的畜肉俗称"米猪肉"或"痘猪肉"。

病畜肉的处理措施是：我国规定猪肉、牛肉在规定检验部位40cm^{2}肌肉面积上，囊尾蚴或钙化虫体为3个以下时，用冷冻或盐腌处理后出厂；在40cm^{2}肌肉面积上有4～5个囊尾蚴者，高温处理后可出厂；在40cm^{2}肌肉面积上有6～10个囊尾蚴者可工业用或销毁，不允许作食品加工的原料。羊肉在40cm^{2}肌肉面积上囊尾蚴小于8个者，不受限制出厂；9个以上囊尾蚴而肌肉无任何病变者，高温处理或冷冻处理后出厂；若发现40cm^{2}肌肉面积上有9个以上囊尾蚴，肌肉又有病变时作工业用或销毁。

预防措施：加强肉品的卫生检验与管理，畜肉须有兽医卫生检验合格印戳才允许销售。加强市场管理，防止贩卖病畜肉。对消费者应开展宣传教育；肉类食前需充分加热，烹调时防止交叉污染，对患者应及时驱虫，加强粪便管理。

（2）旋毛虫病　病原体为旋毛虫。

病畜肉的处理措施是：取病畜肉膈肌脚部的肌肉，在低倍显微镜下观察，24个检样中有包囊或钙化囊5个以下者，肉尸高温处理后可食用；超过5个者应销毁或作工业用，脂肪可炼食用油。

预防措施：加强贯彻肉品卫生检验制度，未经检验的肉品不准上市；进行卫生宣教，改变生食或半生食肉类的饮食习惯，烹调时防止交叉污染，加热要彻底。

此外，肝片形吸虫病、蛔虫、姜片虫、猪弓形虫病等也是人畜共患寄生虫病。

4. 情况不明死畜肉的处理

牲畜死后解体者为死畜肉。死畜肉因未经放血或放血不全外观呈暗红色，肌肉间毛细血管淤血，切开后按压可见暗紫色淤血溢出，切面呈豆腐状，含水分较多。死畜肉可来自病死（包括人畜共患疾病）、中毒和外伤等急性死亡。对死畜肉必须在确定死亡原因后才考虑采取何种处理方法。如确定死亡原因为一般性疾病或外伤且肉未腐败变质，弃内脏，肉尸经高温处理后可食用；如确定死亡原因为中毒，则应根据毒物的种类、性质、中毒症状及毒物在体内分布情况决定处理措施；确定为人畜共患传染病的死畜肉不能食用；死因不明的死畜肉一律不准食用。

5. 兽药残留及其危害

为了防止牲畜患疫病及提高产品的生产效率，经常会使用各种药物，如抗生素、抗寄生虫药、生长促进剂、激素等。这些药品不论是大剂量短时间治疗服用还是小剂量在饲料中长期添加，在畜肉、内脏中都会有残留，残留过量会危害食用者的健康。

为防止动物性食品中残留药物对人体健康的危害，我国农业部已颁布《动物性食品中兽药最高残留限量》，要求合理使用兽药，遵守休药期（畜、禽停止给药到允许屠宰，或它们的产品如奶、蛋许可上市的间隔期），加强残留量的监测。

6. 肉制品的卫生

肉制品加工时，必须保证原料肉的卫生质量。除肉松因加工过程中经过较高温度和较长时间加热（烧煮4h），允许使用条件可食肉作原料肉外，其余品种需以良质肉为原料。在加工各环节应防止细菌污染。使用的食品添加剂必须符合国家卫生标准，防止滥用添加剂。在制作熏肉、火腿、烟熏香肠及腊肉时，应注意降低多环芳烃的污染；加工腌肉或香肠时应严格限制硝酸盐或亚硝酸盐用量。

四、禽肉与禽蛋类的卫生及管理

禽肉、禽蛋的主要卫生问题是致病菌和引起腐败变质的微生物污染。

1. 禽肉

（1）禽肉的微生物污染主要有两类　一类为病原微生物，如沙门菌、金黄色葡萄球菌和其他致病菌，这些菌侵入肌肉深部，食前未充分加热可引起食物中毒。另一类为假单胞菌等，能在低温下生长繁殖，引起禽肉感官改变甚至腐败变质，在禽肉表面可产生各种色斑。

（2）禽肉的卫生管理　加强禽肉的卫生质量检查并做好下列工作：

① 加强卫生检验，发现病禽应及时隔离、急宰，宰后检验发现的病禽肉尸应根据情况做无害化处理。

② 合理宰杀，宰前24h停食、充分喂水以清洗肠道。禽类的宰杀过程类似牲畜，为吊挂、放血、浸烫、拔毛，通过排泄腔取出全部内脏，尽量减少污染。

③ 宰后冷存，宰后禽肉在 $-25 \sim -30℃$、相对湿度为80%～90%的条件下冷藏，可保存半年。

2. 禽蛋

（1）禽蛋的卫生　鲜蛋的主要卫生问题是沙门菌、金黄色葡萄球菌等致病菌和引起腐败的微生物污染。腐败变质的蛋不得食用。此外，不正确地使用抗生素等化学物品可对禽蛋造成污染。

（2）禽蛋的卫生管理　为了防止微生物对禽蛋的污染，提高鲜蛋的卫生质量，应加强禽养条件的卫生管理，保持禽体及产蛋场所的卫生。鲜蛋应储存在1～5℃、相对湿度87%～97%的条件下。出库时应先在预暖室放置一段时间，防止因产生冷凝水而造成微生物对蛋的污染。

3. 蛋类制品

蛋类制品有冰蛋、蛋粉、咸蛋和皮蛋（松花皮蛋），不得使用腐败变质的蛋制作蛋制品。冰蛋和蛋粉应严格遵守有关的卫生制度，采取有效措施防止沙门菌的污染。加工皮蛋时还应注意控制铅的含量。

五、鱼类食品的卫生及管理

1. 鱼类的主要卫生问题

鱼类由于其组织中水分高易腐败变质，鱼类生活水域被污染也可使其体内含有较多的重金属（如汞、镉、铬、砷、铅等）、农药和病原微生物等。

2. 鱼类食品的卫生管理

（1）鱼类保鲜　鱼处在僵直期时组织状态完整、质量新鲜。鱼的保鲜就是要抑制微生物的污染和繁殖，使自溶和腐败延缓发生。有效的措施是低温、盐腌、防止微生物污染和减少鱼体损伤。

（2）运输销售的卫生要求　运输渔船（车）应经常冲洗，保持清洁卫生，减少污染；外运供销的鱼类及水产品应达到规定的鲜度，尽量冷冻调运，用冷藏车船装运。

鱼类在运输销售时应避免污水和化学毒物的污染，凡接触鱼类及水产品的设备用具应由无毒、无害的材料制成。

为保证鱼品的卫生质量，供销各环节均应建立质量验收制度，不得出售和加工已经死亡的黄鳝、甲鱼、乌龟、河蟹及各种贝类；含有天然毒素的水产品，如鲨鱼、虹鱼等必须除去肝，河豚不得流入市场，应剔出并集中妥善处理。

有生食鱼类习惯的地区应限制食用品种，严格遵守卫生要求，防止食物中毒的发生。生产部门可根据防疫要求随时采取临时限制措施。

六、乳及乳制品的卫生与管理

乳营养丰富，适宜微生物的生长繁殖，乳中的致病菌大多数可经人畜共患传染，因此禁止生牛乳上市，对病畜的奶必须分别进行卫生处理。

1. 乳的卫生及管理

（1）乳的腐败变质　做好挤乳过程各环节的卫生工作是减少微生物对乳的污染、防止腐败变质的有效措施，挤出的乳应及时冷却。

（2）病畜乳的处理　乳中的致病菌主要是人畜共患传染病的病原体。当乳畜患有结核、布氏杆菌及乳腺炎时，其致病菌通过乳腺使乳受到污染，食用这种未经卫生处理的乳可使人感染患病。

对于结核病畜乳、布氏杆菌病畜乳、口蹄疫病畜乳、乳房炎病畜乳应禁止食用并就地进行严格消毒处理后废弃。

有明显结核症状的病畜的乳禁止食用，应就地消毒销毁。另外患炭疽病、牛瘟、传染性黄疸、恶性水肿、沙门菌病等病畜的乳，严禁食用和工业用，应予以消毒后废弃。

此外，对病乳畜应用抗生素、饲料中农药残留量高或受霉菌、霉菌毒素污染而引起乳的污染，也应给予足够的重视。

（3）乳的消毒

① 巴氏消毒法：低温长时间巴氏消毒法，将乳加热到62℃，保持30min。高温短时间巴氏消毒法，75℃加热15s或80~85℃加热10~15s。

② 超高温瞬间灭菌法：在135℃，保持2s。

③ 煮沸消毒法：将乳直接加热煮沸，保持10min。该方法简单但对乳的理化性质和营养成分有影响，且煮沸时泡沫部分温度低而影响消毒效果。若泡沫层温度提高3.5~4.2℃可保证消毒效果。

④ 蒸汽消毒法：将瓶装生乳置蒸汽箱或蒸笼中加热至蒸汽上升后维持10min，乳温可达85℃。该法适于在无巴氏消毒设备的条件下使用，且消毒奶的营养损失较小。

牛乳一般在杀菌温度的有效范围内，温度每升高10℃，乳中细菌芽孢的破坏速度增加约10倍，而乳褐变的反应速度增加约2.5倍，故常采用高温短时间巴氏消毒法，也可采取其他经卫生主管部门认可的有效消毒法。禁止生牛乳上市。

消毒牛乳的卫生质量应达到《巴氏杀菌乳》（GB 5408.1—1999）的要求。

2. 乳生产的卫生要求

（1）乳品厂的卫生要求　乳品厂的厂房设计与设施的卫生应符合《乳品厂卫生规范》（GB 12693—1990）；水质应符合《生活饮用水卫生标准》；应有健全配套的卫生设施，如废水、废气及废弃物处理设施，清洗、消毒设施和良好的排水系统等。乳品加工过程中各生产工序必须连续生产，防止原料和半成品积压变质而导致致病菌、腐败菌的繁殖和交叉污染。乳牛场及乳品厂应建立化验室，对投产前的原料、辅料和加工后的产品进行卫生质量检查。乳制品必须在检验合格后方可出厂。

工作人员应保持良好的个人卫生，遵守有关卫生制度，定期进行健康检查，取得健康合格证后方可上岗。对传染病及皮肤病患者应将其及时调离工作岗位。

乳牛应定期预防接种及检疫，如果发现病牛应及时隔离饲养，工作人员及用具等均须严格分开。

（2）挤乳的卫生要求　挤乳前应做好充分准备工作，如挤乳前1h停止喂干料并消毒乳畜乳房，保持乳畜清洁和挤乳环境的卫生；挤乳的容器、用具应严格执行卫生要求；挤乳人员应穿好清洁的工作服、戴好工作帽，洗手至肘部。挤乳时注意每次开始挤出的第一、二把乳应废弃，以防乳头部细菌污染乳汁。此外，产犊前15d的胎乳、产犊后7d的初乳、兽药休药期内的乳汁及患乳房炎的牛的乳汁等应废弃，不得供食用。

挤出的乳应立即除去其中的草屑、牛毛、乳块等非溶解性的杂质，并进行净化处理，以降低乳中微生物的数量，有利于乳的消毒。净化可采用过滤净化或离心净化等方法。净化后的乳应及时冷却。

3. 乳储运的卫生要求

乳的储存和运输过程中均应保持低温，运送乳应有专用的冷藏车辆。夏天自冷库中取出瓶装或袋装消毒乳后，应在 6h 内送到用户手中，乳温不得高于 15℃。储乳容器应经清洗、消毒后才能使用。

4. 乳制品的卫生要求

乳制品包括炼乳、各种乳粉、酸乳、复合乳、乳酪和含乳饮料等。各种乳制品均应符合相应的卫生标准。

（1）全脂乳粉 全脂乳粉的感官性状应为浅黄色、具纯正的乳香味、干燥均匀的粉末，经搅拌可迅速溶于水中不结块。全脂乳粉卫生质量应达到《全脂乳粉、脱脂乳粉、全脂加糖乳粉和调味奶粉》（GB 5410—1999）的要求。

（2）炼乳 炼乳为乳白色或微黄色、有光泽、具有牛乳的滋味、质地均匀、黏度适中的黏稠液体。卫生指标应达到《全脂无糖炼乳和全脂加糖炼乳》（GB 5417—1999）的要求。

（3）酸牛乳 酸牛乳应呈乳白色或稍带微黄色，具有纯正的乳酸味，凝块均匀细腻，无气泡，允许少量乳清析出。制果味酸牛奶时允许加入各种果汁，加入的香料应符合食品添加剂使用卫生标准的规定。酸牛乳在出售前应储存在 2~8℃ 的仓库或冰箱内，储存时间不应超过 72h。成品在运输时，应冷藏。在无冷藏车的条件下，须采取保温隔热措施。当酸乳表面生霉、有气泡和大量乳清析出时不得出售和食用。详见酸牛乳国家卫生标准（GB 2746—1999）。

（4）奶油 正常奶油呈均匀一致的乳白色或浅黄色，组织状态微柔软、细腻、无孔隙、无析水现象，具有奶油的纯香味，理化指标、微生物指标应达到奶油的国家卫生标准（GB 5415—1999）要求。

七、食用油脂的卫生及管理

食用油脂通常包括以油料作物制取的植物油及经过炼制的动物脂肪。食用油脂的状态与温度有关，植物油，如豆油、花生油、菜子油、棉子油、茶油、芝麻油等在常温下多呈液体状态（椰子油例外）；动物油常温下则多呈固体状态，如猪油、牛油、奶油等。

1. 食用油脂的主要卫生问题及预防

（1）油脂酸败及其预防 油脂由于含有杂质或在不适宜条件下久藏而发生一系列化学变化和感官性状劣化，称为油脂酸败。

防止油脂酸败的措施主要有控制毛油精炼后的水分，我国油脂质量标准规定成品油含水量应低于 0.2%。要防止氧化，油脂的储存应注意密闭、隔氧和遮光。在加工和储存过程中应避免金属离子污染。可以应用油脂抗氧化剂，维生素 E 是天然存在于植物油中的抗氧化剂，具有很好的抗氧化作用。

（2）油脂污染和天然存在的有害物质 如霉菌毒素、多环芳烃类化合物、棉酚、芥子苷、芥酸等。

2. 食用油脂生产的卫生管理

食用油脂生产的卫生管理应按照我国颁布的《食用植物油厂卫生规范》（GB 8955—1988）和《食品企业通用卫生规范》执行。

（1）各种原辅材料的卫生要求　生产油脂使用的各种原辅材料必须符合国家有关的食品卫生标准或规定。严禁采用受工业"三废"、放射性元素和其他有毒、有害物质污染的原料，以及浸、拌过农药的油料种子，混有非食用植物的油料、油脂和严重腐败变质的原料。生产食用植物油所用的溶剂必须符合国家有关规定。必须采用国家允许使用的、定点生产的食品添加剂。

（2）食用植物油厂的卫生要求　食用植物油厂必须建在交通方便、水源充足，无有害气体、烟雾、灰尘、放射性物质及其他扩散性污染源的地区。厂房与设施必须结构合理、坚固、完好，锅炉房应远离生产车间和成品库。用浸出法生产食用植物油的车间，其设备、管道必须密封良好，空气中有害物质的浓度应符合现行的《工业企业设计标准》，严防溶剂跑、冒、滴、漏。

（3）生产食用油脂生产用水的卫生要求　必须符合《生活饮用水卫生标准》。

（4）食用油脂储存、运输及销售时的卫生要求　应使用专用的工具、容器和车辆，并定期清洗，保持清洁。为防止与非食用油相混，食用油桶应有明显标记，分区存放。储存、运输、装卸时要避免日晒、雨淋，防止有毒、有害物质污染。

（5）从业人员的卫生要求　生产食用植物油或食用植物油制品的从业人员，必须经健康检查并取得健康合格证后方可工作，工厂应建立职工健康档案。

（6）食用植物油成品的卫生管理　食用植物油成品须经严格检验，达到国家有关质量、卫生标准后才能进行包装。包装容器应标明品名、等级、规格、毛重、净重、生产单位、生产日期等。

八、罐头食品的卫生及管理

罐头食品系指经加工预处理后装入金属罐、玻璃瓶或软质材料等包装容器中，经排气、密封、加热杀菌、冷却等工序达到商业无菌的食品。

我国颁布了《罐头厂卫生规范》（GB 8950—1988）、《食品罐头内壁成膜涂料卫生标准》（GB 9682—1988）、《水基改性环氧易拉罐内壁涂料卫生标准》（GB 11677—1989）、《食品罐头内壁环氧酚醛涂料卫生标准》（GB 4805—1994）以及果蔬类、蘑菇、鱼、肉类、番茄酱罐头等卫生标准，为罐头食品的监督监测以及罐头生产企业的自身管理提供了依据。

1. 容器材料的卫生要求

常用的罐头容器有金属罐、玻璃罐和塑料复合材料。罐头食品的容器材料必须符合安全无毒、密封良好、抗腐蚀及机械性能良好等基本要求，以保证罐头食品的质量和加工、储存、运输及销售的需要。

2. 原辅材料的卫生要求

制作罐头食品的原料应保持新鲜清洁状态。

（1）果蔬类原料　果蔬类原料应无虫蛀、无霉烂、无锈斑和无机械损伤，还应有适宜的成熟度，其不仅对产品的色泽、组织状态、风味、汁液等具有重要的影响，还直接关系到生产效率和原料的利用率。

（2）畜禽肉类和水产品　畜禽肉类和水产品必须经严格检疫，不得使用病畜禽肉和变质肉类作为原料。原料应严格修整，去除毛污、血污、淋巴结、粗大血管和伤肉。使用冷冻原料时应缓慢解冻，以保持原料的新鲜度，避免营养成分的流失。

（3）其他　生产用水应符合国家饮用水质量标准。由于硝酸盐可促进镀锡金属罐的锡溶出，因此，要求水中NO_3^-量在2mg/kg以下。食品添加剂的使用范围和剂量则应符合相关的国家卫生要求。

3. 加工过程的卫生要求

装罐、排气、密封、杀菌、冷却是罐头生产的关键环节，直接影响罐头食品的品质和卫生质量。

（1）装罐、排气和密封　经预处理的原料或半成品应迅速装罐，以减少微生物污染和繁殖的机会。装罐后应立即排气，造成罐内部分真空和缺氧，减少杀菌时罐内产生的压力，防止罐头变形损坏。此外，在缺氧情况下有利于抑制一些细菌的生长繁殖，减少食品的腐败变质。排气后应迅速封盖，使食品与外界隔离，不受外界微生物污染，密封后应迅速进入杀菌工序。

（2）杀菌和冷却　罐头食品的杀菌也称商业灭菌，即加热到一定程度后，杀灭罐内存留的绝大部分微生物（包括腐败菌、致病菌、产毒菌等）并破坏食品酶类，以达到长期储存的目的。

罐头杀菌后应迅速冷却，罐中心温度要在短时间内降至40℃左右，以免罐内食品仍然保持相当高温度继续加热，使色泽、风味、组织结构受到影响；同时也可避免长时间高温促进嗜热芽孢杆菌的发育和繁殖；有利于冷却后罐外水分挥发，防止生锈。

4. 成品检验

成品检验是企业管理和确保产品卫生质量的关键。一般包括外观检查、真空度检查、保温试验等。经保温试验后，外观正常者方可进行产品质量检验和卫生检验。含糖50%以上的品种（如果酱、糖浆水果罐头类、干制品罐头类）可不做保温试验。

5. 罐头食品出厂前的检验

企业必须按照国家规定的检验方法抽样，进行感官、理化和微生物等方面的检验，凡不符合标准的产品一律不得出厂。

出厂检验包括以下项目：

（1）感官检验　包括外观和内容物的检查。感官检验中可见到罐头底盖向外鼓起的胀罐，称为胖听。胖听的原因可分为三种：① 物理性胖听，多由于装罐过满或罐内真空度过低引起，一般叩击呈实音、穿洞无气体逸出，可食用。② 化学性胖听，由于金属罐受酸性内容物腐蚀产生大量氢气所致。叩击呈鼓音，穿洞有气体逸出，但无腐败气味，一般不宜食用。③ 生物性胖听，是由于杀菌不彻底残留的微生物或因罐头有裂缝从外界进入的微生物生长繁殖产气的结果，此类胖听常为两端凸起，叩击有明显鼓音，保温试验后胖听增大，穿洞有腐败味气体逸出，此种罐头禁止食用。

罐头内容物发生变色和变味时应视具体情况加以处理。若罐头出现有油脂酸败味、酸味、苦味和其他异味，或伴有汤汁浑浊、肉质液化等应禁止食用。

（2）理化检验　包括真空度、重金属、亚硝酸盐、防腐剂、酸度等。

（3）微生物检验　主要是细菌总数、大肠菌群、致病菌等。平酸腐败是罐头食品常见的一种腐败现象，表现为罐头内容物酸度增加而外观完全正常。此种腐败变质由可分解碳水化合物产酸、不产气的平酸菌引起。低酸性罐头的典型平酸菌为嗜热脂肪芽孢杆菌，而酸性罐头则主要为嗜热凝结芽孢杆菌。由于这些微生物广泛存在于泥土、尘埃之中，容易对原料、辅料（糖、淀粉等）和生产设备构成污染，因此在生产的各个环节都必须严加管理。平酸腐败的罐头应销毁，禁止食用。

九、酒类的卫生及管理

酒类按其生产工艺一般可分为三类：蒸馏酒、发酵酒和配制酒。

1. 酒类生产过程的卫生要求

（1）蒸馏酒

① 原辅料的卫生：所有的原辅料应具有正常色泽和良好感官性状，无霉变、无异味、无腐烂，粮食类原料应符合国家《粮食卫生标准》（GB 2715—2005）的有关规定。

② 生产工艺卫生要求：各种酒曲的培养必须在特殊工艺技术条件要求下配料加工、制作和培养，并严格控制培养温度、湿度，以确保酿酒微生物生长繁殖。为防止菌种退化、变异和污染，应定期进行筛选和纯化。所有原辅料在投产前必须经过检验、筛选和清蒸、除杂处理。清蒸是减少酒中甲醇含量的重要工艺过程，在以木薯、果核为原料时，清蒸还可使氰苷类物质提前分解挥散。

白酒在蒸馏过程中，由于各组分间分子的引力不同，使得酒尾中的甲醇含量要高于酒头，而杂醇油恰好与之相反，酒头含量高于酒尾。为此酒厂在蒸馏工艺中多采用"截头去尾"，恰当地选择自己所需要的中段酒，可以大大减少成品中甲醇和杂醇油含量。对用高锰酸钾处理的白酒要复蒸后才能使用，以去除锰离子的影响。蒸馏设备和储酒容器应采用含锡99%以上的镀锡材料或无铅材料，以减少铅污染。用于发酵的设备、工具及管道应经常清理，去除残留物，保持发酵容器周围的清洁卫生。

（2）发酵酒　由于原料和具体工艺的不同，可分为果酒、啤酒和黄酒。

① 果酒生产过程的卫生要求：果酒生产过程中，用于酿酒的原料应采购无毒区域种植的产品，且采收前15d不得喷洒任何农药；原料果实应新鲜成熟、无腐烂、生霉、变质及变味；盛装原料的容器应清洁、干燥，不准使用铁制容器或装过有毒物质、有异臭的容器；原料在运输保存时应避免污染，葡萄应在采摘后24h内加工完毕，以防挤压破碎污染杂菌而影响酒的质量。

生产果酒的辅料和食品添加剂必须符合《食品添加剂使用卫生标准》（GB 2760—2000）的规定。用于调兑果酒的酒精必须经脱臭处理，是符合国家标准二级以上酒精指标的食用酒精。酿酒用酵母菌不准使用变异或不纯菌种。

酿酒用设备、用具、管道必须保持清洁，避免生霉和其他杂菌污染。发酵储酒容器必须使用国家允许使用的、符合国家卫生标准的内壁涂料。在陈酿过程中的换桶或倒池要注意卫生要求，洗滤棉必须用热水洗净消毒，保证无臭、无味。

② 啤酒生产过程的卫生要求：酿造啤酒用的粮食类原料如大麦、大米、麦芽等应符合《粮食卫生标准》，不得采用腐败变质原料。酒花或酒花制品应气味正常，不变质。生产用水必须符合《生活饮用水卫生标准》。

啤酒生产过程中使用的各种设备、工具、容器、管道等应保持无菌状态，并定期消毒。

③ 黄酒生产过程的卫生要求：黄酒生产使用的主要原料应符合《粮食卫生标准》，酒药酒母的原料应符合食品卫生要求。制作麦曲应使用纯种菌种，接种过程应无菌操作。糖化发酵过程中不可用石灰中和来降低酸度，但为了调味在压滤前允许加入少量澄清石灰水，限制成品中氧化钙含量不得超过0.5%。生产过程所使用的设备、器具等应清洗和消毒。成品酒采用巴氏消毒工艺进行消毒。

（3）配制酒　配制酒又称再制酒、改制酒、露酒、色酒等，是以各种蒸馏酒和发酵酒为酒基，添加可食用的辅料（糖、香精、色素、果汁等），采用浸渍和复蒸馏等工艺，加工调和而成的一类具有不同风味的饮料酒。

配制酒所使用的原辅材料必须符合相关的卫生要求，特别是香精、色素应符合我国《食品添加剂使用卫生标准》的规定。酒基必须符合我国《蒸馏酒及配制酒卫生标准》（GB 2757—1981）和《发酵酒卫生标准》（GB 2758—2005），不得使用工业酒精和医用酒精作为配制酒的原料。

2. 酒类的卫生管理

为了规范对酒类的卫生管理，我国卫生部于1981年颁布了《蒸馏酒及配制酒卫生标准》、《发酵酒卫生标准》及与之相配套的卫生标准分析方法。此后又相继出台了白酒厂、果酒厂、葡萄酒厂、啤酒厂及黄酒厂的卫生规范,从工厂选址、原辅料、生产过程、成品储存、运输及工厂卫生管理等方面均做了具体的规定和要求。原国家技术监督局和轻工部还颁布了啤酒、黄酒、葡萄酒、低度浓香型白酒、低度清香型白酒、低度米香型白酒、风香型白酒(卫生指标执行国家标准)以及食用酒精、饮料酒的标签等国家标准。1997年原国家经贸委、卫生部等部门又联合颁发了《进口酒类国内市场管理办法》,为酒类的监督、监测工作提供了充分的依据。

十、冷饮食品的卫生及管理

这里的冷饮食品指的是冷冻饮品和软饮料。冷冻饮品包括冰淇淋、雪糕、冰棍(棒冰)、冰霜和食用冰等产品;我国将软饮料分为十大类,即碳酸饮料、果汁饮料、蔬菜汁饮料、乳饮料、植物蛋白饮料、瓶装饮用水、茶饮料、固体饮料、保健饮料及其他类饮料(如果味饮料)。冷饮食品的主要卫生问题包括生产加工、销售及储存中微生物(包括致病菌)的污染,有害金属毒物的污染,食品添加剂的使用不当和非食品添加剂的加入以及包装材料不卫生。

1. 冷饮食品原料的卫生要求

(1) 冷饮食品用水 原料用水须达到国家《生活饮用水卫生标准》(GB 5749—2006)方可使用。此外,饮料用水还必须符合加工工艺的要求,如水的硬度应低于8mol/L(以碳酸度计),避免钙、镁等离子与有机酸结合形成沉淀物而影响饮料的风味和质量。人工或天然泉水须按允许开采量开采。天然泉水应建立自流式建筑物,以免天然因素或人为因素造成污染。

(2) 原辅料 冷饮食品生产中所使用的各种原辅料如乳、蛋、果蔬汁、豆类、茶叶、甜味料(如白砂糖、绵白糖、淀粉糖浆、果葡糖浆)以及各种食品添加剂等,均必须符合国家相关的卫生标准,不得使用糖蜜或进口粗糖(原糖)、变质乳品、发霉的果蔬汁等作为冷饮食品原料,碳酸饮料所使用的二氧化碳应符合食品级使用的标准,可乐型碳酸饮料中咖啡因含量不得超过150mg/kg。

2. 冷饮食品加工过程的卫生要求

(1) 冷冻饮品

① 防止微生物污染:冷冻饮品加工过程中的主要卫生问题是微生物污染,原料配制后的杀菌与冷却是保证产品质量的关键。熬煮料采用68~73℃加热30min或85℃加热15min,能杀灭原辅料中几乎所有的繁殖型细菌,包括致病菌(混合料应该适当提高加热温度或延长加热时间)。杀菌后应迅速冷却,至少要在4h内将温度降至20℃以下,以避免残存的或熬料后重复污染的微生物在冷却过程中有繁殖机会。

② 防止生产过程中重金属污染:冷饮生产过程中所使用的设备、管道、模具应保证内壁光滑无痕,便于拆卸和刷洗,其材质应符合国家有关的卫生标准,

焊锡纯度应为99%以上,防止铅对冷饮食品的污染。模具要求完整、无渗漏;在冷水融冻脱模时,应避免模边、模底上的冷冻液污染冰体。

③ 包装卫生:包装间应有净化措施,班前、班后应对空气进行消毒。从事产品包装的操作人员应特别注意个人卫生,包装时手不应直接接触产品,要求以块或支为单位实行小包装,数打或数块应有外包装。产品的包装材料,如纸、盒等接触冷食品的工具和容器须经过高压灭菌后方可使用。成品出厂前应做到批批检验。

(2) 软饮料 液体饮料的生产工艺因产品不同而有所不同,但一般均有水处理、容器处理、原辅料处理和混料后的均质、杀菌、灌(包)装等工序。

① 水处理:一般采用活性炭吸附和砂滤棒过滤,可去除水中悬浮性杂质(如异物、氯离子、三氯甲烷和某些有机物等),但不能吸附金属离子,也不能完全去除细菌等微生物。通常作为饮料用水的初步净化手段。

② 包装容器:包装材料应无毒、无害,并具有一定的稳定性,即耐酸、耐碱、耐高温和耐老化,同时具有防潮、防晒、防震、耐压、防紫外线穿透和保香性能。

除可直接无菌包装的容器外,瓶和罐类容器必须经过严格的清洗和消毒,瓶盖消毒可采用臭氧熏或25%酒精浸泡。洗消后的空瓶在灌装前还须进行灯下检查,剔除不合格的空瓶。由于某些种类的饮料瓶可以重复使用,因此,使用前须剔除盛过农药、煤油、油脂和污染严重、不易洗净以及瓶口破损的回收瓶。

③ 杀菌:杀菌的方法有很多,有巴氏消毒、超高温瞬间杀菌、加压蒸汽杀菌、紫外线杀菌、臭氧杀菌等,应根据生产过程中危害分析和产品的性状加以选择。

④ 灌(包)装卫生:灌装工序设在单独房间或用铝合金隔成独立的灌装间,与厂房其他工序隔开,避免空气交叉污染。灌装间消毒方法主要有紫外线照射、过氧乙酸熏蒸消毒和安装空气净化器等。灌装设备、管道、冷却器等材质应符合相关的卫生要求。使用前必须彻底清洗、消毒,管道应无死角、无盲端、无渗漏,便于拆卸和刷洗消毒,防止设备、管道对产品的污染。

⑤ 产品包装:产品包装要完整严密,做到食品不外露。商品标志应有产品名称、生产厂名、厂址、生产日期、保存期等标志以便监督检查。

3. 冷饮食品的卫生管理

(1) 严格执行卫生许可证制度 新企业正式投产前必须经食品卫生监督机构检查、审批,获得许可证后方可生产经营。冷饮食品的许可证每年复验一次。

(2) 从业人员健康检查 从业人员(包括销售摊贩)每年要进行健康检查,季节性生产的从业人员上岗前也要进行健康检查,凡患痢疾、伤寒、病毒性肝炎的人或病原体携带者,以及患活动型肺结核、化脓性或渗出性皮肤病者均不得直接参与饮食业的生产和销售。建立健全从业人员的培训制度和个人健康档案。

（3）生产企业建筑和设备　企业应远离污染源，周围环境应经常保持清洁。生产工艺和设备布置要合理，原料库和成品库要分开，且设有防蝇、防鼠、防尘设施。冷冻饮品企业必须有可容纳3d产量的专用成品库、专有的产品运输车。生产车间地面、墙壁及天花板应采用防霉、防水、无毒、耐腐蚀、易冲洗、易消毒的建材，车间内设有不用手开关的洗手设备和洗手用的清洗剂，入口处设有与通道等宽的鞋靴消毒池，门窗应有防蝇、防虫、防尘设施，车间还须安装通风设施，保证空气对流。灌（包）装前后所有的机械设备、管道、盛器和容器等应彻底清洗、消毒。生产过程中所使用的原辅料应符合卫生要求。

（4）质量和卫生检验　冷饮食品企业应有与生产规模和产品品种相适应的质量和卫生检验能力，做到批批检验，确保合格产品出厂。不合格的产品可视具体情况允许加工复制，复制后产品应增加3倍采样量复检，若仍不合格应依具体情况进行食品加工或废弃。

十一、调味品的卫生及管理

调味品系指赋予食物咸、甜、酸、鲜、辛辣等特定味道或特定风味的一大类天然或加工食品，包括咸味剂、甜味剂、酸味剂、鲜味剂、食用香料等。

1. 酱油类调味品的卫生及管理

（1）酱油类调味品的种类　酱油类调味品包括酱油、豆酱、虾酱、虾油、蟹酱、蟹油以及鱼露、蚝油等，主要鲜味物质是氨基酸态氮。

（2）酱油的卫生管理　酱油常用于烹调或餐桌佐餐，因此，食品卫生监督机构应根据中华人民共和国国家标准《酱油厂卫生规范》，对生产经营者进行经常性卫生监督，以保证食用者安全。

① 原料：用于酱油类调味品生产的植物原料应无霉变、无杂质、无虫蛀，大豆、脱脂大豆、小麦、麸皮等原料必须符合《粮食卫生标准》的规定。生产用水应符合《生活饮用水卫生标准》。严格禁止生产化学酱油时使用工业用盐酸。

② 食品添加剂：酱油生产中使用的防腐剂和色素必须符合《食品添加剂使用卫生标准》。严格禁止使用加铵法生产的焦糖色素。

③ 曲霉菌种：生产人工发酵酱油所接种的曲霉菌是专用曲霉，为防止菌种退化和变异产毒或污染其他杂菌，必须定期对其进行纯化与鉴定，一旦发现变异或污染应立即停止使用。使用新菌种前应按《新资源食品卫生管理办法》进行审批后方可使用。我国规定酱油中黄曲霉毒素B_1含量≤5μg/kg。

④ 防腐与消毒：所有管道、设备、用具、容器等都应严格按规定并定期进行洗刷和消毒。酱油消毒可采用高温巴氏消毒法（85～90℃瞬间）。

⑤ 食盐和总酸浓度：《酱油卫生标准》（GB 2717—2003）中规定，食盐浓度不得低于15%，总酸度应≤2.5g/100mL。所用食盐必须符合《食用盐卫生标

准》（GB 5461—2003）中的规定。

（3）水产调味品的卫生管理　用于生产水产调味品的原料必须新鲜。水产调味品生产宜采用机械化、密闭化、规模化生产，容器管道应进行消毒，成品应进行灭菌处理后方可装罐。装罐后的产品需经卫生质量检验，其感官、理化、微生物等指标应符合国家相应的卫生标准方可出厂销售。水产调味品开罐后应冷藏。

2. 食醋的卫生及管理

食醋按原料及加工工艺的不同可分为米醋、陈醋、熏醋、水果醋等，但共同的加工工艺是发酵。不同的食醋具有不同的芳香气味和风味，其芳香气味主要是由发酵过程中形成的乙酸乙酯和有机酸共同作用所致。

人工合成醋是未经发酵而直接用冰醋酸配制或勾兑的醋，除不含有芳香味道之外，还可能含有对人体有害的NO_3^-或SO_3^-，以及砷、铅等有毒重金属，我国禁止生产和销售此类醋。

食醋的卫生及管理按《食醋厂卫生规范》（GB 8954—1988）、《食醋卫生标准》执行。

（1）原辅料　生产食醋的粮食类原料须干燥、无杂质、无污染，各项指标均应符合《粮食卫生标准》的规定。生产用水需符合《生活饮用水卫生标准》。

（2）食品添加剂　食醋生产过程中允许使用某些食品添加剂。添加剂的使用剂量和范围应严格执行《食品添加剂使用卫生标准》。

（3）发酵菌种　必须选择蛋白酶活力强、不产毒、不易变异的优良菌种，并对发酵菌种进行定期筛选、纯化及鉴定。为防止种曲霉变，应将其储存于通风、干燥、低温、清洁的专用房间。

（4）容器和包装　食醋具有一定的腐蚀性，故不应储存于金属容器或不耐酸的塑料包装材料中，以免溶出有害物质而污染食醋。盛装食醋的容器必须是无毒、耐腐蚀、易清洗、结构坚固，具有防雨、防污染措施，并经常保持清洁、干燥。回收的包装容器须无毒、无异味。灌装前包装容器应彻底清洗消毒，灌装后封口要严密，不得漏液，防止二次污染。

3. 食盐的卫生及管理

食盐按来源不同可分为海盐、湖盐、地下矿盐或以天然卤水制成的盐，按生产工艺可分为精制盐、粉碎洗涤盐和日晒盐。

（1）井矿盐的卫生　我国井矿盐产区所用的原料大致有三种，即硫酸钙型岩盐卤水、硫酸钠型岩盐卤水和天然卤水。井矿盐的成分复杂，生产中必须将硫酸钙、硫酸钠等杂质分离出去，否则会影响食盐的品质，甚至危害身体健康。

（2）抗结剂　使用抗结剂可防止食盐的固结。抗结剂以亚铁氰化钾效果最好，我国规定最大使用量为0.005g/kg。

（3）营养强化盐　食盐被认为是安全而有效的营养素强化载体。我国营养强化盐除了全民推广的碘盐,尚有铁、锌、钙、硒、核黄素等强化盐。营养强化盐的卫生管理应严格依据《调味品卫生管理办法》及《食盐中营养强化剂使用卫生标准》(GB 14880—1994)执行。

十二、其他食品的卫生及管理

1. 糕点类食品的卫生及管理

糕点类食品通常不经加热直接食用,因此,在糕点类食品的加工过程中,从原料选择到销售等诸环节的卫生管理尤为重要。

(1) 原辅料的卫生及管理

① 粮食及其他粉状原辅料:生产中使用的粮食原料(如面粉类)要求无杂质、无霉变、无粉螨。储存时要有防霉措施,周转期要短,有结块现象的应予以剔除。所有粮食原料,包括其他粉状原辅料使用前必须过筛,且过筛装置中须增设磁铁装置,以去除金属杂质。

② 糖类:所用糖类应有固有的晶形、颜色、气味、滋味,无昆虫残骸和沉淀物,使用前糖浆应煮沸后经过滤再使用。化学饴糖因生产过程中利用盐酸水解淀粉,而质量差的盐酸中往往含有较多的重金属杂质,致使饴糖中砷、铅等含量超标,故应尽可能采用麦芽饴糖。

③ 油脂:应无杂质、无酸败,防止矿物油、桐油等非食用油混入。制作油炸类糕点时,由于油脂反复高温加热可形成聚合物而污染糕点。因此,煎炸油最高温度不得超过250℃,每次使用后的油应过滤除渣并补充新油后方可再用。

④ 乳及乳制品:生产糕点的原料乳及乳制品,须经巴氏消毒并冷藏,临用前从冰箱或冷库取出。

⑤ 蛋及蛋制品:制作糕点用蛋需经仔细的挑选,剔除变质蛋和碎壳蛋,再经清洗、消毒后方可使用。水禽蛋极易污染沙门菌,不得作为糕点原料。

⑥ 食品添加剂:糕点类加工中使用的各类食品添加剂,其使用范围和使用量必须符合《食品添加剂使用卫生标准》。

(2) 加工、运输、储存及销售过程中的卫生及管理

① 糕点加工:糕点加工过程中,烘烤、油炸时的温度及成熟后的冷却直接关系到成品的卫生质量。要求以肉为馅心的糕点,中心温度应达到90℃以上,一般糕点中心温度应达到85℃以上。成品加工完毕,须彻底冷却再包装,否则容易使糕点发生霉变、氧化酸败等变化,使其失去食用价值。冷却最适宜的温度是30~40℃,室内相对湿度为70%~80%。

糕点在出厂前需进行卫生与质量的检验,内容包括感官、理化及微生物指标等,应遵照《糕点、面包卫生标准》(GB 7100—2003)中的规定。

直接包装糕点的纸、塑料薄膜、纸箱必须符合相应的国家标准。包装上应按《食品卫生法》规定,标出品名、产地、厂名、生产日期、批号或代号、保质

期、规格、配方或主要成分及食用方法等。

② 运输、储存及销售：运输糕点的车辆要专用，并定期冲洗，保持清洁，运输时须严密遮盖，防雨、防尘、防晒，并不许与其他货物同车运输，以防污染。

糕点成品库应专用，库内须通风良好、定期消毒，并设有各种防止污染的设施和温控设施。奶油裱花蛋糕须冷藏，散装糕点应用专用箱盖严存放。

销售糕点的场所须具有防蝇、防尘等设施；销售散装糕点的用具要保持清洁；包装用的纸、盒、袋要符合相应卫生标准；销售人员不得用手直接接触糕点。

2. 食糖、蜂蜜、糖果的卫生及管理

（1）食糖的卫生及管理　食糖是以甜菜、甘蔗为原料压榨取汁制成，包括粗制糖（红糖或黄砂糖）和精制糖（白砂糖、绵白糖），主要成分为蔗糖。

① 原料：不得使用变质发霉或受有毒物质污染的原料，生产用水和食品添加剂需符合相应的卫生标准。

② 生产经营：生产经营过程中所用的工具、容器、机械、管道、包装用品、车辆等应符合相应的卫生标准和要求，并应做到经常消毒，保持清洁。食糖必须采用二层包装袋（内包装为食品包装用塑料袋）包装后方可出厂，积极推广小包装。成品应符合《白糖卫生标准》（GB 13104—1994）方可出厂。

③ 储存：食糖的储存应有专库，做到通风、干燥以及防潮、防尘、防鼠、防蝇，保证食糖不受外来有害因素的污染和潮解变质。

（2）蜂蜜的卫生及管理

① 蜂蜜的卫生问题：主要是抗生素残留、锌的污染、肉毒杆菌的污染和毒蜜。

② 蜂蜜的卫生管理：蜂蜜要符合《蜂蜜卫生标准》（GB 14963—1994），不得掺假、掺杂及含有毒和有害物质。放蜂点应远离有毒植物。接触蜂蜜的容器、用具、管道和涂料以及包装材料必须清洁，无毒、无害，符合相应卫生标准和要求。为防止污染，蜂蜜的储存和运输不得与有毒、有害物质同仓共载。

（3）糖果的卫生及管理　糖果包括糖和巧克力，前者根据原料组成、加工工艺、产品结构和卫生学特点，又分为硬糖、半软糖、夹心糖和软糖四类。

① 原辅料：生产糖果的所有原料应符合相应的卫生标准。生产过程中使用的食品添加剂必须符合《食品添加剂使用卫生标准》。

② 包装纸：糖果包装纸应符合《食品包装用原纸卫生标准》（GB 11680—1989），油墨应选择含铅量低的原料并印在不直接接触糖果的一面，若印在内层，必须在油墨层外涂塑或加衬纸（铝箔或蜡纸）包装，衬纸应略长于糖果，使包装后的糖果不直接接触到外包装纸，衬纸本身也应符合卫生标准，用糯米纸作为内包装纸时其铜含量不应超过100mg/kg，没有包装纸的糖果及巧克力应采用小包装。

③防粘剂：生产糖果中不得使用滑石粉作防粘剂，使用淀粉作防粘剂应先烘（炒）熟后才可使用，并用专门容器盛放。

3. 方便食品的卫生及管理

方便食品在国外称为快速食品或快餐食品、备餐食品，日本还称之为"即席食品"。有人将方便食品定义为那些不需要或稍需加工或烹调就可以食用，并且包装完好、便于携带的预制或冷冻食品。

每一种方便食品从感官指标、理化指标到微生物指标都应该符合相应国家卫生标准的要求。对目前我国尚未颁布卫生标准的方便食品，可参照国外类似产品的卫生标准。

（1）原辅料

①原料：粮食类原料应无杂质、无霉变、无虫蛀；畜、禽肉类须经严格的检疫，不得使用病畜、禽肉作原料；水产品原料挥发性盐基总氮应在15mg/kg以下；果蔬类原料应新鲜、无腐烂变质、无霉变、无虫蛀、无锈斑，农药残留量应符合相应的卫生标准。

②油脂：用于方便食品加工的油脂应无杂质、无酸败，防止矿物油、桐油等非食用油混入；有油炸工艺的方便食品，应按《食用油脂煎炸过程中卫生标准》（GB 7102.1—1994）严格监测油脂的质量。

③食品添加剂：应严格按照《食品添加剂使用卫生标准》控制食品添加剂的使用种类、范围和剂量。

④调味料及食用香料：生产中使用的调味料的质量和卫生应符合相应的标准，食用香料要求干燥、无杂质、无霉变、香气浓郁。

⑤生产用水：生产用水应符合《生活饮用水卫生标准》。

（2）包装材料　各类方便食品所用包装材料必须符合相应的国家标准，防止微生物、有毒重金属及其他有毒物质的污染。

（3）储藏　通常要专库专用，库内须通风良好、定期消毒，并设有各种防止污染的设施和温控设施，避免生熟食品的混放或成品与原料的混放。

思 考 题

1. 我国目前的食品卫生法规体系包括哪些法律与规范、标准？
2. 如何保障食品在销售环节的卫生质量？
3. 我国目前在控制食品卫生质量方面存在哪些问题？
4. 你对如何加强从业人员的食品卫生意识有什么建议？

案　例

据食品安全网登载，英国监督食品安全的独立机构——食品标准局提供的统计数字让人感到心惊胆战。英国每年大约有450万起食物中毒事件，也就是说在

5900多万总人口中，大约有550万人曾因食用不符合卫生标准或受污染的食物而出现呕吐、腹泻等症状；近半数的英国公众对食品安全表示担忧，18%的人认为食品安全程度在下降；老百姓最为关心的是食物中毒、疯牛病和转基因食品对人体的影响。

面对近年来相继出现的疯牛病、猪瘟和口蹄疫，英国政府从发现第一例疯牛病开始，就对食品的生产和销售采取了严格的管理措施，控制事态的发展。从2000年6月起，英国农场主联合会和全国4000多家超市合作，建立严密的"一条龙"监控机制，消费者在这些超市购买的国产蔬菜、水果和肉制品如果出现问题，监督人员可以很快查出这些农产品来自哪家农场，甚至连使用的农药剂量都有据可查。

英国1990年出台的《食品安全法》规定，销售和供应不适合人类食用的食品以及使用虚假和误导消费者的食品标签属于非法，违反者将受到法律的制裁。《食品安全法》对食品的生产、销售以及各种食品、饮料所包含的具体成分和卫生标准都有详细规定，实施检查的则是地方政府的食品卫生官员。他们主要监督食品标签所列出的成分是否与食物一致、生产和销售食品的场所是否符合卫生标准以及食品本身是否受到污染、是否有损消费者健康。食品卫生官员经常对餐馆、外卖店、超市、食品批发市场进行不定期检查，发现问题就重罚，罚款额动辄就是2万英镑（约合26万元人民币），问题严重的业主将被吊销营业执照，甚至被起诉。

屠宰场是重点监控场所，为保障食品的安全，英国政府对各屠宰场实行全程监督。许多小型屠宰场因为达不到卫生标准而被迫关闭。英国有营业执照的屠宰加工厂和冷库大约有1400家，政府在每家屠宰场都派驻了专职卫生检查官员，一年365d都有人监督。每头牲畜在宰杀前都必须经卫生检查官"验明正身"，确保是健康牲畜。随后，检查官还要对屠宰和加工全过程进行严格监督，最后在确认符合卫生标准后，才会在宰杀的牲畜身上盖"检验合格"的印章，否则就不让它流入市场。

大型肉制品和水产品批发市场也是检查重点。食品卫生检查官员每天在这些场所进行仔细的抽样检查，确保出售的商品来源渠道合法并符合卫生标准。对进口食品也有完备的检验制度，严禁个人从国外偷运违禁食品，一经查出将罚款5000英镑或判处两年监禁。对于通过合法渠道进口的食品，卫生检疫部门也要进行严格的检验。

第四章 食品安全管理

【学习目标】
1. 掌握食品安全的内涵；
2. 了解国内外食品安全管理的现状；
3. 熟悉食品安全性评价的内容与程序；
4. 了解食品安全管理体系的概况。

食品安全关系到消费者的生命安全和身体健康，关系到子孙后代繁衍和民族兴旺发达，关系到食品企业的生存发展，也关系到国民经济和社会稳定。食品不安全的因素产生于人类食物链的各个环节，食品从原料生产、加工、储运、销售直到消费的整个过程中，既有因社会及工业发展带来的各种污染，也有弄虚作假或缺乏食品安全知识等人为因素，还有随着食物和食品生产的机械化、集中化，以及化学品和新技术的应用，新的食品安全问题的显现等，食品安全问题已成为当今世界食品生产与供给中最受重视的问题。

食品安全问题不是传染病，可以随着国家经济的发展和管理体制的完善以及生产技术水平的提高而得到有效的控制。食品安全控制不是一项权宜之计，也不是单独某一个政府部门的职责，而是一项需要多个政府部门共同负责和食物链上各类组织、生产企业切实执行的长期工作任务。

第一节 概　　述

一、食品安全的涵义

食品安全（food safety）主要指食品卫生质量的可靠性、可信赖性，是对食用者健康、安全的保证程度。这是食品必须具备的基本要求，不论是天然食品还是加工食品中都不应含有可能损害或威胁人体健康的有毒、有害物质或因素，它们是导致消费者受到急性或慢性毒害，或感染疾病，或产生危及消费者及其后代安全健康的隐患。

根据《食品卫生法》第六条的规定："食品应当无毒、无害，符合应有的营养要求，具有相应的色、香、味等感官性状"。"无毒、无害"是指正常人在正常食用情况下摄入可食状态的食品，不会造成对人体致病及危害。

1996年世界卫生组织发表《加强国家级食品安全性指南》，把食品安全和食品卫生作为两个不同的概念加以解释，即食品安全是对食物按其原定用途进行制作和/或食用时不会使消费者受害的一种担保，而食品卫生则指为确保食品安全性和适合性，在食物链的所有阶段必须采取的一切条件和措施。

食品安全有绝对安全和相对安全之分，反映了消费者和生产者、管理者在食品安全认识角度上的差异。绝对安全的概念就是食品应绝对没有风险；相对安全的概念指食品在提供最丰富营养和最佳品质的同时，风险应在最低限度。所有食品都有一定程度的危险，没有一种食品是绝对安全的。食品安全管理的目的就是要把危险减少到最低的合理程度，不会严重损害食品的其他品质。

二、国内外食品安全状况

1. 国外食品安全状况

在世界经济日趋全球化的今天，食品安全问题已成为全世界共同面临的巨大挑战。国际食品安全事件不断发生，引起了消费者的极大不安，即使经济发达的国家，也面临着食品安全的严峻挑战，发展中国家的形势更不容乐观。加强食品安全，提高食品卫生监督检验能力，及时发现隐患，防止大规模的食物中毒，是摆在世界各国面前的紧迫任务。世界各国纷纷采取包括立法、行政、司法等各种措施，维护消费者的健康利益，食品安全已经成为各国国家安全的重要组成部分。

（1）加强法规建设和制度建设　目前美国、欧盟、日本等发达国家和地区均建立较为完善的国家食品质量安全监督管理体系，从而保证了政府监管有力，国民能享受到安全、卫生的食品供应。如美国食品质量安全法律法规体系很完善，建立了很多的法规制度，如《食品质量保护法》、《HACCP体系及应用准则》等。2000年欧盟发布《食品安全白皮书》，重新构筑新的食品安全监管框架，内容覆盖牲畜饲料监管、消费者健康保护、生产者和供应者保证食品安全的职责等，并在欧盟成员国建立食品安全网络与预警系统；2002年2月发布《通用食品法》；2002年6月出台《食品卫生条例》，规定在食品生产、加工和经营过程中全面实行HACCP质量安全保证体系；2002年12月出台《最大食品药物残留量委员会指令》，加强对药物使用的控制。2001年1月第53届世界卫生大会通过了《食品安全决议》，将食品安全列为公共卫生的优先领域，要求成员国制定相应的行动计划，最大程度地减少食源性疾病对公众健康的威胁。

（2）成立专门负责食品安全的组织机构　1997年美国公布《总统食品安全计划》，组成由多个政府部门参加的总统食品安全委员会。1997年加拿大政府成立加拿大食品检验署，负责该国所有的食品检验工作。德国政府在2002年11月成立联邦消费者保护和食品安全局，负责食品、动物保护和转基因产品问题。欧盟于2000年11月提出建立欧洲食品安全局，并于2003年2月开始正式运行。

（3）提高标准和检测能力　面对时有发生的食品安全问题和设立贸易技术

壁垒的需求，许多国家提出了各自更加严密的食品安全相关计划、法规或标准。

欧盟每年投入5亿欧元专门用于检测技术的研究和检测标准制定更新以及相关实验室的维护；澳大利亚投资1.6亿澳元建立澳大利亚动物卫生实验室；瑞士政府投资4000万美元建立瑞士动物疫病免疫预防实验室。正是这些投入，使发达国家在检测技术方面处于领先地位，在设置技术壁垒时其技术要求也越来越高，更有利于维护其国家利益。

(4) 加强对食品生产的监管　美国食品药品管理局（FDA）拟出台食品管制新规定，要求在美国国内和外国从事生产、加工、包装和储运及出口供美国人群及动物消费的机构需在2003年12月12日前向FDA登记注册。欧盟、日本等国对食品特别是进口到该国的食品分别制定更严格及项目更多的检测标准、法规、质量认证制度等。最近欧盟规定从2004年起，食品出口商先取得GMP和HACCP认证，方能允许其产品进入。

(5) 建立有效的快速预警机制　日本和欧盟等发达国家为了保护本国农副产品市场，防止国外有害生物及国外有毒、有害物质入境，为食品进口设立技术壁垒，积极开展对出入境食品及动植物产品的风险分析，建立有效的快速预警机制，并采取严格的预防措施。

2. 国内食品安全状况

《食品卫生法》实施以来，我国的食品卫生工作取得显著的成绩。"十五"期间，随着国家卫生部制定的《食品安全行动计划》、国家食品药品监督管理局会同有关部门制定《食品药品放心工程实施方案》和《食品企业HACCP实施指南》等规章，颁布实施一系列以食品安全标准为重点的食品标准，食品企业的主体资格和生产经营行为得到了有效规范，生产条件和经营环境更加符合食品安全和卫生要求，产品质量、各类产品抽检合格率及食品安全水平得到不断提升。如肉类行业100强企业中通过ISO 9000认证的企业达到77家，通过HACCP认证企业有61家。已经建立起符合我国国情的食品标准体系、食品安全法律法规体系、控制技术和检测技术体系、食品安全认证认可体系，以及比较健全的市场信用体系和食品安全信息体系，显著提高了人民群众对食品消费的放心食用程度。

三、食品安全的危害因素

造成食品安全问题的原因包括：① 环境污染，如水源污染导致食源性疾患的发生，海域的污染直接影响海产品的卫生质量，二噁英污染事件起源于垃圾焚烧；② 农畜业的源头污染，如农药、兽药的滥用，造成食物中农药、兽药残留问题突出；③ 违法食品加工。

食品中最常见的危害因素包括物理性危害、化学性危害和生物性危害，其中以生物性危害发生最为普遍、历史最长。病原微生物引起的食源性疾病是影响我国食品安全的最主要因素，如 2002 年全国共报告食物中毒 128 起，中毒 7127 人，死亡 138 人，其中细菌性食物中毒 33 起、3404 人，占中毒人数的 47.70%。

1. 生物性危害

食品中的生物性危害主要是指生物（尤其是微生物）本身及其代谢过程、代谢产物（如毒素）对食品原料、加工过程和产品的污染，从而对消费者的健康产生危害。

按生物的种类来分，食品中的生物性危害主要有以下几类：细菌性危害、真菌性危害、病毒和立克次体危害、寄生虫病危害、昆虫危害。

2. 化学性危害

食品的化学性危害指食品中的有害化学成分对消费者的健康产生危害。

有害化学成分的来源复杂、种类繁多，主要有来自生产、生活和环境中的污染物，如农药残留、兽药残留、真菌毒素；来自工具、容器、包装材料以及涂料等溶入食品中的原料成分，单体，助剂等；在食品加工、储存过程中产生的物质或添加的物质，如多环芳烃、N-亚硝基化合物、杂环胺和氯丙醇等。

3. 物理性危害

食品的物理性危害主要是指食物中发现的任何非正常的物理材料物质使消费者致病或致伤的危害，例如玻璃、金属屑、塑料碎片、小石子等夹杂在食品中，对食用者造成咽喉、肠胃等部位的物理性损伤。这些物理性危害可能是由于在食物链中许多环节的污染或低质量的加工造成的。常见的物理性危害的主要物质有玻璃、木料、石块、金属片、骨类、塑料等。

第二节　食品安全性评价

食品安全性评价即对直接或间接用于食品的物质进行化学结构、理化性质、代谢、人体摄入量、毒性等方面的综合评价；是食品安全质量管理的重要内容，目的是保证食品的安全可靠性。安全性评价适用于食品生产、加工和保藏所用的化学和生物物质，如食品添加剂、食品加工用微生物等；食品生产、加工、运输、销售和保藏等过程中产生和污染的有害物质，如农药残留、重金属、生物毒素、包装材料溶出物、放射性物质和洗涤消毒剂（用于食品容器和食品用工具）等；新食物资源及其成分；食品中其他有害物质。

一、毒理学的基本概念

1. 毒性

毒性是指外来化合物能够造成机体损害的能力。毒性较高的物质，只需相对较少的数量即可对机体造成一定的损害；而毒性较低的物质，需要较多的数量才呈现毒性。物质毒性的高低仅具有相对意义，在一定意义上，只要达到一定的数量，任何物质对机体都有毒性；如果低于一定数量，任何物质都不具有毒性。与机体接触的量是影响化学毒性的关键因素。除物质与机体接触的数量外，还要考虑与机体接触的途径（胃肠道、呼吸道、皮肤或其他途径）、接触的方式（一次接触或多次接触以及每次接触时间的长短与间隔）。此外，物质本身的化学性质及物理性质都可影响物质的毒性。

2. 损害作用与非损害作用

外来化合物在机体内可引起一定的生物学效应，其中包括损害作用和非损害作用。损害作用是外来化合物毒性的具体表现，毒理学的主要研究对象是外来化合物的损害作用。

一般认为非损害作用所致机体发生的一切生物学变化都是暂时的和可逆的，并在机体代偿能力范围之内，不造成机体机能、形态、生长发育和寿命的改变，不降低机体维持内稳态的能力，不引起机体某种功能容量的降低，也不引起机体对额外应激状态代偿能力的损伤。

损害作用与非损害作用相反，具有下列特点：

① 机体的正常形态、生长发育过程受到严重的影响，寿命亦将缩短；
② 机体功能容量或对额外应激状态代偿能力降低；
③ 机体维持内稳态能力下降；
④ 机体对其他某些因素的不利影响的易感性增高。

3. 剂量

剂量是决定外来化合物对机体损害作用的重要因素。它既可指给予机体的数量或机体接触的外来化合物的数量，也可指外来化合物吸收进入机体的数量，外来化合物在关键组织、器官或体液中的浓度或含量。由于后者的测定不易准确进行，所以一般剂量的概念，即为给予机体的外来化合物数量或与机体接触的数量。表示剂量的单位是单位体重接触的外来化合物数量，例如每千克体重接触多少毫克外来化合物。不同剂量的外来化合物对机体可以造成不同性质或不同程度的损害。换言之，造成不同性质或程度损害其作用的剂量并不一样，因此，提及剂量，还必须与损害作用的性质或程度相联系。

（1）致死量　致死量即为可以造成机体死亡的剂量。但在一个群体中，死亡个体数目的多少有很大程度的差别，所需的剂量也不一致。

（2）绝对致死量（LD_{100}）　LD_{100}系指能造成一群机体全部死亡的最低剂量。由于在一个群体中，不同个体之间对外来化合物的耐受性存在差异，可能有个别或少数个体耐受性过高或过低，并因此造成LD_{100}过多地增加或减少。所以表示一种化合物的毒性高低或对不同外来化合物的毒性进行比较，一般不用LD_{100}而采用半数致死量。

（3）半数致死量（LD_{50}）　LD_{50}系指能引起一群个体50%死亡所需剂量。LD_{50}数值越小，表示外来化合物的毒性越强；反之，则毒性越低。由于动物品种、品系、外来化合物与机体接触的途径和方式都可影响外来化合物的 LD_{50}，所以表示 LD_{50} 时，必须注明试验动物的种类和接触途径。

（4）最大无作用量　在一定时间内，一种外来化合物按一定方式或途径与机体接触，根据目前认识水平，采用最灵敏的试验方法和观察指标未能观察到任何对机体有损害作用的最高剂量。最大无作用量的确定是根据亚慢性毒性试验或慢性毒性试验的结果而确定的，是评定外来化合物对机体损害作用的主要依据，以此为基础可制定一种外来化合物的每日允许摄入量（ADI）和最高允许浓度（MAC）。ADI 是指人类终生每日摄入该外来化合物不致引起任何损害作用的剂量，MAC 为某一外来化合物可以在环境中存在而不致对人体造成任何损害作用的浓度。

（5）最小有作用量　即在一定时间内，一种外来化合物按一定方式或途径与机体接触，能使某项观察指标开始出现异常变化或使机体开始出现损害作用所需的最低剂量，也可称为中毒阈剂量或中毒阈值。在理论上，最大无作用量和最小有作用量应该相差极微，但由于对损害作用的观察指标受此种指标观察方法灵敏度的限制，所以实际上最大无作用量与最小有作用量之间仍然有一定的差距。

4. 效应和反应

效应表示一定剂量外来化合物与机体接触后所引起的生物学变化。此种变化的程度用计量单位来表示。反应是一定剂量的外来化合物与机体接触后，呈现某种效应并达到一定程度的个体数在某一群体中所占的比率，一般以百分率或比值表示。

5. 剂量-效应关系和剂量-反应关系

剂量-效应关系是指外来化合物的剂量与个体或群体中发生的量效应强度之间的关系。剂量-反应关系为外来化合物的剂量与某一群体质效应的发生率之间的关系。剂量-效应关系或剂量-反应关系是毒理学的重要概念。机体内出现的某种损害作用，如果肯定是某种外来化合物所引起，则必须存在明确的剂量-效应或剂量-反应关系，否则不能肯定。

二、食品安全性评价程序

根据《中华人民共和国食品安全性毒理学评价程序》，食品安全评价程序包括：准备工作→急性毒理试验→遗传毒理学试验→亚慢性毒性试验（含 90d 喂养试验、繁殖试验、代谢试验）→慢性毒性试验（包括致癌试验）。

1. 准备工作

首先提供受试物的物理、化学性质（包括化学结构、纯度、稳定性等）数据，受试物必须是符合既定的生产工艺和配方的规格化产品，其纯度应与实际应用的相同，在需要检测高纯度受试物及其可能存在的杂质的毒性或进行特殊试验时，可选用纯品，或以纯品及杂质分别进行毒性试验。如果动物试验的无作用水平比较大，而最大摄入量很小，亦即摄入量远远小于无作用水平，这些受试物就可能被允许使用。反之，如果最大摄入量甚至平均摄入量接近无作用水平，则这类受试物就很难被接受。其次是试验动物的选择，常用的试验动物有大鼠、小鼠、豚鼠、狗、家兔等，常采用口服、灌胃、皮下或皮内注射、腹腔注射、肌肉注射和静脉注射等方式进行喂养，根据需要选用动物。

2. 急性毒理试验

急性毒理试验是指将某种受试物一次或在24h内分几次给予试验动物，观察引起动物毒性反应的试验方法。进行急性毒性试验的目的是测定受试物经口动物的半数致死剂量（LD_{50}），单位为mg/kg体重。本试验有局限性，很多有长期慢性危害的受试物，急性毒性试验反映不出来，尤其是急性毒性很小的致癌物质，但长期少量摄入能诱发癌症的发生。

3. 遗传毒理学试验

遗传毒理学试验主要是指对致突变作用进行测试的试验。遗传毒理学试验的组合必须考虑原核生物细胞与真核生物细胞、生殖细胞与体细胞、体内和体外试验相结合的原则。近年来，愈来愈多的结果说明，致癌剂往往就是致突变物质，而致突变物质也往往具有致癌作用；为了与已知的动物终生试验取得更大的符合率，最近发展的不少致突变试验的测试系统都包括多种致突变试验，但到目前为止，还没有完全能代替长期致癌试验的方法。

4. 亚慢性毒性试验

亚慢性毒性试验包括90d喂养试验、繁殖试验、代谢试验。亚慢性毒性试验的目的是确定受试物在不同剂量水平较长期喂养对动物的影响，了解受试物对动物繁殖及子代的致畸作用，评价受试物是否能应用于人类。

5. 慢性毒性试验（包括致癌试验）

慢性毒性试验实际上是包括致癌试验的终生试验，其目的是发现并鉴定只有长期接触后才出现的毒副作用，特别是进行性或不可逆的毒副作用以及致癌作用；获得必要的资料并综合前面的研究结果，对受试物进行评价。慢性毒性试验是到目前为止评价受试物是否存在进行性或不可逆反应以及致癌性的唯一适当的方法。

凡未经过安全评价的新品种食品添加剂等同于食品加工的新物质，特别是对其中化学结构提示有慢性毒性、遗传毒性或致癌性可能者，或产量大、使用范围广、摄入机会多者，必须进行全部四个阶段的毒性试验，得出安全评价报告。凡属与已知物质（指经过安全性评价并允许使用者）的化学结构基本相同的衍生物或类似物，则根据第一、二、三阶段毒性试验结果判断是否需进行第四阶段的毒性试验。凡属已知的化学物质、世界卫生组织已公布每人每日摄入量者，同时申请单位又有资料证明我国产品的质量规格与国外产品一致，则可先进行第一、二阶段毒性试验，若试验结果与国外产品的结果一致，一般不要求进行进一步的毒性试验，否则应进行第三阶段毒性试验。

三、食品安全性综合评价

《中华人民共和国食品安全性毒理学评价程序》指出，在评价一种物质的安全性时，应全面考虑以下几方面的因素：

（1）化学结构　可以根据化学结构预测其毒性。

（2）理化性质和纯度　试验样品必须符合既定的生产工艺、配方和理化性质，其纯度应与实际应用的相同。需要鉴别其毒性作用系该物质本身的作用还是杂质的作用，或进行其他特殊试验时可用纯品。必要时应考虑杂质的毒性。如农药，一般用原药，但对我国创制的新农药，则应同时用纯品和原药进行试验。

（3）人的可能摄入量　除一般人群的摄入量外，还应考虑特殊和敏感人群（如儿童、孕妇及高摄入量人群）的摄入量。

（4）人体资料　由于存在着动物与人之间的种属差异，在将动物试验结果推论到人时，应尽可能收集人群接触受试物后的反应资料，如职业性接触和意外事故接触等。志愿受试者体内的代谢资料对于将动物试验结果推论到人具有重要意义。

（5）动物毒性试验和体外试验资料　即本程序所列的各项试验资料。虽然这些试验有不少缺陷，却是在目前技术水平下所得到的最重要资料，也是进行评价的主要依据。在试验得到阳性结果，而且结果的判定涉及受试物能否应用于食品时，需要考虑结果的重复性和剂量－反应关系。在结果有争议或本程序规定的第三阶段或第四阶段试验中出现阳性结果时，需由有关专家进行评议，以决定是否需要重复试验。

（6）代谢试验的资料　代谢研究是对化学物质进行毒理学评价的一个重要方面，因为不同化学物质在代谢方面的差别，往往对毒性作用的影响很大。在毒性试验中，原则上应尽量使用与人具有相同代谢途径的动物种系来进行较长期的试验。研究受试物在实验动物和人体内吸收、分布、排泄和转化方面的差别，这对于将动物实验结果比较正确地推论到人具有重要意义。虽然目前多数单位开展代谢试验的技术和条件方面尚有困难，还不能要求对所有受试物都进行全面的代谢研究，但应尽量创造条件，争取开展这方面的工作，并逐步使之完善。

（7）综合评价　在进行最后评价时，必须在受试物可能对人体健康造成的危害以及其可能的有益作用之间进行权衡。其结果不仅取决于科学试验资料，而且与当时的科学水平以及社会、政治因素有关。因此，随着时间的推移，很可能结论也不同。

对于已在食品中应用了相当时间的物质，对接触人群进行流行病学调查具有重大意义。但往往难以获得剂量和反应关系方面的可靠资料。对于新化学物质，则只能依靠动物试验和其他实验研究资料。然而，即使有了完整和详尽的动物试验资料和一部分人类接触者的流行病学研究资料,由于人类的个体差异,也很难做出能保证每个人都安全的评价。所谓绝对的安全实际上是不存在的。根据上述的材料进行最终的评价时,应全面权衡其利弊和实际可能,从确保发挥该物质的最大效益以及对人体健康和环境造成最小的危害的前提出发做出结论。

(8) 评价结果的时间性　对任何化学物质的评价都是在一定时间条件下进行的。随着情况的不断改变和研究工作的不断进展而需要修改。对已通过评价的化学物质,如有新的不同结论的试验报告,则应组织有关专家进行重新评定。

第三节　食品安全体系

食品安全体系中的政府主管部门有农业部、卫生部和国家出入境检验检疫主管部门,他们分别管理着涉及食品安全的各个领域。

农业部负责组织实施农业各产业产品及绿色食品的质量监督、认证和农业植物新品种的保护工作;组织协调种子、农药、兽药等农业投入品质量的监测、鉴定和执法监督管理;组织国内生产及进口种子、农药、兽药、有关肥料等产品的登记和农机安全监理工作、组织兽医医政、兽药药政药检工作;组织、监督对国内动植物的防疫、检疫工作,发布疫情并组织扑灭。

卫生部门和国家食品药品监督管理部门负责全国食品、生活饮用水卫生监督管理。组织制定食品、消毒产品、保健品等与健康相关产品的国家质量管理规范并负责产品审批认证;依法组织实施食品、饮用水以及消毒产品等与健康相关产品(药品除外)的国家监督抽检工作。

国家出入境检验检疫主管部门则负责对进出口食品的检验监督,组织实施对进出口食品及其生产单位的卫生注册、登记及对外注册管理。

食品安全体系中的质量管理体系有:良好生产规范(GMP)、ISO 9000 质量管理体系、危害分析与关键控制点(HACCP)系统、ISO 22000 食品安全管理体系等。

一、良好规范

良好生产规范(good manufacturing practice,GMP)是美国首创的一种保障产品质量和安全的管理体系。其宗旨是在食品制造、包装和贮藏等过程中,确保有关人员、建筑、设施和设备均能符合良好的生产条件,防止食品在不卫生的条件下,或在可能引起污染或变质变坏的环境中操作,以保证食品安全和质量稳定。它的重点是:确认食品生产过程的安全性;防止异物、毒物、有害微生物污染食品;双重检验制度,防止出现人为的过失;标签管理制度;建立完善的生产记录、报告存档的管理制度。

二、ISO 9000 质量管理体系

1980 年，国际标准化组织（ISO）成立质量管理和质量保证技术委员会，并于 1986 年发布了 ISO 9000 质量保证系列标准，它的特点是规范化、程序化，强调企业的内部管理，每项具体工作都落实到人，并有严格的文字记录。这一质量保证体系实施以来极大地促进了各国质量体系的认证，已有 90 多个国家将 ISO 9000 转化为本国标准，并有包括我国在内的 30 多个国家建立了质量体系认证机构国家认可制度。

ISO 9000 标准的应用范围覆盖了农渔、食品、印刷、航空航天、金融、房地产、科技服务、信息技术、公共行政管理、教育、卫生保健与社会公益事业等 39 类行业，其中食品属第三类，教育属第 37 类。2000 年颁布的 ISO 9000 质量管理体系标准包括 ISO 9000：2000、ISO 9001：2000、ISO 9004：2000、ISO 19011：2000 四个核心标准，其中 ISO 9001：2000 规定了质量管理体系的要求，适用于任何组织。世界上通过 ISO 9000 质量保证体系认证的企业已超过 10 万家，这对保证食品的质量与安全起到重要的作用。

三、危害分析与关键控制点系统

危害分析与关键控制点（hazard analysis and critical control point，HACCP）是在食品的生产过程中保证食品安全的系统操作指南，是已被国际权威机构认可的、以预防为主的有效食品安全控制体系。

HACCP 是一个全面而又科学的安全控制体系，是一种预防性策略，它的核心是制定一套方案来预测和防止在食品生产过程中出现影响食品安全的危害，防患于未然，降低产品损耗。它以科学为基础，对食品生产中的每个环节、每项措施、每个组分的危害风险进行鉴定和评估，找出关键点加以控制，做到既全面又有重点。它对食品链的全过程都制定可操作的规范，使食品原料的供应、食品的加工生产、包装、储藏、销售、消费都在统一的规范下运行，为保证食品安全奠定了可靠的基础。同时，也为食品生产商、销售商、消费者和政府监督部门制定了衡量食品安全性的统一尺度，便于协调合作来保证食品的安全性，减少食品安全控制的总花费，提高经济效益。

四、ISO 22000 食品安全管理体系

1. ISO 22000 食品安全管理体系简介

为满足组织开展 HACCP 体系认证的需要，国际标准化组织农产食品技术委员会（ISO/TC 34）成立了 WG 8 工作组，参照质量/环境管理体系国际标准（ISO 9001/ISO 14001）的框架起草了食品安全管理体系国际标准（ISO 22000）。2004 年 6 月，ISO 发布了 ISO 22000 国际标准草案（DIS 稿），进入各成员国为期

5个月的表决阶段；2004年第四季度发布最终国际标准草案（FDIS）；2005年发布标准 ISO 22000：2005《食品安全管理体系——对食物链中任何组织的要求》。该标准是由来自23个国家的食品行业专家与专业国际组织的代表一起在食品规范委员会的密切合作下制定的。这是国际标准化组织发布的继ISO 9000和ISO 14000后用于合格评定的第三个管理体系国际标准。ISO 22000将国际上最新的管理理念与食品安全控制的有效工具——HACCP原理有效融合，成为在整个食品供应链中实施HACCP技术的一种工具，使全世界的组织以统一的方法执行关于食品卫生的HACCP体系，而不会因为国家或涉及的产品不同而有所区别，在全球范围内产生广泛而又深远的影响。这也是首次将联合国有关组织的文件（HACCP）列入到质量管理系统中来。

ISO 22000食品安全管理体系包括以下文件：

① ISO 22000：2005，食品安全管理体系——对整个食品供应链中组织的要求；

② ISO/TC 22004：2005，食品安全管理体系——ISO 22000：2005实施指南；

③ ISO/TC 22003，食品安全管理体系——对提供食品安全管理体系审核和认证机构的要求；

④ ISO 22005，饲料和食品链的可追溯性体系设计和发展的一般原则和指导方针。

2. ISO 22000食品安全管理体系的特点

（1）食品安全管理范围延伸至整个食品链　标准可用于食品链内的各类组织，如饲料生产者、食品制造者、运输和仓储经营者、分包者、零售分包商、餐饮经营者，以及设备生产、包装材料、清洁剂、添加剂和辅料的生产等相关组织。食品通过食物链到达消费者的手中连接了不同类型的组织，跨越了许多边境。食品危害可以在食物链上的任何一点进入，出现一个缺陷的连接就可能导致产生危害健康的不安全食品，不但造成对消费者的危害，而且食物链上的组织或供应者的损失也很大，因此必须进行全过程的控制。保证食品安全是食物链上所有参与者的责任，实施ISO 22000的目的就是让各类组织共同执行食品安全管理体系。

（2）管理领域先进理念与HACCP原理的有效融合　ISO 22000（DIS）标准中主要体现了食品安全目标导向、过程的识别和危害分析、体系的实施和运行、体系的监视和测量、持续改进体系等内容，与HACCP深度融合。

（3）强调交互式沟通的重要性　ISO 22000（DIS）标准指出相互沟通是食品安全管理体系的关键要素。在食品链中沟通可以确保在食品链各环节中的所有相关食品危害都得到识别和充分控制。组织沟通包括在食品链中与其上游和下游组织的沟通，内部和外部沟通。基于系统性危害分析所进行的沟通，有助于体现客户和供方关于可行性、需要和对最终产品影响的需求。

(4) 满足法律法规要求是食品安全管理体系的前提 ISO 22000 标准要求将所有适用食品安全的有关法规和规章的要求融入到食品安全管理体系中,证实所制定的食品安全方针,所采取的措施及处理,所制定的产品质量标准与食品安全使用的法律法规要求具有一致性。

(5) 风险控制理论在食品安全管理体系中得到体现 ISO 22000 标准规定,高层管理者应能考虑有关食品安全的潜在紧急情况和事故并表明如何管理,各类组织应识别潜在事故、紧急情况和事件,如火灾、洪水、恐怖活动、人为破坏(如投毒)、能源故障(如停电)、环境污染、新的危害的出现或由于商业风险的识别,应策划应急准备和响应措施,包括人力资源、基础设施、应对程序等。必要时,尤其是实际发生事故或紧急情况之后,应评审和修改应急准备和响应文件。其次,风险控制还体现在产品召回的要求方面。为确保已被确定为不安全的,受影响批次的最终产品在交付后能够及时、完全地召回,应建立、保持形成文件的程序,以通知相关方(如权威机构、消费者)。

3. ISO 22000 与 GB/T 22000

GB/T 22000—2006《食品安全管理体系——食品链中各类组织的要求》国家标准于 2006 年 7 月 1 日正式生效实施,它等同采用 ISO 22000:2005 国际标准。

GB/T 22000—2006 适用于食品供应链范围内各种类型的组织,包括饲料生产者、初级生产者及食品制造者、运输和仓储经营者,直至零售分包商和餐饮经营者(包括与其有内在关联的组织,如设备、包装材料、清洁剂、添加剂和辅料的生产者),也包括服务提供商。本标准贯穿食品供应链中各类组织,以达到食品供应链上各环节的食品安全控制有效,为社会提供安全的食品。

GB/T 22000 与 ISO 9001:2000 标准的思路、结构基本相似。该标准共分 8 章 32 个条款,采用过程方法,包含管理活动、资源管理、安全产品的策划和实现、食品安全管理体系的确认、验证和改进等四大过程;同时又具有食品安全控制特点,如它要求管理者任命食品安全小组组长,并建立应急准备和响应程序;对安全产品的策划与实现充分体现了食品安全控制要求。

GB/T 22000 扩大了 HACCP 不能覆盖的要求,弥补了 ISO 9001:2000 与 HACCP 之间的空白,是食品供应链各类组织中最有效的食品安全体系,通过采用和有效实施本标准,将为各组织和相关方带来最大利益。

思 考 题

1. 目前食品安全问题主要有哪些?
2. 食品安全性评价的目的是什么?
3. 食品安全性毒理学评价的适用范围包括哪些?

4. 简述食品卫生标准制定的程序。

链　接

据国家食品安全网登载，2007年，国家各部门将目光齐聚食品安全问题。

1. 商务部将食品安全写入一号令

商务部新闻办公室公布了由商务部部长薄熙来签署的商务部令2007年第1号，食品安全问题成为其核心内容。《流通领域食品安全管理办法》将自2007年5月1日起施行。5月1日后市场必须有：协议准入制度、经销商管理制度、索证索票制度、购销台账制度、不合格食品退市制度。有专家指出，《流通领域食品安全管理办法》重在制度建设，对市场的管理机构及人员、管理制度以及现场制作食品、散装食品、生鲜食品销售等方面提出了具体要求。其核心内容是要求市场建立保障食品安全的管理制度，具体包括协议准入制度、经销商管理制度、索证索票制度、购销台账制度和不合格食品退市制度。通过这些制度的建立达到食品在流通环节的可追溯从而保障食品在流通中的安全。

2. 农业部开展农产品质量安全督查

农业部派出5个督查组，对河南、广西、江西等9个省（区、市）的农产品质量安全执法专项行动进展情况开展督查。通过专项行动，及时消除隐患，防止重大农产品质量安全事件的发生，确保春节期间农产品消费安全。从2006年12月开始，农业部在全国范围内开展农产品质量安全执法专项行动，重点查处违法生产、销售、使用禁用农药、兽药、饲料及饲料添加剂的行为和农药、兽药残留超标的农产品。

3. 国家工商总局2007农村食品市场整顿年

国家工商总局制定下发了《2007年流通环节食品安全专项整治工作方案》，将2007年确定为"农村食品市场整顿年"。"农村食品市场整顿年"主要针对五项重点：无证无照、超范围经营食品的问题；制售假冒伪劣食品，经销病死畜禽肉制品及过期霉变、有毒、有害和不合格食品的问题；利用连锁配送、"送货下乡"等名义向农村销售假冒伪劣食品的问题；利用农村作掩护印制假包装、假商标、假标识的问题；农村消费者反映强烈的其他突出问题。检查的重点品种包括：粮、肉、蔬菜、酱油、食醋、禽蛋及其制品、水产品、奶制品、豆制品、酒类、饮料、糕点、儿童食品、保健食品等。通过对相关问题有针对性的检查，严厉打击制售病死肉，过期霉变食品，"三无"食品，有毒、有害食品等违法活动。专项整治季节性、节日性食品。"五一"、中秋、"十一"、元旦、春节等重大节日，以月饼、糕点、儿童食品、保健食品、酒类特别是白酒等节日性食品为重点，突出整治价实不符、过度包装、搭售商品、虚假宣传及欺诈消费者等方面的问题。

4. 国家质量监督检验检疫总局要求所有食品添加剂实现市场准入

2007年要严格实施食品添加剂市场准入制度，努力在年底实现所有国家标准、行业标准的食品添加剂全部纳入市场准入制度管理；建立食品添加剂使用备案管理制度，掌握企业使用食品添加剂的基本情况和添加剂来源。凡是存在故意使用非食品用原料生产加工食品行为的，一律移送公安机关处理。对于有使用非食品用原料生产加工食品违法行为的，3年内不得申请食品及食品相关产品生产许可证；已经取得食品生产许可证的，立即吊销执照。

第五章 食品的良好生产规范与卫生标准操作程序

【学习目标】
1. 掌握良好生产规范的主要内容；
2. 了解企业实施良好生产规范的程序和措施；
3. 了解良好生产规范的文件管理程序；
4. 掌握卫生标准操作程序的主要内容；
5. 能够根据企业情况制定相适应的卫生标准操作具体程序。

第一节 GMP 概述

一、良好生产规范（GMP）的概念

GMP 是英文 good manufacturing practice 的缩写，译为良好生产规范或是优良制造标准，是为保障产品质量而制定的贯穿生产全过程的一系列控制措施、方法和技术要求，是一种重视生产过程中产品品质与质量安全的自主性管理制度，也可以说是一种具体的产品质量保证体系。它以现代科学知识和技术为基础，应用先进的技术和管理方法，解决食品生产中的主要质量和安全卫生问题。GMP 贯穿于食品原料生产、运输、加工、包装、储存、销售及使用的全过程，针对食品企业的厂房、建设物与设施、加工设备和用具，人员的卫生要求、培训、仓储与分销，以及环境与设备的卫生管理，加工过程的控制管理都做了详细的规定。

GMP 具有针对一般食品的通用要求，也有分别针对不同产品的规范要求，如水产品加工、熟肉加工、饮料加工等的良好生产规范。企业可结合自身产品品种及工艺特点，依据 GMP 框架制定适合本企业实际状况的产品良好生产规范实施方案。

GMP 的主要内容有以下几方面：① 对加工环境、厂房设施与结构的规范性要求；② 对加工设备与器具的规范性要求；③ 对加工过程中用水的规范性要求；④ 对原辅料管理的规范性要求；⑤ 对生产管理（加工、包装、消毒、标签、储运等环节）的规范性要求；⑥ 对成品管理与实验室检测的规范性要求；⑦ 对企业卫生设施的规范性要求；⑧ 对卫生和食品安全控制的规范性要求；⑨ 对人员卫生管理的规范性要求等。

GMP 的重点是：① 确认食品生产过程的安全性；② 防止物理、化学、生物性危害污染食品；③ 实施双重检验制度；④ 对标签的管理、生产的记录、报告的存档等有完善的管理制度。

GMP 的特点是以科学为基础，将各项技术性标准规定得十分具体，可操作性强，它是保证生产出高质量产品的直接、有效的手段。常以法规、推荐性法案、条例或准则等形式公布。GMP 的优势已逐渐为世界许多国家所认识，在国外，有很多国家实施食品 GMP 认证，也有一些行业协会或认证机构制定了非强制性的食品 GMP，并实施食品 GMP 认证。

二、GMP 的产生

GMP 最初产生于药品的生产。第二次世界大战后频繁发生的药物灾难，尤其是 1961 年发生了震惊全世界的"反应停"事件，使人们深刻认识到以最终成品抽样分析检验结果为依据的质量控制体系存在一定的缺陷，实践证明不能保证生产的全部药品都做到安全并符合质量要求。美国 1962 年修改了《联邦食品、药品和化妆品条例》，将药品质量管理和质量保证的概念制定成法定的要求。美国食品药品管理局（FDA）根据修改法的规定，由美国坦普尔大学 6 名教授编写制定了世界上第一部药品的 GMP，并于 1963 年通过美国国会第一次以法令的形式予以颁布。WHO 在 1967 年出版的《国际药典》的附录中对此进行了收载。1969 年 FDA 又将实施 GMP 的观点引用到食品的生产法规中，制定《食品制造、加工、包装及储存的良好工艺规范》（CGMP）。同年，WHO 在第 22 届世界卫生大会上首次向各成员国推荐 GMP，并于 1975 年向各成员公布了实施 GMP 的指导方针。日本、英国、新加坡和很多工业先进国家积极引进食品 GMP，日本厚生省于 1975 年开始制定各类食品卫生规范。1988 年，我国卫生部颁布了中国的药品 GMP。

三、GMP 在世界各国的发展与应用

许多国家都在逐步制定、完善 GMP 制度，并应用于各种食品企业的产品质量控制与管理。起初美国最早把 GMP 用于工业生产，目前已立法强制实施食品 GMP，随后不少国家均认可和采纳了 GMP。

1. GMP 在美国的发展

FDA 在 1963 年制定药品 GMP，次年开始实施；1969 年发布了食品生产、加工、包装和储存等过程的 GMP 法规。1969 年美国公布的《食品制造、加工、包装及储存的良好工艺规范》包括以下主要内容：

A 部分——总则，包含定义、现行的良好操作规范、人员、例外情况；

B 部分——建筑物与设施厂房和场地、卫生操作、设施卫生和控制；

C 部分——设备和工器具；

D 部分——（用作预留未来补充）；
E 部分——生产和加工控制、仓储和分销；
F 部分——（用作预留未来补充）；
G 部分——缺陷水平部分。

随后 FDA 陆续制定和发布了《适用于婴儿食品的营养品质控制规范》、《熏鱼的良好生产规范》、《低酸性罐头食品良好生产规范》等各类食品的 GMP 法规，此举大大推动了食品 GMP 体系的发展。

各项 GMP 法规作为食品生产、包装、储藏、卫生、质量管理的技术基础，具有法律上的强制性。GMP 既可以调整卫生标准，又可以调整典型的加工控制，"包括非常普通的规定，对加工厂构造和设计、周围地面、设备和器具、供水、污水管道、卫生间设施、维护、动物和害虫控制、储存和搬移设备、原材料和配料的处置与环境、记录保持、检验程序、包装，以及员工的教育、培训、监管和清洁制定了相关的规范"，其目的是用来帮助判断产品的加工、包装和保存是否与其他法规文件相符。

2. GMP 在欧盟的发展

在欧盟，GMP 法规包括以下几项：

93/493 EEC 适用于水产品加工企业；
92/5 EEC 适用于肉制品加工企业；
92/46 EEC 适用于乳制品加工企业；
89/437 EEC 适用于蛋制品加工企业；
91/492 EEC 适用于双壳贝加工企业。

为了对各成员国的食品安全卫生进行控制，原欧共体理事会及后来的欧盟委员会发布了一系列的食品生产、进口和投放市场的卫生规范和要求，主要包括以下六类：

① 对疾病实施控制的规定；
② 对农药、兽药残留实施控制的规定；
③ 对食品生产、投放市场的卫生规定；
④ 对检验实施控制的规定；
⑤ 对第三国食品准入的控制规定；
⑥ 对出口国当局卫生证书的规定。

原欧共体理事会发布的《水产品生产和投放市场的卫生条件》涉及 GMP 的代表性指令，其中包括对厂库和设备的一般条件、卫生条件、工作人员卫生条件、加工卫生条件、生产条件的卫生监控和水产品的卫生标准六大方面。

3. GMP 在中国的发展及应用

我国食品企业质量管理规范的制定工作起步于 20 世纪 80 年代中期。根据国际食品贸易的要求，1984 年由原国家商品检验检疫局首先制定类似 GMP 的卫生法规"出口食品厂、库最低卫生要求",对出口食品生产企业提出了强制性的卫生规范。90年代初,在"安全食品工程研究"中,对八种出口食品制定了GMP。根据食品贸易全球化的发展以及对食品安全卫生要求的提高,"出口食品厂、库最低卫生要求"已经不能适应形势的要求,经过修改,于1994年11月发布《出口食品厂、库卫生要求》。在此基础上,又陆续发布了9个加工企业卫生规范:

① 《出口畜禽肉及其制品加工企业注册卫生规范》;

② 《出口罐头加工企业注册卫生规范》;

③ 《出口水产品加工企业注册卫生规范》;

④ 《出口饮料加工企业注册卫生规范》;

⑤ 《出口茶叶加工企业注册卫生规范》;

⑥ 《出口糖类加工企业注册卫生规范》;

⑦ 《出口面糖制品加工企业注册卫生规范》;

⑧ 《出口速冻方便食品加工企业注册卫生规范》;

⑨ 《出口肠衣加工企业注册卫生规范》。

1988年以来,我国颁布了19个食品加工企业卫生规范。

① 《罐头厂卫生规范》GB 8950—1988;

② 《白酒厂卫生规范》GB 8951—1988;

③ 《啤酒厂卫生规范》GB 8952—1988;

④ 《酱油厂卫生规范》GB 8953—1988;

⑤ 《食醋厂卫生规范》GB 8954—1988;

⑥ 《食用植物油厂卫生规范》GB 8955—1988;

⑦ 《蜜饯厂卫生规范》GB 8956—1988;

⑧ 《糕点厂卫生规范》GB 8957—1988;

⑨ 《乳品厂卫生规范》GB 12693—1990;

⑩ 《肉类加工厂卫生规范》GB 12694—1990;

⑪ 《饮料厂卫生规范》GB 12695—1990;

⑫ 《葡萄酒厂卫生规范》GB 12696—1990;

⑬ 《果酒厂卫生规范》GB 12697—1990;

⑭ 《黄酒厂卫生规范》GB 12698—1990;

⑮ 《面粉厂卫生规范》GB 13122—1991;

⑯ 《饮用天然矿泉水厂卫生规范》GB 16330—1996;

⑰ 《巧克力厂卫生规范》GB 17403—1998;

⑱ 《膨化食品良好生产规范》GB 17404—1998;

⑲ 《保健食品良好生产规范》GB 17405—1998。

4. GMP在其他国家和组织中的发展

在加拿大，卫生部（HPB）按照《食品和药物法》制定了《食品良好制造法规》。该法规规定了加拿大食品加工企业最低健康与安全标准。农业部以HACCP原理为基础建立了《食品安全促进计划》（FSEP），旨在确保所有加工农产品及所要求的加工条件处于安全卫生状态。GMP作为食品企业必须遵守的基本要求被政府机构写进了法律条文，如农业部制定的《肉类食品监督条例》中的有关厂房建筑的规定属于强制性GMP；政府部门出版发行GMP准则，鼓励食品生产企业自愿遵守；政府部门可以采用一些国际组织制定的GMP准则，食品生产企业也可以独立采用。

1975年日本厚生省参照美国GMP制定了食品的生产规范，此后农林水产省制定了《食品制造流通基准》，其内容包括食用植物油、罐头食品、豆腐、腌制蔬菜、杀菌袋装食品、碳酸饮料、紫菜、番茄加工、汉堡包及牛肉饼、水产制品、味精、生面条、面包、酱油、冷食、饼干、通心粉等20多种，并以此作为食品品质管理的依据。

其他一些国家采取指导的方式推动GMP在本国的实施。如英国推广GFMP（good food manufacturing practice），新加坡由民间组织——新加坡标准协会（SISIR）推广GMP制度。

法国、德国、瑞士、澳大利亚、韩国、新西兰、马来西亚等国家和我国台湾，也都积极推行了食品的GMP。

第二节 食品良好生产规范的内容与要求

GMP是对食品生产过程中的各个环节、各个方面实行严格监控而提出的具体要求和采取的必要的良好的质量监控措施，从而形成和完善质量保证体系。GMP是将保证食品质量的重点放在成品出厂前的整个生产过程的各个环节上，而不仅仅是着眼于最终产品上，其目的是从全过程入手，从根本上保证食品质量。

GMP实际上是一种包括4M管理要素的质量保证制度，即选用规定要求的原料（material），以合乎标准的厂房设备（machines），由胜任的人员（man），按照既定的方法（methods），制造出品质既稳定又安全卫生的产品的一种质量保证制度。根据FDA的法规，GMP可分为四个部分：总则，建筑物与设施，设备，生产和加工控制。GMP是适用于所有食品企业的，是常识性的生产卫生要求。GMP基本上涉及的是与食品卫生质量有关的硬件设施的维护和人员卫生管理。符合GMP的要求是控制食品安全的第一步，其强调食品的生产和储运过程应避免微生物、化学性和物理性污染。我国食品卫生生产规范是在GMP的基础上建立起来的，并以强制性国家标准规定来实行，适用于食品生产、加工的企业，并作为制定种类食品厂的专业卫生依据。

一、厂址选择和工厂设计的要求

1. 厂址选择要求

操作人员控制范围之内的食品厂四周的场地必须保持良好的状态，防止食品受污染。维护场地的方法包括以下几种：

① 厂区周围不得有粉尘、烟雾、有害气体、放射性物质和其他扩散性污染物，不得有垃圾场、污水处理厂、废渣场等，以防止厂区因周围环境的污染而造成企业污染。

② 及时消除垃圾和废料，铲除厂房及其构造物近处可能成为害虫所喜爱的孳生地或藏身处的杂草；各种设备要妥善放置。

③ 应设有废水和废弃物处理设施，有利于经处理的污水和废弃物的排出，以防止企业污水和废弃物对居民区的污染。管理好道路、院落和停车场，使其不至于成为能接触食品的区域的污染源。

④ 凡是会造成渗漏、鞋上的脏物或害虫孳生地而可能污染食品的区域，要把水排干净。

⑤ 管理好废物处理系统，使其不至于成为食品裸露区域的污染源，如果毗连厂房的场地不在操作人员的管理范围之内，那么就必须在厂房内细心地采取检查、灭虫或其他措施以消除可能成为食品污染源的害虫、脏物和污秽。

⑥ 要建立必要的卫生防护带，如屠宰场距居民区的最小防护带不得少于500m，酿造厂、酱菜厂、乳品厂等不得少于300m，蛋品加工批发部门不得少于100m。

⑦ 要有足够可利用的面积和较适宜的地形，以满足工厂总体平面合理的布局和今后扩建发展的要求。

⑧ 交通要方便，便于物资的运输和职工的上下班。

2. 厂房结构与设计

厂房建筑物的大小、结构与设计必须便于食品生产的维修和卫生作业。厂房及各种设施必须满足以下要求：

① 提供足够的场地用来安放设备、存放物料，以利于进行卫生作业和食品的安全生产。

② 能够采取适当的预防措施以减少食品、食品接触面或食品包装材料受到微生物、化学物、污物或其他外来物污染的潜在危害。可以通过完善的食品安全管理及操作规范或有效的设计，包括将可能发生污染的不同作业分开（可采用以下一种或数种手段：地点、时间、隔墙、气流、封闭的操作系统或其他有效方法），来减少食品受污染的潜在危害。

③ 能够采取适当的预防措施以保护露天发酵容器中的散装食品，可以采用以下任何一种有效的保护手段：a. 用保护性的掩盖物；b. 控制好容器上方和四

周的区域、消灭害虫的藏身处；c. 定期检查害虫及其活动情况；d. 必要时撇去发酵容器的表层漂浮物。

④ 建筑结构合理。地板、走道、天花板要易于清扫，保持清洁和维修良好的状况；支架和管道上滴下的水滴或冷凝物不会污染食品、食品接触面或食品包装材料；设备与墙面之间要留出通道和工作场地，而且不能堵塞，其宽度要足以让员工进行操作而且不致使食品或食品接触面被员工的衣裤或人体的接触而污染。

⑤ 洗手区、更衣室及衣帽间、卫生间，以及食品检验、加工或储存，设备或用具清洗的一切区域都要有充足的照明；在食品生产的任何工序，裸露食品的上方可开设天窗采光，安装安全的灯泡与夹具，或者用其他方法防止玻璃碎裂时污染食品。

⑥ 凡是在有害气体可能污染食品的区域都应装上足够的通风或控制设备，以将各种气味和蒸气（包括水蒸气和各种有害的烟气）减少到最低限度；同时，把风扇及其他通风设备安装在适当的地方进行适当的操作，尽量减少对食品、食品包装材料或其他食品接触面的污染。

⑦ 在必要之处设置防止害虫的网板或其他防护装置。

二、对食品工厂建筑设施的要求

1. 厂房设施

（1）车间结构　食品加工车间以采用钢混或砖砌结构为主，并根据不同产品的需要，在结构设计上，适合具体食品加工的特殊要求。车间的空间要与生产相适应，一般情况下，生产车间内的加工人员的人均拥有面积（除设备外）应不少于 $1.5m^2$。过于拥挤的车间，不仅妨碍生产操作，而且人员之间的相互碰撞，人员工作服与生产设备的接触，很容易造成产品污染。车间的顶面高度不应低于3m，蒸煮间不应低于5m。加工区与加工人员的卫生设施，如更衣室、淋浴间和卫生间等，应该在建筑上为联体结构。水产品、肉类制品和速冻食品的冷库与加工区也应该是联体式结构。

（2）车间布局　车间的布局既要便于各生产环节的相互衔接，又要便于加工过程的卫生控制，防止生产过程交叉污染的发生。食品加工过程基本上都是从原料──→半成品──→成品的过程，即从非清洁到清洁的过程，因此，加工车间的生产原则上应该按照产品的加工进程顺序进行布局，使产品加工从不清洁的环节向清洁环节过渡，不允许在加工流程中出现交叉和倒流。清洁区与非清洁区之间要采取相应的隔离措施，以便控制彼此间的人流和物流，从而避免产生交叉污染，加工品传递通过传递窗进行。要在车间内适当的地方设置工器具清洗、消毒间，配置供工器具清洗、消毒用的清洗槽、消毒槽和漂洗槽，必要时，有冷、热水供应，热水的温度应不低于82℃。

（3）车间地面、墙面、顶面及门窗　车间的地面要用防滑、坚固、不渗水、易清洁、耐腐蚀的材料铺制，车间地面表面要平坦、不积水。车间整个地面的水平在设计和建造时应该比厂区的地面水平略高，地面有一定的斜坡度。

车间的墙面应该铺有2m以上的瓷砖墙裙，墙面用耐腐蚀、易清洗、易消毒、坚固、不渗水的材料铺制及用浅色、无毒、防水、防霉、不易脱落、可清洗的材料覆涂。车间的墙角、地角和顶角曲率半径不小于3cm，呈弧形。

车间的顶面用的材料要便于清洁，有水蒸气产生的作业区域，顶面所用的材料还要不易凝结水球，在建造时要形成适当的弧度，以防冷凝水滴落到产品上。

车间门窗有防虫、防尘及防鼠设施，所用材料应耐腐蚀、易清洗。窗台离地面不少于1m，并有45°斜面。

2. 输水设施

输水设施的尺寸、设计及安装必须得当，并得到良好的维护，使其能满足以下要求：

① 将充足的水送到全厂需要用水的地方去。

② 将厂里的污水、废液顺畅地排除。

③ 避免对食品、供水、设备或用具构成污染源，或造成不卫生的状况。

④ 地板排水设施能及时将清洗设备时或正常作业后的废水或其他废液排放于车间外。

⑤ 确保排放废水或污水的管道系统不会回流，排放废水或污水的管道系统与食品或食品加工用水的管道系统之间不得有交叉连接。

3. 洗手设施和卫生间设施

洗手设施和卫生间设施必须充足而方便，应注意下列事项：

① 厂内的各个生产区域都应按不同要求安装洗手或消毒手的设施，有条件的应提供适当温度的流动水。水龙头以每10~15人安装1个为好。

② 提供有效的洗手、消毒手的清洁剂和消毒剂。

③ 提供卫生纸巾或合适的烘干装置，设施在任何时候都应处于良好的作用状况。必要时要用来苏尔水或酒精对手进行消毒。

④ 使用的装置，如供水阀，其设计及结构要能够有效防止干净的、消毒过的手受到再次污染。

⑤ 在适当的位置贴出醒目的警示牌，提示直接接触未包装食品、食品包装材料、食品生产设备的员工，在工作开始前或每次离开工作岗位后以及他们的手可能已经弄脏或被污染时，一定要洗手并在适当的地方对手进行消毒。

⑥ 卫生间要安装能自动关闭的门，门不能开向食品裸露的区域，以防止食品受不洁空气的污染。

⑦ 厂区卫生间应设置在生产车间的下风侧，应距生产车间25m以外；车间的卫生间应设置在车间外，其入口不能与车间的入口直接相对，一般设在淋浴室

旁边的专用房内,要方便进出。卫生间应装有洗手设施和排臭装置,并备有洗手液或消毒液,排水管道应与车间分开,定期进行蚊蝇消灭处理,每天每班清洗消毒。

4. 照明设施

① 厂房内应有充足的自然采光或人工照明设施,光源强度以不改变食品的颜色为宜。

② 照明设施不应安装在裸露食品的正上方,否则应使用安全型照明设施,以防止破裂时污染食品。

5. 通风设施

① 清洁作业区应安装空气调节设施,以防止室内温度过高或蒸汽凝结,并保持室内空气新鲜;一般生产车间应安装通风设施,及时排除潮湿和污浊的空气。厂房内的空气调节、进排气或使用风扇时,其空气流向应从高清洁区流向低清洁区,防止食品、生产设备及内包装材料遭受污染。

② 在有臭味及气体(蒸汽及有毒、有害气体)或粉尘产生而有可能污染食品之处,应当有适当的排除、收集或控制装置。

③ 排气口应装有易清洗、耐腐蚀的网罩,防止有害动物侵入;进气口必须距地面2m以上,远离污染源和排气口,并设有空气过滤设备。通风排气装置应易于拆卸清洗、维修或更换。

6. 更衣室

① 更衣室应设在便于工作人员进入车间的位置,应男女分设,并与洗手消毒室相邻,应有必要的更衣通风设施,并安装紫外线灯。

② 更衣室应有足够大小的空间,以便员工更衣之用。应按员工人数设足更衣柜、鞋柜及可照全身的更衣镜。

③ 为保持食品从业人员的个人卫生,食品工厂设置淋浴间是十分必要的,淋浴间内的淋浴器龙头按每班工作人员计,每20~25人设置一个。

7. 仓库

① 应依据原辅料、材料、半成品、成品的不同要求分设储存场所,必要时应设有冷(冻)藏库。

② 原材料仓库及成品仓库应独立分开设置,同一仓库储存性质不同物品时,应适当隔离(如分类分架存放)。

③ 仓库构造应能使储存保管中的原料、半成品、成品的品质劣化减低至最低程度,并有防止污染的构造,且应以无毒、坚固的材料建成,其大小应足以使作业顺畅进行并易于维持整洁,并应有防止有害动物侵入的装置(如库门口应设防鼠板或防鼠沟)。

④ 仓库应设置数量足够的栈板(物品存放架),储藏物品距离墙壁、地面均在20cm以上,以利于空气流通及物品的搬运。

⑤冷（冻）藏库应装设可正确指示库内温度的温度计、温度测定器或温度自动记录仪，并应装设自动控制器或可警示温度异常变动的自动报警器。

三、对食品加工设备的要求

工厂的所有设备和用具，必须满足便于充分清洗的要求。设备和用具的设计、结构和使用，必须能防止造成食品污染如掺杂入润滑剂、燃料、金属碎片、污水或其他污染物。在安装设备时必须考虑到，要便于设备及其邻近地方的清洗和设备的维护。接触食品的设备表面必须耐腐蚀，采用无毒的材料制成，能经受加工环境、食品本身以及清洁剂、消毒剂的侵蚀作用。凡直接接触食品原料或成品的设备、工具或管道应无毒、无味、耐腐蚀、耐高温、不变形、不吸水，要求材质坚硬、耐磨、抗冲击、不易破碎，常用的材质有不锈钢、铝合金、玻璃、搪瓷、天然橡胶、塑料等。

接触食品的设备表面要求表面光滑、无死角、无间隙、不易积垢、便于拆洗消毒。要及时清洁设备，尽量减少食品颗粒、脏物及有机物的堆积，从而将微生物生长繁殖的机会降低到最小限度。

食品加工、处理区域内不与食品接触的设备必须结构合理，生产设备应根据工艺要求合理定位，工序之间衔接要紧凑，设备传动部分应安装有防水、防尘罩。管线的安装尽量少拐弯、少交叉，便于保持清洁卫生。

食品的存放、输送和加工系统，设备的设计及结构必须能使其保持良好的卫生状态。凡用来储存和放置食品的冷藏及冷冻库都必须装上能准确表明室内温度的温度显示计、测温装置或温度记录装置，并且应当安装能调节的自动控制仪或能显示人工操作时温度发生重大变化的自动报警系统。

用来测量、调节或记录食品储存期间的温度、pH、酸度、水分活度或其他数据的仪表和控制装置，必须精确并维护良好，同时其数量必须足以承担所指定的任务。要定期检查、定期消毒、定期疏通，设备应实行轮班检修制度。

四、食品的生产与加工过程控制

食品生产过程就是原料到成品的过程，根据食品加工方法不同或成品要求的不同，食品原料要经过各种不同的加工工序，如分级、清洗、去皮、切割、干燥、冷冻、热处理、发酵、包装等。由于食品的加工需要经过多个环节，每个环节都可能会对食品造成污染，因此要求食品生产的全过程要处于良好的卫生状态，尽量减少加工过程中食品的污染。食品的进料、检查、运输、分选、预制、加工、包装与储存等所有作业都必须严格按照卫生要求进行。必须采用合适的质量管理方法，确保食品的质量与安全。工厂的整体卫生必须由一名或数名专职人员进行监督。必须采取一切合理的预防措施，确保各生产工序不会受任何污染源的污染。在必要之处，必须采用化学的、微生物的或外来杂质的检测方法去验证卫生控制的失误或可能发生的食品污染。凡是污染已达到该方法所界定程度的食品都必须按规定处理。

（1）设备、用具及装载成品食品的容器必须通过适当的清洗和消毒使其保持达到标准的状态。必要时，必须拆卸设备进行彻底清洗。

（2）食品加工的一切工序，包括包装和储存，都必须在必要的条件和控制下进行，尽量减少微生物生长繁殖的可能性，或尽量防止食品受污染。要对时间、温度、水分活度、压力、流速等物理因素，以及对冷冻、脱水、热加工、酸化及冷藏等加工作业进行准确监控，确保食品不会因设备故障、时间延缓、温度波动及其他因素造成品质变化或污染。

（3）凡能促使不良微生物，特别是对人类健康有危害的微生物快速生长繁殖的食品必须注意存放方式，防止食品的微生物污染及繁殖。可以采用下列的有效方法予以预防：

① 冷藏食品保持在7.2℃，或对特殊的食品保持在7.2℃以下的适当温度。

② 热的食品保持在60℃或60℃以上温度。

③ 当酸性或酸化食品要在常温下置于密封的容器中存放时，需对其进行热处理以杀灭嗜温微生物。

（4）为消灭或防止不良微生物尤其是那些有害公众健康的微生物的生长繁殖而采取的各种措施如消毒、辐射、巴氏杀菌、冷冻、冷藏、控制pH或控制水分活度，必须能配合加工、运输和销售的条件。

（5）必须采取有效措施防止成品食品受到原料、其他配料或废料的污染；当原料、配料或废料未得到保护，而且它们在收料、装卸或运送时会污染食品时，就必须采取必要的措施防止食品受污染。

（6）用于传送、放置或储存生食品的设备、容器及用具，其结构、操作和加工中的维护及放置，必须能防止污染。

（7）必须采取有效措施防止其他外来物质掺入食品中。可用筛子、捕捉器、磁体、电子探测器或其他适当的有效手段达到这一要求。

（8）在处理已经被污染的食品、原料及其他配料时必须防止其他食品受污染。

（9）进行清洗、剥皮、修边、切割、分选以及捣碎、脱脂、成型等机械加工步骤时必须防止食品受污染。可以通过物理防护方法防止食品受滴入、排入或吸入食品的污染物的污染。预防措施还包括对一切接触食品的表面进行彻底的清洗和消毒，以及在每个加工步骤及各步骤间进行时间和温度的控制。

（10）原料或半成品需要热烫漂时，应该加热到一定的温度，并在此温度下持续一定时间后，快速冷却或立即送往下一加工步骤。应当通过足够的操作温度和定期的清洗将烫漂机中耐热微生物的生长繁殖及污染降低到最小程度。食品加工所用的水必须是安全的，而且完全符合卫生质量的要求。

（11）面糊、面包糖、调味汁、浇汁、调料及其他预制品必须以适当的方式处理和防护，防止污染，可采用下列有效方法予以预防：

① 使用未受污染的配料。

② 加热要充分。

③ 加热时要有准确的时间和温度控制措施。

④ 采取充分有效的物理防护方法防止各种成品成分受滴入、排入或吸入的污染物的污染。

⑤ 在加工过程中将食品冷却至适当的温度。

⑥ 每隔一段适当的时间将面糊清除掉，以防止微生物的生长繁殖。

（12）必须以适当的方式进行装填、配套、包装以及其他作业，防止食品受污染，可采用下列有效措施。

① 采用一种在加工过程中关键控制点已经确定并得到控制的质量管理方法。

② 彻底清洗和消毒一切与食品接触的表面和食品容器。

③ 采用规定的安全适用的材料作食品容器和食品包装材料。

④ 提供物理防护措施防止污染，特别是空气污染。

⑤ 采用卫生操作方法。

（13）对固体混合料、坚果、中等水分食品、脱水食品以及其他同类的靠控制水分活度（a_w）以防止不良微生物生长繁殖的食品，必须加工至安全的水分含量，并保持其水分含量。可采取以下有效防护措施：

① 定时监测食品的 a_w。

② 控制成品食品中可溶性固形物与水的比例。

③ 采用水分隔绝物或其他措施防止成品吸入水分，防止食品的 a_w 增加到不安全水平。

（14）酸性及酸化食品（主要靠控制 pH 防止不良微生物的生长繁殖）必须监测 pH，并使其保持在 pH4.6 或 pH4.6 以下。可采取下列有效的措施：

① 对原料和正在加工的食品以及成品食品的 pH 进行监测。

② 控制好加入低酸食品中的酸性或酸化食品的数量。

（15）当冰与食品接触时，制冰的水必须是安全的，并且完全符合卫生质量标准；应使用按照良好生产规范制成的冰。

（16）原则上不允许使用食品加工区域和设备来加工动物饲料或不能食用的产品。

五、食品工厂的组织、制度和职责

食品安全关系着人们生命健康和安危，是食品重要的质量特性。企业在生产加工过程中要切实做好食品的卫生管理，防止食品的污染，确保食品安全。《食品卫生法》规定:"食品生产经营企业应当健全单位的食品卫生管理制度,配备专职或兼职食品卫生管理人员,加强对所生产经营食品的检验工作。"

1. 建立健全食品卫生管理机构

食品工厂或生产经营企业应成立专门的卫生科或产品质量检验科,在企业主要负责人领导下,把食品卫生的管理工作始终贯彻于整个食品的生产环境和各个环节。卫生管理机构的基本职责如下:

① 贯彻执行食品卫生法规、良好生产规范、相关的食品卫生标准,杜绝违反食品法规的生产操作和破坏食品卫生的行为。

② 制定并完善各项卫生管理制度,规范个人卫生管理制度,定期对食品从业人员进行卫生健康检查,制定严格的食品生产过程操作卫生制度等。

③ 对食品从业人员进行健康教育、食品卫生法规知识的培训和宣传。

④ 若发生食品污染或中毒事件,应立即控制局面,积极进行抢救和采取补救措施,并及时向有关责任人及时汇报,协助有关部门开展调查等。

2. 食品卫生管理制度

(1) 生产设施的管理

① 食品生产设施在食品生产中应保持良好的卫生状态。对于厂房、固定设备等基建设施,如给排水系统等应正确使用,发生污染应及时处理,主要生产设备的使用操作应正确,每年至少要进行一次大的维修和保养。

② 在食品生产过程中直接与食品接触的机械、传送带、管道、容器、用具等在使用前后应用洗涤剂或消毒剂进行清洗和灭菌处理。

③ 食品生产过程的卫生设施应齐全,如洗手间、消毒池、更衣室、厕所、用具等,其数量和位置应符合一般的原则要求。工厂应为每个工作人员提供2~3套工作服,并由专人对工作服进行定期的清洗、消毒。

(2) 食品有害物的处理 食品有害物包括有害生物和化学物质。鼠、蝇、蟑螂等有害生物容易对食品生产造成极大的危害,被其污染的食品带有大量细菌、病毒和生殖寄生虫,且有难闻的气味,导致食品质量严重降低或损失,对此类生物应严加控制和灭除。在食品生产场所使用的杀虫剂、洗涤剂、消毒剂等应经省级卫生行政部门批准,包装应完全、密闭不泄漏,存放在专用区域,明确标示"有毒、有害物"字样,并由专人管理,使用时应严格按照其使用量和使用方法操作,使用人员应了解这些物质的性质和质量情况。

(3) 食品生产废弃物的处理 食品生产过程中形成的废气、废水和废渣等都属于食品生产的废弃物,如果处理不当或处理不及时会造成食品的污染或环境的污染。对食品生产过程中形成的废水和废物的排放应严格按照国家有关"三废"排放的规定进行。积极采用"三废"治理技术,尽量减少废物排放量,对产生的废物要经过合理的处理后方可排放。

六、食品生产从业人员个人卫生和健康

1. 食品从业人员的健康要求

食品从业人员尤其是与食品直接接触的生产人员的健康与食品的卫生质量直接相关,我国《食品卫生法》规定:"食品生产经营人员每年必须进行身体健康检查,新参加工作和临时参加工作的食品生产经营人员必须进行健康检查,取得健康证明后方可参加工作。"食品从业人员体检的主要内容包括有无影响食品卫生的疾病的既往史、现病史,重点检查是否患有病毒性肝炎、伤寒、痢疾、活动性肺结核、化脓性或渗出性皮肤病等。企业应该组织员工在指定的范围内由经当地卫生行政部门认可的单位进行健康检查。《食品卫生法》中规定:"凡患有痢疾、伤寒、病毒性肝炎等消化道传染病(包括病原携带者)、活动性肺结核、化脓性或渗出性皮肤病以及其他有碍食品卫生的疾病的,不得参加接触直接入口食品的工作。"

2. 员工个人卫生要求

(1)工作时间内应经常保持双手清洁 工作前、大小便后或接触不干净的生产工具、处理废弃物后必须使用肥皂洗手,并用清水冲洗,必要时用酒精或漂白粉消毒,然后用烘干器或消毒毛巾擦干。

(2)保持衣帽整洁 员工进入车间必须穿戴专用工作服、帽、鞋等,防止头发、头屑等污染食品。工作服保持整洁,每天清洗更换,且不能穿戴工作服进入废弃物处理车间和厕所。

(3)培养良好的个人卫生习惯 食品从业人员应勤剪指甲、洗澡和理发,不能经常用手接触鼻部、头发和擦嘴,不随地吐痰;工作时间内不戴手表和首饰,进入车间不得化浓艳妆、涂指甲油、喷香水。上班前不准酗酒,工作时不得吸烟、饮酒、吃零食。生产车间中不得带入和存放个人日常生活用品。非生产人员进入车间也应完全遵守以上要求。

为防止食品造成食物中毒、传染病等各种疾病,食品生产经营企业应制定员工健康控制计划,定期对职工进行健康检查,开展健康宣传,建立一人一卡的健康检查档案,及时发现、及时处置。

第三节 食品良好生产规范的文件管理

实施 GMP 的一个重要特点就是要做到一切以文件为准。按照 GMP 的要求,生产管理和质量管理的一切活动均必须以文件的形式来体现。建立一套完备的文件系统就可以避免语言上的差错或误解而造成事故,使一个行动如何进行只有一个标准,而且完成行动后,都有文字可查,做到"查有据、行有迹、追有踪"。在文件系统中要注意几个核心,即 5W1H:Who(谁来做),What(做什么),

When（什么时候做），Where（什么地方做），Why（为什么要做），How（如何做）。

GMP 文件管理规范化的目的与作用如下：

① 明确规定保证高质量产品的质量管理体系。

② 行动可否进行以文字为准，避免纯口头方式产生错误的危险性。

③ 一个行动如何进行只有一个标准，保证有关人员收到有关指令并切实执行，规范操作者的行为，保证对 GMP 的遵循。文件系统提供各项标准规定。

④ 任何行动后均有文字记录可查，可以对不良产品进行调查和追踪，查原因、追责任，为改进工作提供依据。

⑤ 书面的文件系统性有助于对企业成员进行 GMP 培训，保持企业内部良好的联系，有助于 GMP 认证工作的进行。

⑥ 文件系统的建立和完善，促使企业实施规范化、科学化、法制化管理，促进企业向管理要效益。

GMP 的文件管理在实施过程中又分为标准（含技术性标准和管理标准）与记录（含生产记录、质量管理记录、维修记录、销售记录）两大部分。

一、标　准

标准是食品生产管理和质量管理的重要组成部分。在实际中，要求食品企业按照国家相关的标准执行，若没有现成的国家标准，企业可制定相应的标准。企业可以通过多种方式强化员工执行标准的意识和自觉性。

1. 技术标准

（1）基本工艺规程　一般而言，基本工艺规程由下述内容构成。① 食品名称；② 原辅料、半成品、成品质量标准及检验方法：包括生产所需的全部原辅料、半成品、成品的质量规格，取样的样品数，取样的规格，所要求做的分析项目和分析方法；③ 生产工艺流程及工艺参数；④ 成品容器、包装材料的质量规格和检验方法：明确装量的多少、贴签和包装在一起的容器数目以及包装过程中的质量活动。

（2）其他标准　其他标准共有三项：① 环境验证方案：温度、相对湿度、换气次数、过滤器等级、照明、尘埃数、卫生设计等方面；② 设备验证方案：安装认证（设备实验、辅助设施实验、设备校正和维修计划的确定）、设备运行认证（生产能力、极限实验）、验证资料汇总和批准等方面；③ 产品验证方案：产品的质量合格、销售满意程度等方面的资料。它要求在设备验证、环境验证均合乎要求的基础上进行。

2. 管理标准

管理标准是使企业规范化、标准化的核心组成部分，它包括生产管理规程、生产卫生管理规程和质量管理规程三方面的内容。

（1）生产管理规程　一般有原料管理、生产工序管理、成品容器管理、包装材料与标签管理、设备与器具管理、操作人员的作业管理、半成品与成品的管理。

（2）生产卫生管理规程　包括：① 厂房、设施及设备的卫生管理：对厂房、设施及设备清洁的次数及时间；清洁工作所需的清洁剂、消毒剂、卫生工具；评价清洁效果的方法。② 操作人员的卫生管理：人员健康状况的管理，洗手设施与洗手方法的管理，操作时的注意事项等。

（3）质量管理规程　质量管理规程有：原辅料、半成品、成品、包装材料的取样，检验结果的评价办法和通报办法，工作职责指令（采用工作职责指令有利于企业内部各部门的协调，能有效地保证标准实施，为企业创造良好的工作氛围）。

3. 卫生标准

卫生标准包括国家的有关卫生标准和企业自身制定的卫生标准，目的是维护公众健康和限制环境中的有害因素蔓延。

对标准的管理是严肃的，有专门的格式和栏目，例如，题目、标题和正文、登记号、制定人与制定日期、批准人与批准日期、颁发部门、生效日期、复印数、负责人。新标准一旦执行，相应的旧标准就同时收回并作废。

二、记　　录

标准为企业提供了行为的模本，记录就是标准执行程度的检验之一。记录可以反映出生产实际与标准的偏离程度，它是保证食品质量的重要依据。按照规范性要求，记录要落实到从原料采购到销售的所有环节。

常见的记录形式有表格方式、图形方式（检验分析图谱）、文字方式（事故分析报告记录）等。记录可分为生产记录和质量管理记录两大部分。

1. 生产管理记录

生产过程中设备运转、工艺参数的实施、设备维修、工序检查、批生产、批包装等内容都属于生产管理记录的范畴。比如批生产记录和批包装记录由以下内容组成：产品名称、批号、保质期，生产的日期、班次、人员、设备、质量和体积、取样、检查、审批等。

2. 质量管理记录

（1）批质量管理记录　批质量管理记录由下列资料组成：收料报告、留样报告、取样单、增补取样申请单、检验记录单、分析证书、物料处理单（合格、不合格）、物料销毁单、批中间控制记录、事故报告等。

（2）其他记录　包含有下面几种类型：① 质量审计报告：它是针对生产过程、设备维修、工艺质量管理、销售等方面的检查和审查。一般有企业内部质量审计（自查）、对原辅料、包装材料厂家或商家的质量审计、卫生监督部门的质量审计（规范验收）。②用户意见、退货处理单。③维修记录：包括设备维修档案和设备工作日志。④销售记录：包括产品名称、批号、数量、收货人姓名、地址、联系方式、售后调查记录、客户意见反馈等。

记录的填写应遵循以下原则：

① 实时填写实际数据，不允许提前或补写数据，更不允许伪造数据。

② 出现填写错误，在错误的数据上画一横，填上正确值；同时，对错误的纠正进行签名、签注日期、盖上核准章，不允许涂改。

③ 出现操作失误，要如实地填写当时的数据，不隐瞒真相。同时，向相关负责人报告并解释记录上的偏差。

记录，尤其是与标准偏离的记录或生产事故记录必须准确、真实、详细、可靠、完整、及时，具有客观性和权威性。

3. 记录的保存

记录的审查是食品卫生与监督部门对食品生产管理规范验收的最直接、最主要依据，记录的保存既是对工作的回顾又是历史的见证，还是对企业发展的评价。所以，记录的保存要做到整理归类、专人专管、档案化，便于管理、便于查阅、便于审查。保存的形式可以是原始记录的原件、复印件、缩微胶卷、计算机保存等。

原则上，原始记录（包括工艺规程中各个关键因素的检查结果）的保存期，应该延续到该批产品的商品保质期后6个月；成品的生产、质量管理和销售记录的保存期，应该延续到该批产品保质期后一年；所有原辅料、包装材料的记录的保存期应该延续到使用这些原辅料、包装材料的产品的保质期后一年。

三、文件的制定

1. 文件制定机构

在正常情况下，GMP 文件一般由文件颁发部门制定，必要时，可由质量管理部门协助制定。如果需要按照 GMP 要求制定或修订较大量的文件时，可组建一个文件制定小组，该小组由总工程师或主管质量的企业负责人负责，某一部门牵头，各有关部门组成。各部门可以具体指定起草人员，形成一个文件制定体系。该体系的工作需要高效、协调、运行良好，具权威性，职责明确。

2. 参与文件制定人员的要求

（1）起草人员

① 需经 GMP 学习和培训，了解、掌握 GMP 的要求。

② 熟悉本专业的技术和管理，实践经验丰富。

③ 掌握文件撰写基本要求。

（2）审核人员

① 需经 GMP 学习和培训，掌握、熟悉 GMP 的要求。

② 熟悉本专业的技术要求和管理要求，敢于管理、善于协调。
③ 掌握文件制定的要求。
④ 有能力对文件的内容和形式及审查结果负责。

（3）批准人

① 需经 GMP 学习、培训及其他相关学习、培训，熟悉 GMP 要求。
② 懂技术、懂管理、敢管理，勇于承担责任。
③ 具权威性，有平衡、协调能力。
④ 具有产品质量高标准及持续改进的观念。
⑤ 具有规范化、标准化、科学化管理的概念和不断提高管理水平的观念。
⑥ 有能力对批准的文件负责。

3. 文件制定（修订）的时间

① 生产开工前、新产品投产前、新设备安装调试前。
② 引进新处方或新工艺前。
③ 处方、生产工艺、设备条件改变前。
④ 验证前或验证后。
⑤ 组织机构职能变动前。
⑥ 文件的质量改进时。
⑦ 文件执行过程中发现问题时。
⑧ 自检、质量大检查、GMP 认证检查后。
⑨ 国家有关法定标准变更时。

第四节　卫生标准操作程序（SSOP）

一、概　　述

SSOP 是卫生标准操作程序（sanitation standard operation procedure）的英文缩写，是食品企业明确在食品生产中如何做到清洗、消毒、卫生保持的指导性文件。

1995 年 12 月美国 FDA 颁布的水产品法规 Part 123 中，强制性要求加工者应采取有效的卫生控制程序。该控制程序的目标和频率必须充分保证达到 GMP 的要求，并推荐生产者按八个主要卫生控制方面来起草一个卫生操作监控文件，该文件即为标准卫生操作程序（SSOP）。SSOP 实际上是落实 GMP 卫生法规的具体程序。一个标准的 SSOP 应至少包括以下八个方面：

① 水和冰的安全性；
② 食品接触表面的清洁和卫生；
③ 防止交叉污染；

④ 手的消毒和卫生间设施；
⑤ 防止食品被外来污染物污染；
⑥ 有毒化合物的标识、储存和使用；
⑦ 从业人员的健康状况；
⑧ 有害动物的扑灭及控制。

以上卫生程序除适用于食品加工企业外，也适用于所有种类的食品零售商、批发商和仓储。

SSOP 的制定和有效执行是企业实施 GMP 法规的具体体现，也是 HACCP 计划得以顺利实施的保证。GMP 法规是政府颁发的强制性法规，企业的 SSOP 则是由企业自己编写的卫生标准操作程序，企业通过实施自己的 SSOP 达到 GMP 的要求。企业的领导者或管理者除了考虑到以上八个方面，还要结合本企业基础设施和加工品种起草相适应的 SSOP，并严格执行 SSOP 所规定的内容，做好监控、记录，并及时纠偏，与该企业的 HACCP 计划配合，以达到有效地控制食品的卫生安全质量的目的。

生产不同产品的企业要有合乎自己实际的一整套 SSOP，如畜禽肉加工厂的 SSOP 不仅包括了防止食品直接受污染的卫生操作规范，还囊括了防止食品掺假的日常预处理。

SSOP 在具体实施过程中可以根据情况的变化进行修改和完善。

二、SSOP 的主要内容

1. 水和冰的安全

食品企业的生产用水一般是在传送和运输设备的清洗、设备器具的清洁消毒、速冻食品的制冰、某些食品的制冰等生产环节，生产用水要求采用安全的水。

① 食品企业的水源一般有城市供水（自来水）、地下水、海水。自来水经过自来水厂的净化或处理，有良好的化学、微生物学指标，符合国家饮用水标准。地下水一般是井水，它的硬度较高，并含有一定的有机物质和微生物，另外，水井的深度、井周围的环境、附近是否有污水源、洪水、雨水等因素也影响到井水的水质。采用地下水作为生产用水的企业应该进行水处理，使井水达到国家饮用水标准。

海水的微生物含量、盐量等均与淡水不同，使用海水作为生产用水的企业，应对海水做相应的水质处理，使其净化、脱盐，达到国家饮用水的标准。还要考虑因周围环境、季节变化、污水排放等因素造成的水质污染。

国家针对这方面制定的标准有生活饮用水卫生标准（GB 5749—1985）、海水水质标准（GB 3097—1997）、软饮料用水质量标准（GB 1079—1989）。

我国的饮用水中微生物指标为：37℃培养，细菌总数低于 100 个/mL；大肠菌群低于 3 个/mL；致病菌不得检出；游离余氯的控制是水管末端不低于 0.05mg/L。

② 必须合理地设计供水、废水和污水管道，有科学的生产用水网络图和恰当的供排水管路布置，要避免饮用水、非饮用水、污水的混合而产生交叉污染，水管及水龙头应按序编号。不允许有虹吸倒流造成的交叉污染。

当管道中的压力低于大气压力时，水管道中会因出现回流或虹吸现象（即污染物被吸入管道中）造成水质污染。防止的最佳办法是：采用设计良好的空气阻隔法，空气阻隔的长度为有效饮用水出口管径的两倍，隔断至少有 2.5m。若空气阻隔法不便操作，可采用真空排气阀，让空气进入管道内，消除管道内的负压，就不会发生虹吸了。

除上述办法外，企业对水质的日常管理中还有以下一些防范措施：没有保护装置的水管不能直接置于清洗、解冻、漂洗槽内；深井水的总出水管口或储水罐出口处应安装止回阀；管道的阀门不得埋在污水中；供水管道不能留有死水区。

③ 生产中使用的软水管要用浅色、不易发霉的材料制成。

④ 工厂蓄水池或水塔的水池要有完善的防尘、防鼠措施，并定期对其清洗、消毒。

生产用冰必须符合饮用水标准要求，与食品或食品表面相接触的冰必须以一种卫生的方式生产和储藏。制冰设备和盛装冰块的容器必须保持良好的清洁卫生状况，在存放、粉碎、运输、盛装、储存冰块时，所有操作须在卫生条件下进行，要保证食品不与不卫生的物品同存于冰中。严禁人员在冰上走动而造成的污染，制冰机内部应检验以确保清洁并不存在交叉污染。

⑤ 要对生产用水进行监控，每天一次监测水的余氯量，一年内监测完所有的管网末梢。每周监测一次水中微生物含量。若生产用水采用的是井水，监测频率还应更多。

当监控发现水质不符合标准时，应立即停止使用不合格水，并查找原因，采取措施，直至水质符合国家标准后方能重新使用。发现生产用水管道有交叉连接时应终止使用这种水源，必要时应该停产整改。对非正常情况下生产出的产品应进行彻底的检验，防止不合格产品被运销。

日常的卫生操作和检查纠偏应有如实的记录。

2. 食品接触表面的清洁与卫生

与食品直接接触的表面通常是加工设备、器具、操作台、传送带、储冰池、包装材料内表面、员工的工作服、手套等。对设施及包装容器的要求是：无毒、化学性质稳定、不吸水、不渗水、不生锈、不吸尘、表面光滑平整、耐腐蚀、耐磨、易维修护理、易清洗，一般采用不锈钢材制成。间接接触的表面包括未经清洁消毒的冷库、车间和卫生间的门把手、操作设备的按钮、车间内电灯开关等。

（1）食品接触表面的清洗、消毒　清洗的目的是为了提高消毒效率。清洗介质一般用清水、温水或加有洗涤剂的水溶液。步骤为：清除杂物、残渣→预冲洗→用洗涤剂洗→清水清洗→消毒。大型设备每班生产结束后立即清洗，常规设备、器具在生产中根据需要随时清洗。

洗涤剂一般有普通洗涤剂（GP），酸或碱洗涤剂，含氯洗涤剂，含有酶的洗涤剂等。洗涤剂的效果与洗涤接触时间、清洗温度等因素有关。

员工手部的清洗消毒在进入车间前进行，工作中员工的手部若受污染，则应立即进行清洗和消毒。员工的手套在每班结束生产或中间休息时要更换，手套材料应不易破损和脱落，不得采用线手套。

工作服的清洗由企业洗衣房统一完成，每个工人至少配备 2~3 套工作服，工作服应每天都清洗、消毒。员工出车间时，必须脱下工作服、工作鞋。

生产场所的消毒有以下方式：① 臭氧消毒：加工车间臭氧消毒时间为 1h。② 紫外线消毒：加工车间紫外线消毒时间为 30min，对温度低于 20℃、高于 40℃ 或湿度大于 60% 的车间，紫外线杀菌时间要相应延长。③ 药物熏蒸消毒：用过氧乙酸、甲醛等对冷库和保温车进行消毒。

（2）食品接触表面卫生情况的监控　监控的范围有清洁与消毒，消毒剂的类型和浓度，手、手套、工作服等。监控方法分为感官检查、化学检测、微生物检测，如接触表面是否良好，接触表面是否已清洗消毒，手套和工作服是否完好并洁净，消毒剂的浓度和配比是否符合规定要求，微生物培养实验结果是否符合要求等。每天生产前、生产中、生产结束后应有专人对卫生环节进行监控，化验室、质检科等部门应有切实可行的抽样检查计划，每两周卫生抽查 1~2 次。

（3）卫生问题的应对方法或措施　发现卫生问题时应对所有的环节与操作（如清洁环节、污染环节、易污染源等）进行分析，查找原因，采取措施处理。要进行再清洁、再消毒，并检查消毒剂浓度，对员工进行反复的培训。要做好日常的卫生监控和检查纠偏应有相应的记录。

3. 防止交叉污染

交叉污染是指通过未处理的食品、加工人员和加工环境把生物的、化学的污染物转移到食品的过程。

食品发生交叉污染的原因一般有：厂址或生产车间的选址与设计不当，清洁、消毒不符合要求，人员卫生状况不良，生产中卫生操作不规范，生、熟产品或原料与产品未隔离等。

（1）厂址或生产车间的选址与设计应科学合理。车间工艺布局时，该隔离就应隔离，实现生、熟加工分开，清洁区域与不清洁区域分开；运输原辅料或成品的车辆专车专用；人流、水流均遵循从高清洁区到低清洁区的流向原则；物流应不造成交叉污染，可利用生产的时间和空间进行分隔；气流要进行进气的控制和正压排气。

（2）生产工艺设计与工艺技术管理要符合卫生要求。同一车间禁止加工不同类别的产品；生产中所用到的设备、器具要严格执行清洗和消毒规程；卫生操作应规范；不同生产区域使用的器具、容器、工作服要有明显标识，不允许随意跨区域流动；洗涤所用的水，应该勤更换，采用较大流量的流动水。

（3）培养员工养成良好卫生习惯，严禁员工有下列行为：整理完生的制品就接着整理熟的制品；处理完垃圾就接着整理食品；直接在地板上作业；离开车间后返回，或接触了不洁物不洗手消毒就直接接触食品；佩戴首饰、不戴工作帽、不穿着工作服、不穿工作鞋就进入车间或投入生产；在车间里随意吐痰，无遮蔽地打喷嚏；边工作边谈笑打闹、吃东西等。

（4）一旦投入生产，就要进行连续的监控，管理者或卫生监督员应该在开工时、交接班时以及每天的生产过程中定期实行监控检查。生产时要进行连续监控；监控对象是人员的着装和行为、物品与设备的堆放和消毒使用状况、产品卫生状况等。

（5）若有交叉污染出现，应立即纠正失误的操作，必要时要让设备停止运行，甚至停产整改，直到达到要求后方能重新生产。同时，对被怀疑已受到污染的产品要隔离放置，待检验后才能处理。若有必要，还要进行产品安全性的重新评估，并增加员工的培训程序。

4. 手的消毒和卫生间设施

洗手消毒设施包括非手动开关的水龙头、冷热水、皂液器、消毒槽、干手设备、流动消毒车等。

手的清洗和消毒台应设在方便使用的地方，但不能与产品离得太近，以防止产品的污染。手的清洗台的建造需要防止再污染，水龙头的开启以膝动式、感应式或脚踏式为好。水龙头的布置以每10~15人设一个水龙头为宜。尤其是在冬季，要有足够的热水供应洗手；常年有流动的消毒车。

手的清洁与消毒应在指定的设施上按照规范持续进行，一般流程是：用清洁的温水湿手（水温43℃左右）→用皂液或无菌皂洗手→用清水冲洗干净皂液→在余氯含量为60~100mg/kg的消毒液中浸手30s→再用清水（无菌水）冲洗→用消毒纸巾或烘手设备使手干燥（干手）。洗手消毒的频率根据手接触到不清洁物品的次数或根据不同加工产品的要求而定。

厂区的卫生间最好不与生产车间相连，应处在通风良好、地面干燥、光照充足、距离生产车间不太远的位置。严禁使用无冲水设施的卫生间，尽量避免使用大通道冲水式卫生间，应采用蹲便器或坐便器。厂区卫生间数量应与企业的人员数量相适应。

卫生间的配套设施有：冲水装置、手纸和废纸篓、洗手消毒设施、烘手设备等。卫生间所有设施与设备应不漏水，有防蝇和防虫装置，运转良好，经常维修，卫生间应有完善的使用设施和消毒设施。卫生间还应有专人经常性地打扫并随时进行消毒。卫生间的卫生状况应保持良好，不造成污染。

5. 防止食品被污染物污染

食品中物理性污染通常来自于照明设施突然爆裂产生的碎片、车间天花板或墙壁产生的脱落物、工器具上脱落的大漆片或铁锈片、木器或竹器具上脱落的硬质纤维、人体掉落的头发等方面。

食品中的化学性污染源有企业使用的杀虫剂、清洁剂、润滑剂、消毒剂、燃料等。

食品中微生物污染来自于车间内被污染的水滴和冷凝水、空气中的尘埃或颗粒、地面污物、不卫生的包装材料、唾液、喷嚏等。

由于食品在生产过程中容易受到化学性、物理性、生物性污染,企业一般应采取以下的防范措施:

① 保持车间的良好通风和温度,对蒸汽量大的车间有专门的排气装置,控制车间温度,提前降温,尽量缩小温差,有效控制水滴和冷凝水的形成。

② 适时对包装物品实施检测,防止其带菌。

③ 对灯具加装防护罩,将易脱落碎片的器具更换为耐腐蚀、易清洗的不锈钢器具。

④ 加工设备上的润滑油选用食用级的,对有毒、有害的化学品严格管理,禁止使用无标签的化学品,保护食品不受污染。

⑤ 每一批包装材料进厂后,要进行微生物检验。要求:细菌数低于100 个/cm^2,致病菌不得检出。必要时进行消毒。包装材料要放置在干燥、清洁、通风,有防霉、防虫害设施的库房内暂存。

企业中常见的措施还有:除去表面冷凝物或遮盖好食品,以防冷凝物落到食品上;清除地面积水、污物、洗涤液残留,防止它们飞溅到食品上;对员工进行培训,强化卫生操作意识。

6. 有毒化合物的标识、储存和使用

食品企业使用的化学物品包括洗涤剂、消毒剂、杀虫剂、润滑剂、食品添加剂和实验室用品等,它们是进行正常生产所必需的。在操作过程中必须正确标识、保存和按照产品说明和相关规定正确使用。

化学物品包装容器标签应标明化学品的名称、生产厂名、厂址、生产日期、批准文号、使用说明和注意事项等。要建立化学物品的入库记录、使用登记表和核销记录,制定化学物品进厂验收制度和验收记录。对化学物品的保管、配制和使用人员进行必要的培训。化学物品采用单独的区域储存,配备有标记带锁的柜子,并远离加工区域。有毒、有害化学物品应储藏于密闭储存区内,只有经过培训的人员才能进入该区内。要经常检查化学物品是否符合使用要求,建议 1d 至少检查一次,全天都应注意。

存放错误的化学物品要及时回位;对标签、标识不全者,拒不购入;重新标记那些内容物模糊不清的工作容器;加强对保管和使用人员的培训,强化责任意识；及时销毁不能使用的盛装化学物品的工作容器。

7. 从业人员的健康情况

食品企业生产人员直接接触食品的机会很多，其身体健康及卫生状况直接影响着产品的卫生质量。根据食品卫生管理法规规定，凡从事食品生产的人员必须经过体检合格并获得健康证后方能上岗，并应每年进行一次体检。

食品生产企业应制定体检计划，为员工设体检档案，定期对生产人员进行培训，并记录在档。凡患有病毒性肝炎、活动性肺结核、肠伤寒及其带菌、细菌性痢疾及其带菌、化脓性或渗出性脱屑皮肤病、手外伤未愈合等有碍食品卫生的疾病的人不得参与直接接触食品的操作，痊愈后经体检合格后方可重新上岗。

生产人员要养成良好的个人卫生习惯，按照卫生规定从事食品生产操作。生产人员要认识到疾病对食品卫生带来的危害，主动向管理人员汇报自己和他人的健康状况。

8. 害虫的扑灭及控制

害虫主要是指苍蝇、老鼠、蟑螂等携带有诸如沙门菌、葡萄球菌、李斯特菌、肉毒芽孢杆菌和寄生虫等病源性微生物以及给食品造成危害的动物。由于这些动物与人类几乎共居共存，又会经常出没人类的生产、生活场所，因此，对有害动物的扑灭及控制是食品企业的重要工作之一。

每个食品企业都应制定可行的全厂范围内（生产区、生活区）的有害动物的扑灭及控制计划，重点放在厕所、食品下脚料出口、垃圾箱、原辅料与成品仓库周围、食堂周围。

防止的方法一般有以下几种：清除虫害的滋生源，清洁周边环境；采用粘鼠胶、鼠笼等器具灭鼠，但切忌使用灭鼠药；利用风幕、水帘、纱窗、黄色门帘、挡鼠板、存水湾等设施防虫与防鼠；采用杀虫剂灭虫；在车间入口处安装灭蝇灯。

对工厂内害虫可能侵入的各个防控点要进行每天一次的检查监控。监控地面杂草、灌木丛、脏水、垃圾等吸引害虫或隐藏害虫的保护屏障是否清除；设置的"捕虫器"是否完好；是否有家养动物或野生动物出现的痕迹，是否有虫害留下的毛、尿、粪、啃咬、爬行等痕迹；门窗是否完好或密封，有无纱窗、水帘等防护层；设备周边是否清洁，有无吸引害虫的食品残渣；排水沟是否清洁，水沟盖是否完好，有无吸引害虫的杂物；黑光灯捕捉器装置安装是否合理、是否定期清洁、工作是否正常。

9. SSOP 的监控记录

建立 SSOP 后，企业还必须设定监控程序、纠正措施和监控记录。企业要在设定监控程序时描述如何对 SSOP 的卫生操作实施监控，它们必须指定何人、何时及如何完成监控。企业一旦建立了监控程序就要按 SSOP 中的规定实施监控并记录结果。

监控记录属于企业重要的质量记录和管理资料，应使用统一的记录格式，内容包括：被监控的卫生操作或卫生状况、监控频率、必要的纠偏措施等。记录应归档保存，保留至少两年。

（1）水和冰的监控记录　生产用水监控记录应包括以下一些项目：① 当地卫生部门对企业生产用水（冰）每年一次的水质检验报告正本；② 企业的水池、水塔、储水罐的清洗和消毒记录；③ 企业每月一次的生产用水（冰）的微生物检验、加氯处理、余氯含量检验记录；④ 生产用冰的相关记录，比如冰的生产记录、购入冰块的卫生证明；⑤ 生产出口食品的企业应根据购入国家的要求项目进行监控并记录；⑥ 纠偏记录。

（2）食品接触表面（器具、设备、手套、工作服）的清洁程度监控记录　清洁程度主要是以细菌总数和致病菌（沙门菌、金黄色葡萄球菌、伤寒杆菌）不得检出为控制指标。该项记录应包括下面的内容：① 生产一线人员的手部卫生检查记录及手套、工作服洁净检查记录；② 操作表面和生产所用器具的监控记录；③ 设备的完好与卫生状况记录；④ 车间（地面、墙面）卫生清扫及卫生状况记录；⑤ 更衣室、加工车间的空气卫生程度记录；⑥ 内包装物料的卫生程度记录；⑦ 纠偏措施记录。

（3）防止食品发生交叉污染监控记录　防止食品发生交叉污染的相关检查记录包括：① 企业人员接受卫生培训的记录；② 生产车间的地面、墙壁、空间、门窗设备、器具的清洗和消毒记录；③ 个人卫生检查记录；④ 进入车间的员工规范着装检查记录；⑤ 纠偏记录。

（4）手的清洁与消毒、卫生间设施的维修和卫生保持监控记录　该项记录应该包括下述内容：① 生产一线人员的手部卫生检查，如手部的清洗规范的检查记录、手的消毒记录、手的棉签实验记录、手套、工作服穿戴整洁等的记录；② 消毒剂的配制及使用记录；③ 卫生间的设施更换、检修记录，清洁消毒记录，保持卫生周期长短记录；④ 纠偏记录。

（5）防止食品受污染的监控记录　防止食品受到化学性、物理性、生物性污染的记录有以下几项：① 原辅料库卫生检查记录；② 车间消毒记录，车间空气菌落沉降实验记录；③ 包装材料的领用、出入库记录；④ 食品微生物检验记录；⑤ 纠偏记录。

（6）有毒有害物质的正确标识、储存、使用记录　该类记录应包括：① 有毒、有害物的购入和卫生部门允许使用证明的记录；② 有毒、有害物的使用审批记录；③ 有毒、有害物的领用记录；④ 有毒、有害物的配比记录；⑤ 监控及纠偏记录。

（7）企业员工的身体健康控制监控记录　企业员工的身体健康控制监控记录应有以下几项：① 企业员工体检记录及健康档案；② 企业员工日常卫生检查记录；③ 员工卫生培训记录；④ 因病调离岗位或病愈健康重返岗位的员工姓

名、日期、病因、治疗结果、重新体检的项目和结果（纠偏）记录。

（8）有害动物的防止和消灭监控记录　此类记录有以下几项：① 企业定期灭虫、灭鼠行动及检查记录；② 企业卫生清扫及消毒（次数、过程、范围、消毒剂种类、周期）检查记录；③ 重点区域的虫害防止和消灭监控记录；④ 全厂性（生产区、生活区）的卫生执行纠偏记录。

思 考 题

1. 什么是良好生产规范？
2. 简述在食品生产中实施 GMP 的意义。
3. 食品良好生产规范包括哪些内容？
4. 食品良好生产规范的文件管理包括哪些方面的内容？
5. 什么是卫生标准操作程序？它包括哪些方面的内容？
6. 实习过程中，尝试为某种食品加工企业建立 GMP，并制定 SSOP 文本。

案　例

果蔬汁生产中每日卫生控制的 SSOP 记录

企业名称：　　　　　　　　　　　　企业地址：

班次：　　　　卫生监督员：　　　　审核：　　　　　　　日期：

控制方面	控制内容	开工前	4h 后	8h 后	纠偏/备注
一、加工用水安全	水质余氯检测报告/微生物检测报告	检查			
	水龙头及其固定进水装置的防虹吸装置	检查			
二、食品接触表面的状况	碱液浓度（%），设备达到清洁、消毒的目的	检查	检查	检查	
	消毒液浓度（mg/kg），地面、墙壁达到清洁和消毒的目的	检查			
	主要设备的清洁	检查			
	消毒液浓度（mg/kg），工器具达到清洁、消毒的目的	检查	检查	检查	
	接触食品的手套、工作服的清洁卫生	检查			
三、预防交叉感染	工厂建筑物维护良好，原辅料、半成品、成品严格分隔	检查			
	人员的行为不导致交叉污染（穿戴工作服、帽、鞋、使用手套、手的清洁、个人物品的存放、吃喝、串岗、鞋消毒、工作服清洗和消毒等）	检查	检查	检查	

续表

控制方面	控制内容	开工前	4h后	8h后	纠偏/备注
三、预防交叉感染	果渣、腐烂果及杂质的清除，盛装容器的卫生	检查			
	厂区排污顺畅、无积水，车间地面排水完全，无溢溅、无倒流现象	检查			
	各作业区的工器具标识明显，无混用	检查			
四、手的清洁、消毒和卫生间设施维护	卫生间的设施良好，运转正常	检查	检查	检查	
	洗手用消毒剂浓度（mg/kg），手清洗和消毒的设施	检查	检查	检查	
五、防止污染物的危害	包装材料、清洁剂等的存放	检查			
	灌装间冷凝物，加工车间光照设施的安全	检查			
	设备状况良好，无松动、无破损	检查			
	冷藏库的温度、卫生状况	检查			
六、有毒化合物标记	有毒化合物的标签、存放	检查			
	分装容器的标签和分装操作程序正确	检查			
七、员工健康	员工健康状况良好	检查			
	员工无受感染的外伤口	检查			
八、虫害的灭除	加工车间防虫害设施良好	检查			
	企业内无虫害	检查			
九、环境卫生	厂区无污染物、杂物，地面平整、无积水	检查			
	应保持车间、库房、果棚洁净卫生	检查			
十、检验检测卫生	各工序的检查监督员所用的取样用具洁净卫生	检查			
	检验室应洁净卫生，无污染源，不得存放与检验无关的物品	检查			

第六章 食品生产的危害分析与关键控制点体系

【学习目标】
1. 掌握 HACCP 的基本原理;
2. 了解 HACCP 的具体实施步骤;
3. 掌握 GMP、SSOP、HACCP 及 ISO 9000 质量管理体系标准之间的相互关系;
4. 能够制定某种具体食品生产的 HACCP 计划。

第一节 概 述

HACCP 是英文 hazard analysis critical control point 的首字母缩写,译为危害分析与关键控制点。HACCP 是一项国际认可的技术,是一种以科学为基础,通过系统性地确定具体危害及其控制措施,以保证食品免受生物性、化学性及物理性危害的预防体系,还是一种食品安全的全程控制方案,其根本目的是由企业自身通过对生产体系进行系统的分析和控制来预防食品安全问题的发生。通过食品的危害分析(hazard analysis,HA)和关键控制点(critical control point,CCP)控制,分析和查找食品生产过程的危害,确定具体的控制措施和关键控制点并实施有效监控,将食品安全危害预防、消除、降低到可接受水平。食品生产企业可以通过 HACCP 体系来减低甚至防止各类食品生物性、化学性和物理性三方面的污染。

HACCP 体系涉及食品安全的所有方面,是一种从原材料种植(养殖)、收获(屠宰)和购买到最终产品使用的体系化方法,实施该体系可将食品安全控制方法从滞后型的最终产品检验方法转变为预防性的质量保证方法。任何一个HACCP 系统均能适应设备设计的革新、加工工艺或技术的发展变化,它是一个涉及"从农田到餐桌"全过程食品安全的预防体系,可以适用于各类食品企业的简便、易行、合理、有效的控制体系。

一、HACCP 体系的起源与发展

1959 年美国皮尔斯柏利(Pillsbury)公司与美国航空和航天局(NASA)纳蒂克(Natick)的实验室在联合开发航天食品时形成了 HACCP 食品安全管理体系。宇航员在航天飞行中使用的食品必须安全。要想明确判断一种食品是否能为空间旅行所接受,必须做极为大量的检验。除了费用以外,每生产一批食品的很

大部分都必须用于检验，仅留下小部分提供给空间飞行。这些早期的开发工作导致逐渐形成"危害分析与关键控制点（HACCP）"体系的意识。

皮尔斯柏利公司检查了 NASA 的"无缺陷计划"（zero-defect program），发现这种非破坏性检测系统对食品安全性采取的是一种全新的监测控制体系，这种非破坏性检验并没有直接针对食品与食品成分，而是将其延伸到整个生产过程（从原材料和工厂环境开始至生产过程和产品消费）的控制。皮尔斯柏利公司因此提出新的概念——HACCP 体系，专门用于控制生产过程中可能出现危害的位置或加工点，而这个控制过程应包括原材料生产、储运过程直至食品消费。HACCP 体系被纳蒂克实验室采用及修改后，用于太空食品生产。

1971 年，皮尔斯柏利公司在美国第一次国家食品安全保护会议（NFPC）上首次提出 HACCP 管理概念。1972 年，美国食品药品管理局（FDA）采纳并决定首先在低酸罐头食品生产过程中使用 HACCP 系统以防止腊肠毒菌感染，有效地控制了低酸性罐头中微生物的污染。1973 年，FDA 将 HACCP 体系应用于罐头食品生产的控制，发布了相应的法规（21 CFR Part 113）。

几年后，FDA 将 HACCP 体系作为低酸性罐头食品法规的制定基础。1974 年以后，HACCP 概念用于食品工业已大量出现在科技文献中。1989 年，美国食品微生物咨询委员会（NACMCF）起草了《用于食品生产的 HACCP 原理的基本准则》，并将它用于食品工业培训和作为执行 HACCP 原理的法规。1992 年以来，美国对《用于食品生产的 HACCP 原理的基本准则》做了修改和完善，形成现行的 HACCP 七个基本原理。

美国成为最早应用 HACCP 体系的国家，它相应出台一系列有关 HACCP 体系执行的法律法规，诸如《食品生产 HACCP 原理》、《HACCP 评价程序》、《冷冻食品 HACCP 一般规则》、《用于食品工业的 HACCP 进展》、《安全与卫生加工、进口海产品的措施》等，对 HACCP 体系在食品工业的实施进行强制性监督和立法。

1993 年，国际食品法典委员会（CAC）推荐 HACCP 系统为目前保障食品安全最经济有效的途径。1997 年，国际食品法典委员会修改《食品卫生通则》，将 HACCP 体系应用于所有食品安全控制，并提出 HACCP 体系与质量管理体系 ISO 可兼容。

1998—2000 年，中国、加拿大、澳大利亚、丹麦、荷兰、日本、新西兰等政府和相关协会积极推动 HACCP 体系在本国食品生产企业中的应用。加拿大和日本放弃了原有的安全质量 QMP 体系，将 HACCP 体系应用于食品安全控制。全球食品零售协会 GFSI 也发布了以 HACCP 体系为基础，包括 GMP/GDP/GAP 和 ISO 部分要素的食品安全卫生零售业准入标准。

HACCP 管理体系近十几年来在世界范围内得到广泛的应用。一些发达国家或地区相继制定或着手制定与 HACCP 管理相关的技术性法规或文件。作为食品企业强制性的管理措施或实施指南，我国已开始进行该方面的认证工作，以保证政府推行的食品放心工程及食品质量安全市场准入制度的全面实施。2002年，中国国家认证认可监督管理局发布了HACCP体系认证管理规定，对规范HACCP体系认证行为、促进HACCP体系在中国的应用具有重要的意义。

二、HACCP体系在各国食品企业中的应用

HACCP系统作为一种有效预防和控制食品中的危害，保证食品的安全的体系，已成为世界公认的食品安全生产控制体系。

1. HACCP体系在美国

HACCP体系起源于美国。美国食品安全检验处（Food Safety and Inspection Service，缩写FSIS）于1989年10月发布《食品生产的HACCP原理》；于1991年4月提出《HACCP评价程序》。1992年，美国微生物标准顾问委员会（NACMCF）正式采纳了食品加工生产的HACCP体系的七个基本要素。1994年8月4日，美国食品药品管理局（FDA）公布用于食品安全保证措施的《用于食品工业的HACCP进展》，同时组织有关企业进行一项HACCP推广应用的计划，以使HACCP的应用扩大到其他食品企业。由于美国一半以上的海产品主要依靠国外进口，因此其对海产品生产、进口的要求和控制特别严格。1995年12月，FDA发布《安全与卫生加工、进口海产品的措施》，要求海产品的加工者执行HACCP。该法规于1997年12月18日生效，即在此时间以后，凡出口到美国的海产品需提交HACCP执行计划等资料并符合HACCP要求。此外，对不同食品生产与进口的HACCP法规相继出台。1996年美国直销协会（USDSA）颁布畜禽肉的HACCP体系（冷冻食品和香肠）；美国农业部发布最后法规（61 FR 38806），要求对每种肉禽产品都执行书面卫生标准操作程序（SSOP）及改善其产品安全的HACCP控制系统，并指出该SSOP于1998年1月26日生效（中、小型肉禽加工厂则要求1999~2000年生效）。1998年4月24日，FDA发布针对果汁加工者的HACCP法规，并对果汁食品标记提出明确要求。2000年美国USDSA禽肉HACCP法规生效。2001年美国FDA发布果蔬汁HACCP法规，该法规于2002年生效，对于中小型企业分别在2003年和2004年生效。另外对蛋品的生产，USDSA和FDA联合提出包括HACCP在内的强制性和非强制性管理方案。FDA还将HACCP体系应用到各种有关零售食品、街头食品的管理法规中。

2. HACCP体系在欧盟

1993年6月14日，原欧共体理事会发布有关食品卫生的指令（93/43/EEC），要求食品工厂要建立以HACCP为基础的体系以确保食品安全的要求。该指令第6条指出，如各成员国认为适宜，也可向食品工厂推荐应用欧洲标准EN 29000系列（ISO 9000），以便使通用的卫生原则、准则在实践中付诸实施。

原欧共体理事会于1994年5月20日发布94/356/EC决议《应用欧共体理事会91/493/EEC指令对水产品做自我卫生检查的规定》，要求在欧洲市场上销售的水产品必须是在91/493/EEC规定卫生条件下，应用HACCP体系实施安全控制所生产的产品。

近年在经历一系列食品安全问题后，如何努力解决食品安全问题，恢复消费者对欧洲食品的信心，成为欧盟当前面对的一项重要而又棘手的任务。2000年1月12日欧盟委员会发布了《食品安全白皮书》，为新的食品安全政策制定一系列计划，加强"从农田到餐桌"的管理，增强科学在体系中的能力，确保能够高水平地保障人类健康。欧盟食品安全管理体系正在逐步形成，新的食品安全法律框架更加注重对农畜产品和新型食品质量的要求。

3. HACCP体系在日本

日本在20年前就在国内对HACCP系统做了介绍。1993年，日本厚生省发表《食用鸡加工厂HACCP卫生管理指南》。同年，日本政府对水产品依据《HACCP管理办法》提出了实施方案。1998年5月8日，日本发布《食品制造过程高度化管理临时措施法》，将HACCP管理体系纳入了法规，从乳及乳制品等管理对象开始实施HACCP体系管理。同年7月1日，日本制定《食品制造过程高度化管理的基本方针》，对如何实施HACCP体系进行详细的阐述，规定在国内的食品企业中实施"综合卫生管理制造过程HACCP体系认证制度"，凡通过HACCP体系认证的企业在税收等方面给予政策优惠。到2000年6月，已有包括乳及乳制品在内的524家企业通过认证。目前日本已对约27种食品的HACCP进行研究，包括：饮用牛乳、奶油、发酵乳、乳酸菌饮料、奶酪、冰淇淋、生面条类、豆腐、鱼糕、鱼肉火腿、炸肉、土豆、蛋制品、沙拉类、脱水菜、调味品、蛋黄酱、盒饭、饭团、冰冻炸虾、冷冻汉堡包、冷冻炸丸子、罐头及咖喱牛肉食品、糕点类、清凉饮料等。

4. HACCP体系在中国

我国从20世纪80年代开始对HACCP体系进行学习和研究，并在出口食品企业试运行HACCP管理体系。

1990年3月，原国家商品检验检疫局组织了包括水产品、肉类、禽类和低酸性罐头食品等在内的"出口食品安全工程的研究和应用计划"研究项目，有200多家食品生产企业参加了这一计划。1993年3月国家水产品质检中心与FAO、中国农业部联合在青岛举办全国首次水产品质检系统HACCP体系培训班。1996年10月，美国FDA官员对山东省三个试点水产品工厂进行考察，高度评价了工厂建立的HACCP体系。1997年有139个企业的HACCP体系和SSOP计划及其实施方案获得国家商检局的批准，并于年底提交美国FDA。美国FDA对我国水产品企业HACCP体系的实施表示乐观，为我国水产品对美国的出口奠定了基础。此后我国水产品加工企业对欧盟的注册工作也获得突破。

2001年，包括HACCP体系认证在内的认证认可工作实现了统一管理，为全面实施HACCP体系提供了组织保障。2002年3月20日，国家认证认可监督管理局发布第3号公告《食品生产企业危害分析与关键控制点HACCP体系管理体系认证管理规定》，并于2002年5月1日起施行，该规定规范了食品生产企业实施HACCP体系的认证监督管理工作，HACCP体系认证管理工作实现了有法可依。

2002年4月19日，中国国家质量监督检验检疫总局发布了第20号令，明确提出了《卫生注册需评审HACCP体系的产品目录》，第一次强制性要求某些食品生产企业建立和实施HACCP管理体系，将HACCP管理体系列为出口食品法规的一部分。为了适应社会的需求、国际市场的变化，我国政府于2002年5月20日起，由国家技术监督检验总局开始强制推行HACCP体系，要求凡是从事罐头、水产品（活品、冰鲜、晾晒、腌制品除外）、肉及其制品、速冻蔬菜、果蔬汁、含肉或水产品的速冻方便食品的生产企业在新申请卫生注册登记时，必须先通过HACCP体系评审，而目前已经获得卫生注册登记许可的企业，必须在规定时间内完成HACCP体系建立并通过评审。

三、HACCP体系的基本术语

《HACCP体系及其应用准则》中规定的基本术语如下：

（1）危害分析（hazard analysis）　指收集和评估有关的危害以及导致这些危害存在的资料，以确定哪些危害对食品安全有重要影响而需要在HACCP计划中予以解决的过程。

（2）关键控制点（critical control point，CCP）　指能够实施控制措施的步骤。该步骤对于预防和消除一个食品安全危害或将其减少到可接受水平非常关键。

（3）必备程序（prerequisite programs）　为实施HACCP体系提供基础的操作规范，包括良好生产规范（GMP）和卫生标准操作程序（SSOP）等。

（4）流程图（flow diagram）　指对某个具体食品加工或生产过程的所有步骤进行的连续性描述。

（5）危害（hazard）　指对健康有潜在不利影响的生物、化学或物理性因素及条件。

（6）显著危害（significant hazard）　有可能发生并且可能对消费者导致不可接受的危害；有发生的可能性和严重性。

（7）HACCP计划（HACCP plan）　依据HACCP原则制定的一套文件，用于确保在食品生产、加工、销售等食物链各阶段与食品安全有重要关系的危害得到控制。

（8）步骤（step）　指从产品初加工到最终消费的食物链中（包括原料在

内）的一个点、一个程序、一个操作或一个阶段。

（9）控制（control，动词）　为保证和保持HACCP计划中所建立的控制标准而采取的所有必要措施。

（10）控制（control，名词）　指执行了正确的操作程序并符合控制标准的状况。

（11）控制点（control point，CP）　能控制生物、化学或物理因素的任何点、步骤及过程。

（12）关键控制点判定树（CCP decision tree）　通过一系列问题来判断一个控制点是否是关键控制点的组图。

（13）控制措施（control measure）　指能够预防或消除一个食品安全危害，或将其降低到可接受水平的任何措施和行动。

（14）关键限值（critical limit）　区分可接受和不可接受水平的标准值。

（15）操作限值（operating limit）　比关键限值更严格的，由操作者用来减少偏离风险的标准。

（16）偏差（deviation）　指未能符合关键限值。

（17）纠偏措施（corrective action）　当针对关键控制点（CCP）的监测显示该关键控制点失去控制时所采取的措施。

（18）监测（monitor）　为评估关键控制点（CCP）是否得到控制，而对控制指标进行有计划地连续观察或检测。

（19）确认（validation）　证实HACCP计划中各要素是有效的。

（20）验证（verification）　指为了确定HACCP计划是否正确实施所采用的除监测以外的其他方法、程序、试验和评价。

四、HACCP体系的特点

HACCP是一个质量保证体系，是一种预防性策略，是一种简便、易行、合理、有效的食品安全保证系统，有如下特点：

（1）HACCP体系是建立在企业良好的食品安全管理系统的基础上的管理体系，不是一个孤立的体系。

（2）HACCP体系是预防性的食品安全控制体系，要对所有潜在的生物的、物理的、化学的危害进行分析，确定预防措施，防止危害发生。

（3）HACCP体系强调关键控制点的控制，在对所有潜在的危害进行分析的基础上确定哪些是显著危害，找出关键控制点。

（4）HACCP体系的具体内容因不同食品加工过程而异，每个HACCP计划都反映了某种食品加工方法的专一特性。

（5）HACCP体系是一个基于科学分析而建立的体系，需要强有力的技术支持，最重要的是企业运行实践和数据分析。

（6）HACCP体系不是僵硬的、一成不变的、理论教条的、一劳永逸的，而是随实际工作的发展变化而不断完善的体系。

（7）HACCP体系并不是零风险体系，而是能减少或者降低食品安全中的风险。作为食品生产企业，仅仅有HACCP体系是不够的，还要具备相关的检验、卫生管理等手段来配合，共同控制食品生产安全。

（8）HACCP体系需要一个实践—认识—再实践—再认识的过程，而不是搞形式主义，走过场。企业在制定HACCP体系计划后，要积极推行，认真实施，不断对其有效性进行验证，在实践中加以完善和提高。

五、实施HACCP体系的意义

首先，我国有着丰富的食品资源和广阔的食品工业发展空间。同时我国也是农业大国，出口食品的生产、加工、销售关系到上亿农民，尤其是为数不少的贫困地区农民的切身利益。面对国际市场竞争的日益激烈，国际技术壁垒与贸易壁垒高筑的严峻形势，HACCP体系的推广无疑可以使我国食品的国际贸易冲破各种壁垒约束，成功走向世界，使众多食品企业获得全新的大发展，也使广大的农民能从中获益。

其次，推行HACCP体系对我国食品行业的安全卫生管理与国际接轨和促进其持续、稳定、健康发展有着极其深远的意义。

再者，HACCP体系可以通过简单、直观、操作性强且快速的监控方法，在安全问题出现之前或对食品链中潜在的危害采取预防或纠偏措施，进行积极主动地控制与防御。

另外，推行HACCP体系，符合国家对事关国计民生的重要商品加强管理的要求，是利国利民的大事、好事。

最后，在国际上，由于食品供应全球化，也使食品安全问题成为全球性的焦点与忧虑，HACCP体系被认为是针对食品安全的最经济有效的控制系统。

第二节 HACCP体系的基本原理

HACCP经过多年的实际应用与修改，已被国际食品法典委员会（CAC）确认为由七个基本原理组成：① 危害分析（HA）；② 关键控制点（CCP）确定；③ 确保关键控制点受控的关键限值（CL）的确定；④ 关键控制点（CCP）监控措施的确定；⑤ 纠偏措施的确定；⑥ 建立、健全HACCP体系有效运行的验证审核程序；⑦ 建立HACCP体系原理及应用的记录保持系统。

一、危害分析（HA）

食品中的危害因素来自于物理、化学、生物三个方面。危害还分为明显危害与普通危害，前者是指极有可能发生，如果不加以控制，就有可能导致出现消费者不可接受的健康或风险的危害，危害程度较大；后者是指即使发生了危害，消费者也能够接受的健康或风险，也就是所发生危害的程度相对较小。

危害分析就是针对食品原辅料选购、加工过程、产品储运、销售等方面，确定出食品各阶段潜在的危害因素，分析其可能发生的危害及危害程度大小，以及应该采取的相应控制措施。危害分析要求分析出明显危害，并加以控制；危害分析还应该避免分析出过多的危害导致顾此失彼。

危害分析以危害分析报告单和文字性分析报告的形式出现，在分析对象名称一栏中应注明成分、外来材料、加工、产品流向等有关的危害。

在任何食品的加工操作中，都不可避免地存在一些具体的危害，这些危害因原辅料、配方、操作方法、人员的生产经验和知识水平、人员的工作态度、设备器具、储存条件等不同而不同。因此，危害分析应针对具体属于哪一种危害，有的放矢地进行才是有效的。

二、关键控制点（CCP）的确定

关键控制点的意思是：为了将存在的危害因素降低到允许水平以下或为了能够防止、消除危害因素，采取的对食品链全程中的某一点、某一步骤、某一工序进行控制和防范。它含有以下三层意思。① 防范：就是防止发生，例如，改进食品配方，防止食品添加剂这一化学性危害；又如，调整食品pH在4.6以下或添加防腐剂，可以使致病菌无法生长；冷藏、冷冻能防止细菌生长等。② 消除：就是全部彻底根除，例如，热杀菌，杀死所有的致病菌和腐败菌；-38℃冷冻，可以杀死寄生虫；金属检测，能消除金属这一类的物理危害。③ 降低到允许水平以下：意味着有些危害不能全部完全防止或消除掉，只能降低或减少到一定（安全）水平以下，例如，生吃或半生吃贝类，它对人体的化学性或生物性危害并不能消除，但可以通过贝类管理机构对开放性水域以及捕捞者的控制和加强管理，使这些危害降低到人体可以接受的水平以下。

关键控制点最明显的特征是给食品安全造成明显危害，换言之，只有潜在的明显危害出现的那些步骤或工序，才被视为关键控制点。它们的确定取决于危害分析的结果。例如，针对细菌性危害，在食品生产的实际中，根据食品种类的不同，一般常确定的关键控制点就有清洗、加热、蒸煮、冷却、发酵、pH控制、添加防腐剂、干燥等工序。

已经确定的关键控制点并非不可改变，如果出现厂址、配方、加工过程、设备器具、原辅料供应商、加工人员、卫生控制或其他支持性计划改变以及用户要求、法律法规变动，关键控制点都有可能随之而调整或改变。

另外，某些时候一个关键控制点可以同时控制多个危害。例如，实际生产中的加热杀菌工序，可以钝化生物酶、杀死对食品品质有害的微生物、消灭致病菌和寄生虫，起到控制多重危害的作用；冷冻、冷藏可以防止致病性微生物生长，也可以防止鱼、肉组织中组胺的形成。相反，有些危害则需要多个关键控制点联合起来共同完成控制。例如，鲭鱼罐头生产中，组胺生成这一危害因素，需要原料收购、缓化、切分三个关键控制点共同控制才能防范。

由此可见，关键控制点具有变化的特点；而且值得注意的是，食品中危害的引入点不一定就是危害的控制点。

三、确保关键控制点受控的关键限值（CL）的确定

关键控制点被确定以后，等于确定了食品容易受到潜在危害的工序，怎样使关键控制点受到控制，取决于相关的工艺参数值。对每个关键控制点需要确定一个标准值，以确保每个关键控制点都被限制，并且不超出安全值范围。这些极限值一般是温度、时间、水分活度、pH、有效余氯等的参数值，称之为关键限值。

好的关键限值应有下面几个特征：① 直观，便于监测。② 仅仅基于食品安全而定。③ 有规定的时间。例如，罐头杀菌公式中升温时要求：在规定时间内必须达到规定的温度值。④ 经济及时。⑤ 不能打破常规方式，打乱生产程序。⑥ 不能违背或悖离法律、法规。

操作者在实际工作中，为了减少偏离关键限值的风险，通常制定出比关键限值更严格的判断标准或最大、最小参数，即操作限值（OL）。它的特点是：生产中一旦发现可能有偏离关键限值（CL）的趋势，在还没有发生偏离时就调整加工或操作，使控制参数重新回复到安全范围以内，这样就不需要采取纠偏措施了。

四、关键控制点监控措施的确定

如何保证关键控制点已受到控制，而且被控制在安全值范围以内，确定有力、有利的措施就极为重要，监控记录和监控评价是最有效的措施。

监控的定义是：按照制定的计划进行观察和测量，来判断一个CCP是否处于受控中，并且准确、真实地记录下来，用于以后的验证。监控措施是一系列有计划、有序的观察或测定，通常可以借助物理或化学的方法来连续监控关键控制点是否在控制范围以内。根据监控记录我们可以知道控制措施是否有效、及时。

五、纠偏措施的确定

当监控记录显示关键控制点偏离关键限值时,要及时找准原因,立即采取纠偏措施。这也可以是对偏离进行补救的一些措施。对每一个关键控制点都有合适的纠偏计划,消除偏差,回复到安全值范围以内,同时进行纠偏行动的记录。

纠偏措施一般分为两步,第一步是纠正或消除发生偏离的原因,重新进行加工控制;第二步是确定和隔离在偏离期间生产的产品并决定如何处理。必要时,还应验证纠偏措施是否有效。

六、建立、健全 HACCP 体系有效运行的验证审核程序

验证的目的是通过严谨、科学、系统的方法确认 HACCP 体系的有效性,验证活动包括确认 HACCP 体系、验证 CCP、验证 HACCP 体系。建立、健全 HACCP 体系的验证审核程序,能够确保 HACCP 体系处在正常运行中。是否已经控制住了确定的危害,可以通过验证和审核关键限值来判断。HACCP 体系计划中任何一点的执行情况均能从验证审核中检验到,所以,验证审核程序是对 HACCP 体系计划的执行最有力的监督。

七、建立 HACCP 体系原理及应用的记录保持系统

HACCP 体系需要建立有效的文件管理程序,使 HACCP 体系文件化。记录是采取措施的书面证据,它包含 CCP 的监控、偏差、纠偏措施等过程中发生的历史性信息和产品流程的档案以及生产过程控制。

对 HACCP 体系记录总的要求是所有记录都必须包括下面的内容:加工者和供应商的姓名、地址;记录所产生的工作日期与时间;操作者的签字和署名;产品的特性及代码;加工过程中的其他信息。

HACCP 体系小组的人员要对所有 CCP 记录、采取纠正措施的记录、加工控制检验、设备的校正记录和中间产品的检验记录等关键性记录进行定期审核。

要把列有确定的危害性质、关键控制点、关键限值和书面的 HACCP 体系计划的准备、执行、监控等记录以及与 HACCP 体系有关的信息、数据、文件和其他措施等完整、详细地记录和采用有效手段保存下来。记录的形式一般有文字性记录、表格式记录、图形记录等,可以采用微缩胶卷、计算机等方式归档保存下来。

第三节 HACCP 体系实施的基本步骤

常规的实施 HACCP 体系计划由 12 个步骤组成,见图 6-1。

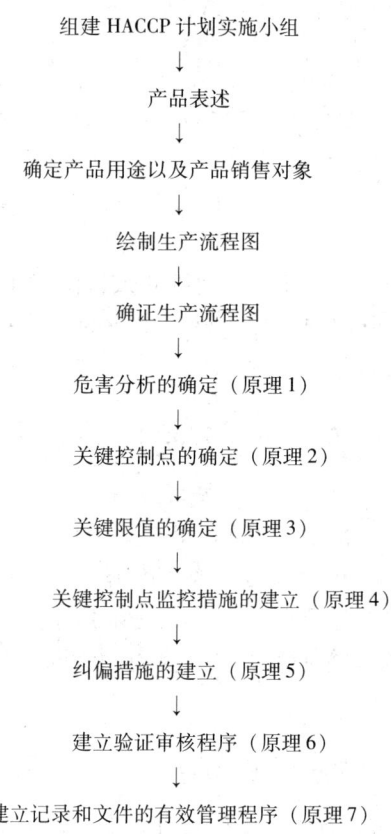

图 6-1　实施 HACCP 体系计划的基本步骤

一、HACCP 体系实施的必备程序与条件

要实施 HACCP 体系计划必须具有一些必备程序和基本条件，必备程序有：GMP 和 SSOP、管理层的支持、人员的素质要求和培训、校准程序、产品标识的可追溯性、产品回收计划的实施。除此之外，还应该在生产设备、过程方法等方面具备一定条件。

1. 生产设备

在实施 HACCP 体系计划的过程中，要求拥有合适而完整的生产设备，企业需要考虑现行的设备是否符合工艺要求、能否满足 HACCP 体系计划的需要、是否需要添置新的设备等现实性的问题。很好地解决这些问题，就能为 HACCP 体系计划的实施铺平道路。

2. 统计技术方法

在建立监控和验证体系时，统计过程控制（SPC）是常用的方法。HACCP 计划中要求确认关键限值，对于不同的工艺有不同的关键限值，有时关键限值是某个控制参数的最高值（冷藏温度），有时关键限值是某个控制参数的最低值

（热处理中对温度和时间的控制），还有时关键限值是某个控制参数的最低值与最高值（腌制猪肉时所添加的亚硝酸盐的含量）。在正常操作下，必须能保持CCP真正稳定地维持在规定范围内，这时利用统计技术可以分析得知某个过程是否可行。

3. 加工能力

一个稳定的过程总是处在统计控制的范围内。为了建立某个过程处于特定范围内的置信度（概率）而进行的统计证明称为加工能力。

通过对随机抽取的一系列样品，在停止所有过程控制的状态下进行过程测量，获得一系列的数据，采用这些数据做出的图形必须呈符合数学定义的正态分布（钟形分布）形态。此时加工能力通常能够帮助我们判断：这种类型的分布是否将整个过程包含在限定的范围内。若得出的结果是肯定的，说明该过程是在统计过程控制中运行的，即该过程能被控制。

在正态分布范围内，数据自然波动的程度能用统计分析的方法将其定量表示出来，这种测量方法称为标准偏差；根据标准偏差，我们应用加工能力通常可以判断出该过程能否在规定的范围内符合规定的控制标准。

4. 过程控制图

以加工时间或批次为基础，研究变量的几何分布图，称为过程控制图。一旦完成某个加工过程的统计分析，也就证明该过程能达到可接受的操作水平，由此建立起来的统计简图可用做制定过程控制图。利用加工简图提供的信息，过程控制仪在控制图的帮助下，能够分辨或测定某个加工参数是固定的还是随机形成的，或者这些变量是否具有明显的统计意义，这样做的好处是可以及时发现加工过程中存在的缺陷并及时调整加工过程。

加工过程图能从平均值与值域（或标准偏差）两个方面对加工参数进行分析，因此提高了加工过程中的准确性和精确性。通常，人们会根据加工能力分析和统计过程控制表得出的数据，在控制图中适当的位置标出上、下控制线，有时也会标出上、下警告线。通过分析各个测量结果的变化范围，对于高于或低于控制线的结果以及偏离出警告线却仍然在控制线以内的那些结果都要引起足够重视，因为这意味着应该适当调整加工过程。

统计过程控制原理的运用，是实施HACCP非常有力的工具，它有助于确保临界控制点得到有效监测和控制。

5. 微生物计数的应用

微生物分析结果通常需要几天的时间才能得到，而CCP监控结果能很快就得到，所以，微生物计数法获得的结果不适合用于控制CCP。但是，可以根据一段时间以来对微生物的测定结果和繁殖趋势监测所积累的数据，以及单位质量样品是否存在流动的平均百分数，或者每克计数样品是否达到规定水平的百分率，在观察结果变化趋势和减少波动方面是非常有效的。微生物计数对研究和核查样品中微生物水平是否过高也是非常有效的。

另外，还有诸如加工过程中需要的一些特殊设施（例如，废料处理系统）以及监测、监控人员能很好地胜任各自的工作等，也是实施 HACCP 计划的基本条件。

二、组建 HACCP 计划实施小组

HACCP 体系涉及的学科内容有食品方面的生产、技术、管理、储运、采购、营销、环境、统计等，因而 HACCP 计划实施小组应由多个成员组成。组建一支相互支持、相互鼓励、团结协作、专业素质好、业务能力强、技术水平高的 HACCP 计划实施小组，是有效实施 HACCP 系统及体系的核心保障。

实施小组的主要职责是：负责编写 HACCP 体系计划文件、制定 HACCP 体系实施计划、监督实施 HACCP 体系计划、审核关键限值及其偏离的偏差、完成 HACCP 体系计划的内部审核、执行验证和修改 HACCP 体系计划、对企业的其他员工进行 HACCP 体系培训等。

实施小组的成员必须具备以下基本条件：① 具备良好的组织、协调、沟通、领导能力；② 熟悉企业情况、工作认真负责；③ 具有产品和生产工艺以及 HACCP 体系知识和经验；④ 能确认潜在的危害并提出控制解决办法。

实施小组的成员必须具备以下基本专业素养：① 原辅料采购与产品储运、营销知识；② 微生物、化学和物理危害和毒理学知识；③ 统计过程控制知识；④ 生产和操作经验与知识；⑤ 安全、设计、生产设备、环境方面的实践经验和知识；⑥ 开展 HACCP 体系计划研究的经验和能力。

实施小组的成员组成可以是经过严格培训的技术人员、管理人员、质量保证及质量控制专家、部门负责人、企业负责人、食品工程方面的专家学者、公共卫生健康方面的专家、研究微生物或微生物危害方面的专家学者等，有必要的话，可以从外部聘请兼职专家。

实施小组的人数多少没有统一的规定，以便于开展工作为原则，可以由各企业根据实际而确定。组成 HACCP 计划实施小组后，应进行正规的培训，培训内容为 HACCP 体系原理及应用、HACCP 体系的内部审核、HACCP 体系的监控与纠偏措施、HACCP 体系文件管理等。

三、产品表述

产品表述是 HACCP 体系实施小组对产品的名称、成分、产品的重要性能等进行的说明。表述包括与食品安全有关的特性（含盐量、酸度、水分活度等）、加工方式（热处理、冷冻、盐渍、烟熏等）、计划用途（主要消费对象、分销方法）、食用方法、包装形式、保质期、销售点、标签说明、特殊储运要求（环境湿度、温度）、装运方式等，尤其对某些产品应该有警示声明，如"本产品未经

巴氏杀菌，可能含有导致儿童、老人和免疫力差人群疾病的有害细菌"。

产品表述实例见表6-1。

表6-1　　　　　　　　　　无菌西番莲浓缩汁的产品表述

产品名称	西番莲浓缩汁
重要特征（含水量、pH、矿物质、主要维生素量）	固形物：50°Bx±1°Bx；总酸：11~16g/100mL；维生素C；硒；有机酸
食用方式	即时用水调配（13°Bx）饮用或与其他饮料调配饮用
包装方式	无菌袋密封灌装
货架寿命	保存18个月
销售地点及对象	美国、澳大利亚等；普通健康人群、病人、体弱者、儿童
标签说明	开封后，请冷藏保存；无安全要求
特殊分销控制	储藏温度：-18℃

对产品进行必要的表述，可以帮助消费者或后续的加工者识别产品在形成过程中以及包装材料中可能存在的危害，便于考虑易感人群是否接受该产品。

四、确定产品预定用途以及销售对象

确定产品预定用途以及销售对象是确定产品的预期消费者和消费者如何消费产品（如该产品是直接食用还是加热后食用或者再加工后才能食用等）、产品的销售方法等。对于不同的用途和不同的消费者，食品的安全保证程度不同。尤其消费者是婴儿、老人、体弱者、免疫功能不全者等社会弱势群体以及对该产品实行再加工的食品企业时，更要充分了解和把握产品的特性。

五、绘制生产流程图

生产流程图由HACCP计划实施小组制定，是对从原辅料购入到产品储存的全过程所做的简单明了而且全面的情况说明。它概括整个生产、产品储存过程的所有要素和细节，准确地反映从原辅料到产品储存全过程中的每一个步骤。流程图表明产品形成过程的起点、加工步骤、终点，确定危害分析和制定HACCP计划的范围，是建立和实施HACCP体系计划的起点和焦点。

一张完整的实用型流程图要有以下一些必要的技术性资料作支持：① 原辅料及包装材料的物理、化学、微生物学方面的数据；② 加工工艺步骤及顺序；③ 所有工艺参数；④ 生产中的温度-时间对应图；⑤ 产品的循环或再利用线路；⑥ 设备类型和设计特征，有无卫生或清洗死角存在；⑦ 高、低危害区的分隔；⑧ 产品储存条件。有必要的话，可以像加拿大食品安全促进计划中一样，配套一张全厂（包括车间）的人流、物流走向图。

生产流程图无统一格式要求，以简明扼要、易懂、实用、无遗漏、清晰、准确为原则，形式可以多样化，最常见的是由简洁的文字表述配以方框图和若干的箭头按顺序组成。

生产流程图是危害分析的基础，要能反映出每一个技术环节。流程图中对应的加工步骤，应有适当的文字性工艺表述，这样有利于对危害的识别。对于一些用流程图描述不太清楚的技术内容，如环境或加工过程中出现的其他危害（冰、水、清洗、消毒过程、工作人员、厂房结构、设备特点），要以文字性的形式附在流程图后面，作为流程图的补充内容列出。

企业应制定包括食品安全体系涉及的所有产品的生产实际流程图。若一个企业同时生产多种产品，而不同产品的加工工序存在明显区别时，企业应分别制定流程图，分别进行危害分析和分别制定 HACCP 计划。

六、生产流程图的现场确证

HACCP 计划实施小组对于已制作的流程图进行生产现场确认，以验证流程图中表达的各个步骤与实际是否一致。发现有不一致或有遗漏，就应对流程图做相应的修改和补充。

现场确认可分为以下阶段：① 对比阶段：将拟定的生产流程图与实际操作过程作对比，在不同的操作时间查对工艺过程与工艺参数、生产流程图中的有关内容，检验生产流程图对生产全过程的时效性、指导性、权威性。② 查证阶段：查证与实际生产不吻合部分，对生产流程图做适当修改。③ 调整阶段：在出现配方变动或设备变换时，也要适时调整生产流程图，以确保生产流程图的准确性和完整性，使之更具可操作性和科学性。④ 确认阶段：通过前面三个阶段的工作，对生产流程图做出客观的确认与定夺，作为生产中的执行规范下发企业各个部门和所有人员，并监督执行。

七、危害分析的确定（原理1）

1. 危害分析与危害程度判别

危害是指一切使食品变得不安全的因素，一般来自于物理、化学、生物三方面。HACCP 体系计划实施小组进行的危害分析就是：要确定食品中每一种潜在的危害及其可能出现的诞生点，尤其要注意危害具有变动性的特征，而且，还应对危害达到什么样的程度做出评价。

一般来说，食品中的危害通常来自下面几个方面：① 原辅料，如食品生产所用动植物原辅料的生长环境会带来物理性（土块、石屑、杂草、玻璃、金属等异物）、化学性（农药、抗生素、杀虫剂）、生物性（微生物、致病菌）污染。② 加工引起的食品成分理化特性变化，如微生物或制品中酶类的存在及加工条件等使食品特性发生变化，造成毒素的生成、颜色的改变、酸度的增加等。

③ 车间设施及设备，如设备、仪器仪表运行不正常时出现机油渗漏、碎玻璃、金属碎片等，以及设备消毒不彻底，卫生未达标。④ 人员健康状况，如个人卫生不符合要求、操作不符合卫生规范等。⑤ 包装方面，包装材料及包装方式不卫生，包装标签内容含糊不清。⑥ 食品的储运与销售，如光照、不密封等，不适当的储运条件往往导致或加重危害程度。⑦ 消费者对食品不正确的消费行为也会导致或加重危害的产生。⑧ 消费对象的身体健康状况和体质特异性或体质差异，同样会导致或显现出危害。

可以借鉴美国食品微生物标准咨询委员会（NACMCF）的做法，将存在潜在危害的食品分为六大类：

第一类食品：非杀菌产品以及供给婴儿、老年人、体质特异者（体弱、免疫缺陷）食用的食品，也称为特殊性食品。第一类食品属于第一级别的危害，又称为最高潜在危害性食品（危害程度最大）。

第二类食品：含有某些容易感染微生物的成分的食品。这类食品的水分含量高而且营养价值也高，如鲜肉、牛奶等。

第三类食品：生产过程中无有效杀死有害微生物的环节，如无热处理鲜肉食品。

第四类食品：产品在加工后、包装前容易遭受污染，如大批量杀菌后再分装的某些食品。

第五类食品：在产品储运、销售环节中，容易因为商家或消费者操作不当而存在潜在危害，如应冷藏的食品，却在常温或高温下长时间放置。

第六类食品：消费者在食用前无须进行加热处理，如方便食品、即食食品等。

第二级别的危害由上述第二～第六类食品构成；第三级别的危害由上述第二类～第六类食品中的任意四类构成；第四级别的危害由上述第二类～第六类食品中的任意三类构成；第五级别的危害由上述第二类～第六类食品中的任意两类构成；第六级别的危害由上述第二类～第六类食品中的任意一类构成；第七级别的危害由不存在上述第一类～第六类食品特征的其他食品构成（危害最轻）。

从以上的分类和分级不难看出，第七级别的危害，其危害程度最小；顺序推之，第一级别的危害，其危害程度最大。也就是说，危害的级别数越大，其危害程度越小；危害的级别数越小，其危害程度越大；因此必须关注第一级别的危害。HACCP体系实施小组对危害程度大小进行评价时可以作为参考。

2. 危害分析的顺序

危害分析一般遵循以下顺序：① 确定产品品种和加工地点。② 根据流程图，确认加工工序的数量。当存在两个以上不同加工工序时，应分别进行危害分析。③ 复查每一个加工工序对应的流程图是否准确，对存在偏差的，要做出调整。④ 列出污染源：对照加工工序，从物理性、化学性、生物性污染三个方面考虑并确定在每一个加工步骤上可能引入的、增加的或受到限制的食品危害，属于 SSOP 范畴的潜在危害也应一并列出。⑤ 明显危害的判定：判定原则为潜在危害风险性和严重性的大小。属于 SSOP 范畴的潜在危害若能由 SSOP 计划消除的，就不属于明显危害，否则，将对其进行判定。判定的依据应科学、正确、充分，应针对每一个工序和每一个步骤进行。⑥ 预防措施的建立：对已确定的每一种明显危害，要制定相应的预防控制措施，要求是列出控制组合、描述控制原理、确认控制的有效性。

危害分析的确定是一个 HACCP 计划实施小组广泛讨论、广泛发表科学见解、广泛听取正确观点、广泛达成共识的集思广益、经历思维风暴的必然过程。

按照危害分析的顺序完成分析过程后，形成危害分析结果。经过确定后，可以以危害分析工作单的形式记录下来。表 6-2 是美国 FDA 推荐的一份表格式危害分析工作单。

表 6-2　　　　　　　　　危害分析工作单（美国 FDA 推荐）

企业名称：　　　　　　　　　　企业地址：

产品表述：　　　　　　预期用途及消费对象：　　　　　　销售及储存方法：

配料/加工步骤	确定该步骤中引入的、增加的或需要控制的潜在危害	潜在危害是否显著（是/否）	判断危害显著性的科学依据	对显著危害的预防措施	该步骤是否是关键控制点（是/否）
	生物性				
	化学性				
	物理性				
	生物性				
	化学性				
	物理性				
	生物性				
	化学性				
	物理性				

危害分析报告单形成后，纳入 HACCP 记录。

3. 危害分析与预防控制措施的技术报告

危害分析的技术报告内容有：① 危害特性的分析与描述：对照加工工序，从物理性、化学性、生物性污染三个方面，考虑并确定在每一个加工步骤上引入的、增加的或受到限制的食品危害的特性，进行分析描述。② 对明显危害判断的科学依据、推理和结论。

预防控制措施的技术报告内容有：① 对明显危害制定的预防控制措施的描

述。② 控制原理。③ 危害与相应的控制措施的对应关系描述：一项措施控制多项危害或多项措施控制一项危害的描述。

八、关键控制点的确定（原理2）

控制点（CP）是指食品整个过程中那些能防止物理性、化学性、生物性危害产生的任意一个步骤或工艺，它也包括对食品的风味、色泽等非安全危害要素的控制。而关键控制点（CCP）专指食品中存在的威胁到食品安全的明显危害（对人体的危害）。关键控制点的数量取决于产品或生产工艺的性质、复杂性、研究范围等。如果生产中控制太多的点，往往容易造成失去重点控制，反而削弱了对影响食品安全的关键控制点的控制。

关键控制点判定的一般原则为：① 在某点或某个步骤中存在SSOP无法消除的明显危害。② 在某点或某个步骤中存在能够将明显危害防止、消除或降低到允许水平以下的控制措施。③ 在某点或某个步骤中存在的明显危害，通过本步骤中采取的控制措施的实施，将不会再现于后续的步骤中，或者在以后的步骤中没有有效的控制措施。④ 在某点或某个步骤中存在的明显危害，必须通过本步骤中与后序步骤中控制措施的联动才能被有效遏制。

只有符合上述判断原则中的某几条以及同时符合上述四条的点或加工步骤，才能判断为关键控制点。

根据关键控制点的概念，通常将其分为一类关键控制点（CCP1）和二类关键控制点（CCP2）两种。CCP1是指可以消除或预防危害的控制点，CCP2是指可以将危害最大限度减少或降低到能够接受的水平以下的控制点。

在实际操作中，为了克服人们在决策时过于细心的习惯性思维倾向，防止出现过多的或不必要的CCP，干扰正确的CCP的确定，可引入CCP判断树（decision tree）图形进行CCP判断，这也是HACCP计划小组常采用的方法。CCP判断树图形对CCP的确定非常有效和实用，它把分析判断CCP的过程，形象地用问题与树图形相结合的形式简明扼要地完成。人们按照CCP判断树图的箭头顺序，一步一步先后回答每一个问题，从而清晰地判断出CCP。

CCP判断树如图6-2所示。

虽然CCP往往是危害介入的那一点，但也需要留意远隔明显危害介入点几个加工步骤以外的点，若这些点具有预防、消除或降低危害到允许水平以下的措施，那么也属于CCP。

要注意的是，当企业内外因素（厂址变动、设备更换、工艺更新等）发生变化时，关键控制点也会随之而变，预防控制措施也应随之而变，CCP就要因地制宜地重新确定。

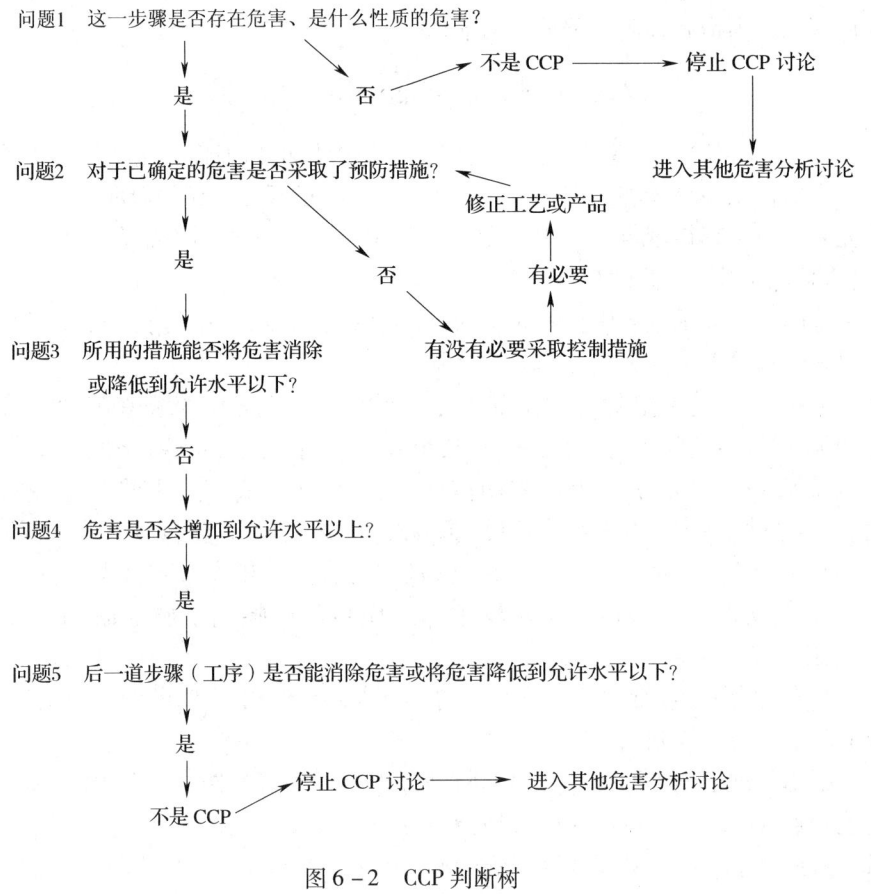

图 6-2 CCP 判断树

九、关键限值的确定（原理 3）

关键控制点的极限值又称为关键限值（CL），是指所用措施使危害消除、防止或减低到允许水平以下的最大或最小参数值，也即食品安全无危害的生产、销售全过程中的最大或最小参数值。

关键限值（CL）确定的原则是能尽可能地有效、简捷、经济。有效是指此限值确实能将危害防止、消除或降低到允许水平以下。便于操作，可以在不停产的情况下快速监控，这就是简捷。投入较少的人力、物力、财力即为经济。

关键限值确认的步骤是：① 确认在本 CCP 上需要控制的明显危害与相应措施的对应关系。② 分析明确此项措施对明显危害的控制原理。③ 根据原理，确定实现关键限值的最佳载体和种类，如温度、纯度、酸度、水分活度、厚度、残留农药限量等。④ 确定关键限值（CL）的数值。关键限值可以是根据法规、法典和权威组织公布的数据（如残留农药限量）而得到，也可根据科学文献和科技书籍的记载而得到，还可以根据现场实验的准确结论而得到。

在实际生产中，由于考虑到产品消费的安全性，最大限度地减少经济损失，也考虑到弥补设备和监测仪器自身存在的固有误差，还顾及生产条件的瞬间变化设立缓冲区等因素，可以对生产过程的监控采用比关键限值更为严格的操作限值（OL）。

操作限值是实际操作人员在操作中为了降低偏离关键限值风险而采取的控制操作标准参数，包括水分含量、水分活度、温度、时间、流速、有效余氯量、重量、pH、含盐量等化学参数。一旦发现有可能偏离关键限值的趋势，就立即进行调整行为，使CCP始终处于受控状态，可避免因超过关键限值而采取的纠偏行动。

关键限值的确定是建立在对产品全过程的分析研究、实验结果、科学理论指导、操作意见汇总的基础之上产生的，它直观合理、容易监测、可操作性强、方便实用。所以，关键限值能恰到好处地控制产品全过程，不会出现因为关键限值的随意松或严而导致不安全食品的产生或不必要的纠偏行动发生，它使食品链的全过程变得稳定有序、循序渐进、安全无患。

完成关键限值的确定后，应紧接着进行关键限值技术报告的编制，并把它纳入HACCP支持文件。

十、关键控制点监控措施的建立（原理4）

监控就是针对关键控制点实施有效的监督与调控的过程，通过监控了解CCP是否处于控制当中。

监控措施应起到这样的作用，即跟踪各项操作，及时发现有偏离关键限值的趋势，迅速进行调整；查明CCP出现失控的时刻和操作点；提交异常情况的书面文件。

监控对象常常是CCP的某一个或某几个可测量或可观察的特征，如酸度是CCP，pH就是监控对象；如温度是CCP，监控对象就是加工或储运的温度；如蒸煮或加热、杀菌是CCP，温度与时间就是监控对象。

监控过程受限于每一个具体的CCP的关键限值、监控设备、监测方法。监测方法一般有在线（生产线上）检测和不在线（离线）检测两种。在线检测可以连续地随时提供检测情况，如温度、时间的检测；离线检测是离开生产线的某些检测，可以是间歇的，如pH、水分活度等的检测。与在线检测比较，离线检测稍显滞后，不如在线检测那么及时。

监控的频率由CCP的性质和监控过程的类型决定，HACCP实施小组应该为每个监控过程确定恰当的监控频率，如金属探测器，它的监控频率定为30min/次。最佳的监控方式是连续性的，当不可能连续监控一个CCP时，常常需要缩短监控的间隔、加快监控的频率，以便及时发现操作限值或关键限值的偏离程度。还有几种情况也应该加快监控频率：① 监控的参数出现较大变化；② 监控参数的正常值与关键限值很接近；③ 出现超过关键限值的监控参数。

执行 CCP 监控的人员应该是具备一定知识和能力、接受过有关 CCP 培训、对工作高度认真负责、流水线上的技术人员、设备的操作人员、质量监督人员、设备的维修人员等。

监控结果应快速准确，及时反映出 CCP 的真实状态，并留下记录资料。

十一、纠偏措施的建立（原理5）

纠偏措施是当发现 CCP 出现失控（CL 发生偏离）时，找到原因并为了让 CCP 重新回复到控制状态所采取的行动。

纠偏措施包括：① 列出每个关键控制点对应的关键限值；② 寻查偏离的原因、途径；③ 为纠正和消除偏离的原因和途径所采用的措施，防止再次出现偏离，当生产参数接近或刚超过操作限值不多时，立即采取纠偏措施，例如在牛乳的巴氏杀菌中，没有达到杀菌温度的牛乳，通过开启的自动转向阀，重新进入杀菌程序；④ 启用备用的工艺或设备，如生产线某处出现故障后，启用备用的工艺或设备继续进行生产；⑤ 对有缺陷的产品（CCP 出现失控时的产品）应及时处理，如缺陷产品的返工或销毁。对经过返工程序的食品，其安全性要有正确的评估，无危害性的才可以流入市场。

必须预先制定每一个关键控制点偏离关键限值的书面纠偏措施，形成"纠偏措施技术报告"。纠偏工作要紧紧围绕 CCP 恢复受控进行，HACCP 实施小组应研究纠偏措施的具体步骤，建立适当的纠偏程序，并记录下来。在"纠偏措施技术报告"中明确指定出防止偏离和纠正偏离的具体负责人，以减少或避免纠偏行动中可能出现的混乱和争论，影响纠偏的效果。

应当引起重视的是，当在某个关键控制点上，纠偏措施已被正确实施却仍反复发生偏离关键限值的情况，就需要重新评价 HACCP 计划，并对整个 HACCP 计划做出必要的调整和修改。

"纠偏措施技术报告"要纳入 HACCP 支持文件。

十二、建立验证审核程序（原理6）

验证审核是指通过严谨科学的方法，确认 HACCP 体系是否需要修正、是否得到切实可行的落实、是否有效的过程。验证审核的对象是 HACCP 体系的计划。

验证审核的内容包括：确认 HACCP 体系；HA 的确认；CCP 的验证审核；HACCP 体系的验证审核；执法机构对 HACCP 体系的审核验证。

1. 确认 HACCP 体系

确认 HACCP 体系就是复查消费者投诉，确定是否与 HACCP 计划的实施有关，是否存在未确定的关键控制点，确认HACCP体系建立的充分性和必要性，HACCP体系是否能有效控制危害因素对食品安全性的侵袭。由HACCP体系实施小组或受过适当培训以及有丰富经验的人员，针对HACCP体系中的每一个环节（确认的对象），结合基本的科学原理、应用实际生产中检测的数据和生产全过程中获得的观察检测结果，进行有效性评估，得出HACCP体系运行是否正确的结论。

2. 危害分析（HA）的确认

危害分析的确认是对危害分析的可靠性进行确认，当企业有内外因素变化波及HA时，要重新进行危害分析确认。

3. CCP的验证审核

CCP的验证审核有三个过程：① 校准及校准记录的复查：要对监控设备进行校准，确保设备灵敏度符合要求，对设备校准记录（校准日期、校准方法、校准结果、校准结论）进行复查，确定设备灵敏度是否有效。② 针对性的样品检测：对可疑的样品、中间产品、成品抽样检测，查看实际结果与标准的吻合程度。③ CCP的记录复查：着重复查关键控制点的记录和纠偏记录，如监控仪器的校准记录、监控记录、纠偏措施记录、产品的大肠杆菌等的微生物检验记录等。查看CCP是否始终处于安全参数范围内运行，发生与操作限值偏离的情形时，是否进行了纠偏行动。

4. HACCP体系的验证审核

验证审核是为了检验HACCP体系计划与实际操作之间的符合率和HACCP体系的有效性。收集验证活动所需的所有信息，对HACCP体系及记录进行现场观察和复核，来完成对HACCP体系的验证审核工作。

审核HACCP体系的验证活动应包括以下内容：① 检查产品说明和生产流程图的准确性；② 检查生产中是否按照HACCP体系计划监控了CCP；③ 检查所有参数是否在关键限值以内；④ 记录结果是否在规定时间间隔完成和记录是否如实；⑤监控活动是否按照HACCP体系计划规定的频率执行；⑥ 当出现CCP偏离时，是否有纠偏措施；⑦ 设备仪器是否按照HACCP体系计划进行校准。

5. 执法机构对HACCP体系的审核验证

执法机构对HACCP体系的审核验证通常分为内部验证和外部验证两类。内部验证由企业内HACCP实施小组进行，又称为内审；外部验证由政府检验机构或有资格的有关人士进行，又称为审核。

执法机构验证内容包括：对HACCP体系计划及其修改的复核；对CCP监控记录的复查；对纠偏记录的复查；对验证记录的复查；现场检查HACCP体系计划实施状况；复核HACCP体系计划的记录保存情况；随机抽样分析复核。

HACCP体系计划的确认每年至少一次，当出现影响HACCP体系计划的因素时，应及时进行确认。若确认结论表明HACCP体系计划有效性不符合要求时，应对原来的HACCP体系计划立即进行修订,使之符合要求。

十三、建立记录和文件的有效管理程序(原理7)

1. HACCP体系记录

企业是否有效执行了HACCP体系计划,HACCP体系计划的实施对食品安全性是否有效,最具有说服力的就是HACCP体系计划的记录和文件等书面证据。所以,HACCP体系计划的每一个步骤和与HACCP体系计划相关的每一个行为都要求有翔实的记录,并有效地保存下来。

HACCP体系记录编制的原则:① 题目与内容:题目应简洁明了,内容能体现记录活动的关键特征;内容应完整、准确、简洁。② 形式统一:一般采用表格式,表格各项目之间逻辑正确。③ 容易识别:便于企业和部门的识别,应注明操作人员的签字和记录日期。

HACCP体系包括以下记录:① 执行SSOP的记录。② 执行HACCP体系计划的记录,包括监控记录、纠偏记录、HACCP体系验证记录、HACCP计划确认记录、危害分析记录、HACCP计划表等。③ 书面危害分析和HACCP计划的批准,由企业最高管理者或其代表签署;当发生修改、验证、确认时,由企业最高管理者或其代表重新签署批准。

保存的记录应涵盖这样一些项目:说明HACCP体系的各种措施;危害分析采用的所有数据;HACCP体系实施小组会议报告和决议;监控方法和数据、记录;偏差及纠偏记录;验证记录;验证审核报告;HACCP体系计划表(如表6-3所示)和危害分析工作表等各类表格。

表6-3　　　　　　　　　　HACCP体系计划表

产品名称:　　　　　　　生产地址:　　　　　　　储运、销售方式:
计划用途和消费者:　　　负责人:　　　　　　　　日期:

CCP	明显危害	关键限值	监控				纠偏措施	验证	记录
			对象	方法	频率	监控人			

记录中应反映的内容有:产品名称与生产地址;记录产生的日期和时间;操作者签字或署名;产品全过程监控情况的实际数据、观测资料和其他信息资料。

重要的记录有:① HACCP体系计划及支持性材料,包括HACCP体系实施小组成员及其职责、建立HACCP体系的基础工作,如有关科学研究、实验报告和实施HACCP体系的先决程序(GMP、SSOP)等。② 确定关键限值的依据和验证关键限值的记录。③ CCP的监控记录。④ 纠偏措施的记录。⑤ 验证记录,包括监控设备的检查记录、半成品与产品检验记录、验证活动的结果记录等。⑥ 修改 HACCP 体系计划（原辅料、配方、工艺、设备、包装、储运）后的确认记录。⑦ 产品回收的记录。⑧ 人员培训的记录。⑨ HACCP 体系计划的验证审核记录。

记录的方式有表格式（如表 6-3 所示）、文字式（各种报告）、图形式（生产流程图、监控检测图）等。所有的记录应该完整、准确、真实；每周审核记录一次，由审核人签名，注明日期。

记录的保存期限：冷藏产品，至少保存一年；冷冻或货架期稳定的产品，至少保存两年；其他说明加工设备与加工工艺等方面的研究报告、科学评估结果，至少保存两年。

记录应归档放置在安全、固定的场所，便于查阅。记录应专人保存，有严格的借阅手续。记录保存的工具一般可采用计算机或档案室。所有记录一律要求采用档案化保存。

2. HACCP 体系文件

HACCP 体系文件编制的原则是：① 采用过程方法编制，明确过程运行的预期结果；分析表达各个过程之间的关系。② 全体员工执行 HACCP 手册的规定。将 HACCP 体系转化为具体的执行程序，要求员工的操作与 HACCP 手册规定保持一致。③ 具有针对性和可操作性。要将 HACCP 体系理论与企业实际相结合。④ 与支持性文件和记录保持有机的、完整的联系。要对执行 HACCP 体系所需要的支持性文件和记录提出具体要求。

执行 HACCP 体系文件的组成：① 文件控制程序。② GMP 与 SSOP 控制程序。③ 设备维修保养控制程序。④ 产品回收控制程序。⑤ 产品识别代码控制程序。⑥ HACCP 体系计划预备步骤控制程序。⑦ HACCP 体系计划所有实施步骤的控制程序。

HACCP 体系文件的内容包括目的、范围、职责、程序图（过程描述、相关记录、相关文件）。

HACCP 体系支持性文件组成是相关的法律和法规；相关的技术规范、标准、指南；相关的研究报告和技术报告（危害分析报告）；加工过程的工艺文件（作业指导书、设备操作规程、监控仪器校准规程、产品验收准则）；人员岗位职责和任职条件；相关管理制度。

HACCP 体系支持性文件是 HACCP 体系建立和实施的技术资源、技术保证、科学依据，也是进行食品无危害生产、保证食品安全的有力工具、标准及行为准则。

第四节 GMP、SSOP、HACCP体系及ISO 9000质量管理体系间的相互关系

一、GMP与SSOP的关系

GMP规定了在生产、加工、储运、销售等方面的基本要求，是政府食品卫生主管部门用法规性、强制性标准形式发布的。GMP的规定是原则性的，包括软件（人员管理）和硬件（环境管理、设施管理、设备管理）两个方面，是食品企业必须达到的基本条件。

GMP是一套食品生产全过程中确保产品具有高度安全性的良好生产管理系统。它利用微生物学、化学、物理学、毒理学、食品工艺学、食品工程等原理，规定出在食品链相关活动过程中，有关食品安全卫生方面可能出现的质量问题，以及处理的方式和方法，从而达到控制食品生产全过程中污物、化学、微生物及其他形式污染产生的目的，以确保生产出安全卫生的食品。

将GMP法规中有关卫生方面的要求具体化，使其转化为具有可操作性的作业指导文件，就构成了SSOP的主要内容，即SSOP是以GMP法规的要求为基础，通过书面的SSOP计划来描述卫生问题、控制、厂内卫生操作程序和监测要求，确保企业卫生状况达到GMP的要求。SSOP的规定主要是指导卫生操作和卫生管理的具体实施办法，相当于ISO 9000质量管理体系中的"作业文件"，没有GMP所具有的政府强制性。

制定SSOP计划的依据是GMP，GMP是SSOP的法律基础，尽管SSOP与GMP的概念相近，但它们分别详细描述了为确保卫生条件而必须开展的一系列不同的活动。因此，就管理方面而言，GMP指导SSOP的开展。GMP是政府制定的、强制性实施的法规或标准；而SSOP是企业根据GMP要求和企业的具体情况自己制定的标准或规程，它没有统一的格式，关键在于方便遵守和实施。

二、SSOP与HACCP的关系

SSOP与HACCP计划中的CCP这两个部分均需要实施监控、纠偏、保持记录并进行验证。但是，两者之间也存在一些差别。首先HACCP体系中需要监测、纠偏和记录的关键控制点是一个可以控制的工序步骤，其作用是预防、消除某个食品安全危害或将其降低到允许水平以下；而SSOP是企业为了维持卫生状况而制定的程序，它与整个加工设施或某个区域有关，不仅仅限于某个特定的加工步骤或关键控制点。其次，HACCP体系是建立在危害分析基础之上的，书面的HACCP计划不但规定了具体加工过程中的各个关键控制点，而且还具体描述了各个关键控制点的关键限值、监测方法、纠偏措施、验证程序和记录保存方法，以确保关键控制点能

得到有效控制。实施 SSOP 的目的之一就是简化 HACCP 计划，突出关键控制点。

SSOP 具体列出了卫生控制的各项目标，包括食品加工过程中的卫生、工厂环境的卫生和为达到 GMP 的要求所采取的行动。SSOP 的正确制定和有效执行，能够达到有效控制加工环境和加工过程中各种污染或危害的目的，那么 HACCP 按产品工艺流程进行危害分析而实施的关键控制点（CCP）的控制就能集中到工艺过程中的食品危害的控制方面，而不是在生产卫生环境上，使 HACCP 计划更加体现特定的食品危害控制属性。采用美国 FDA 的说法，就是"确定哪些危害是由加工者的卫生监控计划来控制的，将它们从 HACCP 计划中划出去，只余下少数需要在 HACCP 计划中加以控制的显著危害"。因此，HACCP 计划中 CCP 的确定受到 SSOP 有效实施的影响。

把某一危害归类到 SSOP 控制而不列入 HACCP 计划内控制丝毫不意味着对其控制的重要性有所降低，而只因为 SSOP 是控制该危害的最佳方法。事实上，生产中的危害是通过 SSOP 和 HACCP 的 CCP 共同控制的。此外，有时需要同时采用 HACCP 和 SSOP 共同控制某种危害，如由 HACCP 控制病源微生物的杀灭，由 SSOP 控制病源微生物的二次污染。

区别 HACCP 和 SSOP 监控内容的一般原则是：已经鉴别出的危害是与产品或其加工过程中某个加工步骤有关的危害，就由 HACCP 控制；已经鉴别出的危害是与加工环境或人员有关的，则由 SSOP 控制。有时某种危害究竟是用 HACCP 还是用 SSOP 来控制，并没有十分明显的区分，比如在食品致敏原的控制上，往往把加工过程中的 SSOP 之一"与食品接触的表面的卫生状况与清洁程序"及"标签"同时又作为 CCP 加以控制。

值得注意的是，并非所有的食品生产都必须具有 HACCP 计划。某些低风险食品经过危害分析后，没有发现显著危害，从而不需建 CCP，因此，也就可以没有 HACCP 计划。但食品加工企业按照食品法规的强制性要求，即使没有 HACCP 计划，工厂的生产卫生也必须达到 GMP 的规定。任何卫生计划中的一个重要部分是监控，监控体系应能确保生产的条件和状况符合 SSOP 的规定。

三、GMP 和 HACCP 的关系

GMP 和 HACCP 系统都是为保证食品安全和卫生而制定的一系列措施和规定。GMP 是适用于所有相同类型产品的食品生产企业的原则，而 HACCP 则因食品生产厂及其生产过程不同而不同。GMP 体现食品企业卫生质量管理的普遍原则，而 HACCP 则是针对每一个企业生产过程的特殊原则。

GMP 的内容是全面的，它对食品生产过程中的各个环节、各个方面都制定出具体的要求，是一个全面质量保证系统。HACCP 则突出对重点环节的控制，以点带面来保证整个食品加工过程中食品的安全。形象地说，GMP 如同一张预防各种食品危害发生的网，而 HACCP 则是其中的纲。

从 GMP 和 HACCP 各自特点来看，GMP 是对食品企业生产条件、生产工艺、生产行为和卫生管理提出的规范性要求，是保证 HACCP 体系能有效实施的基本的先决条件，而 HACCP 则是动态的食品卫生管理方法，能确保 GMP 的贯彻执行；GMP 要求是硬性的、固定的，而 HACCP 是灵活的、可调的。

GMP 和 HACCP 在食品企业卫生管理中所起的作用是相辅相成的。通过 HACCP 系统，我们可以找出 GMP 要求中的关键项目，通过运行 HACCP 系统，可以控制这些关键项目达到标准要求。掌握 HACCP 的原理和方法还可以使监督人员、企业管理人员具备敏锐的判断力和危害评估能力。因此，在食品 GMP 制定过程中，必须应用 HACCP 技术对食品链的全过程进行监控，以此体现出 GMP 的应用在企业自身管理和卫生监控工作方面的优势。

四、GMP、SSOP、HACCP 之间的关系

完整的食品安全控制体系必须包括 HACCP 计划以及作为前提条件的 GMP 和 SSOP。GMP 和 SSOP 是制定和实施 HACCP 体系的前提和基础，也就是说企业达不到 GMP 的要求或没有制定出切实有效、操作性强的 SSOP 或没有具体实施 SSOP，则不可能进行 HACCP 体系的运作。

GMP、SSOP 与 HACCP 的关系实际上是一个三角关系（如图 6-3 所示），即 GMP 是整个食品安全控制体系的基础，SSOP 计划是根据 GMP 中有关卫生方面的要求制定的卫生控制程序，HACCP 计划则是控制食品安全的关键程序。

图 6-3　GMP、SSOP 与 HACCP 的关系图

由此而见，任何一种食品的生产都必须首先遵循 GMP 法规，然后建立有效的 SSOP 计划，才能实施 HACCP 体系。我们可以将 GMP、SSOP、HACCP 三者的异同点归纳如表 6-4 所示。

表 6-4　　　　　　　　食品卫生安全管理体系的异同性

项目	卫生管理体系		安全控制体系（HACCP）
	GMP	SSOP	
基本依据	《食品卫生通则》（CAC）法律法规	GMP 的相关要求	《HACCP 管理体系及其应用准则》

续表

项目	卫生管理体系		安全控制体系（HACCP）
	GMP	SSOP	
应用范围	适用于所有食品企业，应用于官方的卫生注册或GMP认证		适用于所有食品企业，应用于官方的卫生注册或HACCP验证与认证
范围、对象	卫生（主控）、安全		安全（主控）
原理	无	无	HACCP的七个原理
方法	无具体方法	经验	HACCP应用逻辑顺序、CCP判断树
基本内容	《食品卫生通则》包括：初级生产（环境卫生、食物链），工厂设计和设施，生产控制，工厂养护与卫生，个人卫生，运输，产品休息，培训	水（冰）的安全，食品接触面卫生，防止交叉污染，手的清洁与消毒，厕所设施的维护，避免被污染，有毒化学物控制，员工健康和卫生，虫害的防治	危害分析，关键控制点，关键限值，CCP的监控，纠偏措施，记录控制，HACCP的验证
文件要求	企业GMP文件，记录表格	SSOP文件，记录表格	工艺流程图，危害分析单，HACCP计划书，记录表格

五、HACCP与ISO 9000系列标准

ISO 9000质量管理体系是国际标准化组织（ISO）1987年发布的一系列质量管理体系国际标准的总称。经2000年改版后，启用了"核心标准"的概念，旨在预防和检测任何不合格产品的生产和流通，通过采取纠偏措施确保不再生产和出现不合格品，意味着产品无论何时均应符合各项标准规范。

HACCP体系是产品的安全性控制体系，它的核心问题是确保产品的安全性。因此，HACCP体系也可以视为是食品安全生产方面的质量管理体系。

通过比较HACCP与ISO 9000系列，可以发现这二者间具有的共性。① 理论基础一致，都来源于系统论、信息论、控制论；都强调全面、全员、全过程；都有信息的获取、正确传递、信息分析整理和反馈等程序；都以突出的对象为导向，采取各种措施对全过程进行控制，实现过程增值。② 体系的性质相同，都属于预防性体系，并对食品链实施全程监控，确保持续生产出高质量、卫生、安全的合格产品，而不是依赖对最终产品的检验来发现问题。③ 体系结构一样，都是采用过程方法，识别系统内各个过程及其相互关系，完成"策划、实施、检查、改进"这样一个著名的PDCA循环，促使企业提高管理水平。④ 体系的操作程序和认证程序无差异，均有产品标识的可追溯性、体系内审（验证）和

管理评审、过程监控、纠偏和预防措施、不合格品控制、数据统计分析、人员培训、文件化程序等运作程序；进行认证时都纳入合格评定程序，都有客观的评定依据（国家标准或认证规范性文件规定），也都需要消费者、社会或政府管理部门的认可。

由于 ISO 9000 系列和 HACCP 体系之间存在的共性，在实施过程中就具有兼容性，体现在① 组织机构和管理人员可以相互融合；② 管理职责和方针可以相互融合；③ 生产设备和检测设备可以互用；④ 基础设施可以共享；⑤ 操作要求可以融合；⑥ 文件统编，互为补充。

在实施过程中，可以采用 ISO 9000 系列的要素管理 HACCP 体系。因为 ISO 9000 标准中的 20 项要素均与 HACCP 体系有关，可以让生产符合各项标准规范的要求，并使 HACCP 体系在整个生产过程中都得到正确实施。

六、HACCP 与 ISO 22000 系列

ISO 22000（DIS）标准与 HACCP 有深度融合，它不仅针对食品质量，也包括食物安全和食物安全系统的建立，首次将联合国有关组织的文件（HACCP）列入到质量管理系统中来。

HACCP 与 ISO 22000 的对比见表 6-5 所示。

表 6-5 　　　　　　　　　　HACCP 与 ISO 22000 的对比

HACCP	ISO 22000
HACCP 小组的组成	7.3.2 食品安全小组
产品描述	7.3.3.1 原料、辅料和产品接触的材料 7.3.3.2 终产品特性
识别预期用途	7.3.4 预期用途
确立流程图	7.3.5.1 流程图
现有控制措施	7.3.5.2 过程步骤和控制措施的描述
原理 1 实施危害分析	7.4 危害分析
原理 2 确定 CCP 点	7.4.3 危害评估
原理 3 建立 CL 值	7.4.4 控制措施的选择与评估
原理 4 建立监控体系	7.6.4 关键控制点的监视系统
原理 5 建立纠偏措施	7.6.5 监视结果超出关键限值时采取的措施
原理 6 建立验证程序	7.8 验证策划
原理 7 建立文件和记录保持程序	4.2 文件要求
前提要求	4.1 总要求

思 考 题

1. HACCP系统的发展经历是怎样的?
2. 我国的HACCP体系的应用现在是什么样的情况?
3. HACCP体系包括哪几个基本原理?在操作中应该如何掌握?
4. 实施HACCP体系应遵循什么步骤?
5. GMP、HACCP、SSOP和ISO 9000系列标准之间的相互关系是怎样的?
6. 尝试制定一种熟悉的食品的HACCP计划。

案 例

某水产品冷冻加工公司生产加工冻煮小龙虾仁,产品主要出口欧盟和美国。为了达到美国水产品HACCP法规的要求,公司在符合我国"出口水产品加工卫生规范"要求的基础上,完善和充实了SSOP的内容并制定了HACCP计划。整个过程和步骤如下。

一、准备工作阶段

1. 派员参加HACCP培训

美国水产品HACCP法规规定,参加HACCP计划制定、重新评估、修订及记录审核的人,必须经过有效培训。

在得知美国水产品HACCP法规将于1997年12月18日起正式生效后,该厂领导层决定派出厂长、生产副厂长、质检科长和食品化验员参加当地出入境检验检疫(以下简称)商检局举办的"输美水产品HACCP法规培训班"的培训。培训所采用的教材为:美国国家海产品联盟HACCP教程;美国FDA《水产品危害和控制指南》;中华人民共和国出口食品卫生管理有关规定。

培训结束时,参加培训的人员经过严格的考试,取得了培训合格证书。

2. 组建HACCP工作小组

小组由生产副厂长、质检科长、生产设备技术人员、现场质量控制人员和食品化验员组成。

3. 制定本公司的SSOP

小组的首项任务是回顾工厂原有的卫生操作规程和车间卫生设施,对照SSOP的八大方面看其是否全面、完善,然后加以整理和充实,使其成为本厂的SSOP,以保证所有的操作和设施均符合强制性的良好操作规范(美国GMP法规)的要求。小组还设计出一套具有操作性的卫生记录表格。

在完成以上基础性工作后,小组进入HACCP计划的制定程序。该小组按照美国FDA《水产品危害和控制指南》(以下简称《指南》)的要求,共经过18个步骤,完成了HACCP计划的制定。

二、资料采集阶段

1. 描述加工企业的一般情况

小组按标准格式打印了空白的"危害分析工作单",并在危害分析工作单的首页上方写下本企业的名称和地址。

2. 描述产品有关特性

确认产品中水产品成分的商品名或拉丁学名以及产品的加工状况。

在危害分析工作单首页上部的"产品"后填上:冷冻、煮熟、去黄、去肠腺小龙虾仁。塑料袋真空包装后装纸箱。

3. 说明产品的销售和储存方法

在危害分析工作单首页上部的"销售和储存方法"后填上:-18℃以下冷冻。

4. 确定产品的预期用途和消费者

冻煮小龙虾仁出口后,普通消费者均可以解冻后直接食用,因此,在危害分析工作单首页上部的"预期用途和消费者"后填上:公众,即食。

经过以上四个预备步骤,危害分析工作单首页上部已经填写完成,如下表所示。

冻煮小龙虾仁危害分析工作单

企业名称:××水产品冷加工公司　　　　企业地址:××省××市××路××号
产品种类:冷冻、煮熟、去黄、去肠腺小龙虾仁　　产品包装形式:塑料袋真空包装后装纸箱
销售和储存方法:-18℃以下冷冻　　　　用途和消费者:公众,即食

1	2	3	4	5	6
加工工序	确定本工序中引入的、增加的或需要控制的潜在危害	潜在危害是否显著(是/否)	对第3栏的判定依据	对显著危害的预防措施	该步骤是否是关键控制点(是/否)
签名:				日期:	

5. 绘制并验证加工流程图

小组成员首先绘制了一张"冻煮小龙虾仁加工流程草图",然后到加工现场一一核实每一个加工工序。

加工流程图是对加工过程的一个既简单又非常全面的说明,包括所有的步骤如原料、辅料验收和储存、运输等。

加工流程图是危害分析的关键,它必须完整、准确。因此,小组成员多次到加工现场,对图中的每一个步骤进行认真细致的验证。

最终确定的流程图如冻煮小龙虾仁加工流程图。

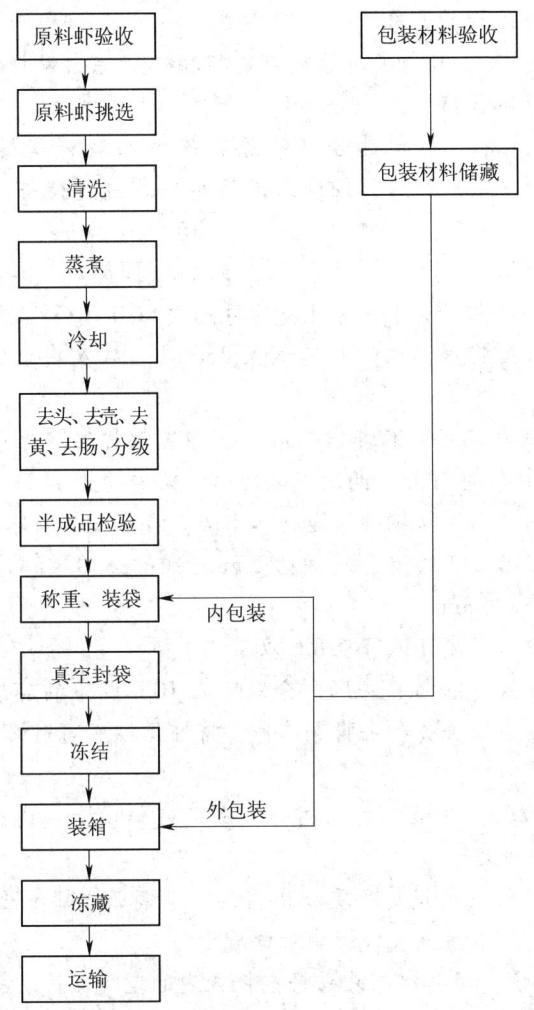

冻煮小龙虾仁加工流程图

为了便于对冻煮小龙虾仁加工过程的深入了解,在绘制加工流程图的同时,小组用文字对其加工过程描述如下。

(1) 原料虾验收　在每年生产季节来临时,先对工厂所在地水域和邻近地区水域的小龙虾原料进行农药残留和重金属等有害化学物质残留量普查,以确定安全的捕捉区域。工厂派专人到小龙虾捕获地进行收购,给每一车原料虾发放一张特制的一次性捕获地证明或标签。厂内原料虾验收人员凭上述证明或标签接收原料虾。

(2) 包装材料验收　验收人员凭食品包装生产许可证、生产厂出厂合格证接收内包装材料，凭商检局出具的包装性能检验合格证接收外包装材料，同时检查包装材料是否有污染的迹象。

（3）原料虾挑选　由专人对原料虾进行挑选。拣出死虾、黑虾、老壳虾及不够规格的小虾等不合格虾。

（4）原料虾清洗　将挑选合格的原料虾装入塑料周转箱内（每箱装一半），用高压水枪冲洗，然后再经过三道清水池漂洗，使虾体表面及腹部干净鲜亮。

（5）蒸煮　用蒸煮锅蒸煮：先将蒸煮锅中的水煮沸，接着将适量干净虾放入蒸煮筐内，入锅蒸煮。等水完全沸腾后再蒸煮5min。

用蒸煮机蒸煮：将蒸煮机的转速调至360r/h，从入料口将洗净的原料虾倒入蒸煮机。

（6）冷却　蒸煮锅蒸煮的虾出锅后，立即倒入常温水池中降温3min，然后转至0～5℃冰水中冷却3min。两次冷却的虾水比例均为1:3。

蒸煮机蒸煮的虾由不锈钢带输送往冰水池。在蒸煮机与冰水池之间的输送带上方有充足的常温水往下喷淋，时间为2min。虾进入0～5℃冰水池后，以1:3的虾水比例浸泡冷却3min。

冷却使虾体中心温度迅速降至8℃以下。

（7）去头、去壳、去黄、去肠、分级　在10℃以下的环境中用手和不锈钢镊子完成去头、去壳、去黄、去肠等工作，将虾仁按不同规格分别放入不同颜色的塑料盒中。

（8）半成品检验　对送入包装间的半成品虾仁由专人进行全数检验，对不合格虾仁进行适当处理。

（9）称重、装袋　按规定净重和适当的水量称取虾仁，通过漏斗将虾仁装入塑料袋内，避免汁水污染袋口影响封口质量。

（10）真空封袋　用真空包装机将塑料袋内的空气抽净并热合封口，使袋表面无气泡存在。在封口处打上工厂代号及生产批号。手工整形后单层平放在冻结盘中。

（11）冻结　在-30℃以下冷冻8h，使冻块中心温度降至-15℃以下。

（12）装箱　在10℃以下环境中将冻结好的虾仁装入纸箱，用透明不干胶带封带。

（13）冻藏　装箱后立即将货箱转入-18℃以下冻藏库储藏。

（14）运输　冻煮小龙虾仁的运输和销售均应在-18℃以下进行。

<h3 style="text-align:center">三、填写并完成危害分析工作单</h3>

1. 填写危害分析工作单的第1栏

按加工流程图的每一个加工步骤，填写危害分析工作单的第1栏。从"原料虾验收"到"运输"共15个工序或步骤。

2. 确定与小龙虾品种有关的潜在危害

在进行这一步时,小组成员首先选择的是查阅《指南》,并根据自己的经验,确定与小龙虾品种有关的潜在危害是:化学物危害(环境化学污染物和农药残留);来自捕捞区域的致病菌。在填写危害分析工作单第2栏时,"原料验收"的潜在危害为生物的和化学的危害。

3. 确定与冻煮小龙虾仁加工过程有关的潜在危害

小组首先查阅《指南》。在《指南》表3中可以查到,真空包装的冷冻煮熟小龙虾仁的加工过程可能存在四种危害。生物危害是温度或时间控制不当造成的致病菌生长,加热不足残存致病菌;化学危害是食品添加剂;物理危害是金属杂质。

根据列出的四种潜在危害,在危害分析工作单每个加工步骤的第2栏中列出所有的与加工有关的潜在危害。

4. 填写危害分析工作单

小组成员阅读了《指南》有关章节,了解和列出所有的可能存在的危害,并对各类危害进行了分析,对每个有关潜在危害完成第10~12步,直到最后完成危害分析工作单。

5. 理解潜在危害的特性

(1) 与小龙虾品种有关的危害为化学危害(环境化学污染物和农药残留)。小龙虾是捕自江河湖泊的淡水水产品,不同区域的化学物质的污染程度是不同的。消费者长期食用被污染的小龙虾就会损害自身的健康。

小龙虾的农药和重金属残留限量在进口国和我国政府均有规定,某一区域是否有农药、重金属等化学物危害,就要看在这一区域捕获的小龙虾体内含有的有毒化学物质含量是否超过有关规定。

(2) 按照《指南》的规定,还需要考虑来自捕捞区域的致病菌的危害。小组成员根据自己的经验,认为小龙虾原料中可能带有致病性弧菌、沙门菌和金黄色葡萄球菌。

(3) 冻煮小龙虾仁的加工过程可能存在《指南》中"温度/时间控制不当造成的致病菌生长"的危害。

(4) 冻煮小龙虾仁的加工过程可能存在《指南》中的"加热不足残存致病菌"的危害。

蒸煮的目的是为了杀灭小龙虾原料带入的和蒸煮前的加工工序污染的致病菌,或使其数量减少到可接受的水平,这需要有一定的温度和时间的控制。如果温度过低或时间过短,则会导致致病菌的杀灭不彻底或超过限量标准,从而造成危害。

6. 判定潜在危害是否显著

（1）农药、重金属危害：根据小龙虾生长的环境可以判定，带有超标准限量的农药、重金属的小龙虾是可能存在的。HACCP小组成员通过对工厂所在区域和邻近区域小虾的环境化学污染物的复查结果也证明了这一点。一般情况下，与农田相连的小河沟（特别是死水沟）里的小龙虾，其农药残留和重金属含量均可能超过限量标准。这种危害显然是显著的，而且，一旦含有超标准限量农药残留和重金属含量的小龙虾原料进入加工车间，所有工序无法将此危害加以消除或降低到可接受的水平。小组判定，小龙虾原料的农药残留、重金属危害是显著危害。

（2）原料中的致病菌危害：小组成员确定小龙虾原料存在致病菌是可能的，其存在是不安全的，致病菌危害是显著危害。

（3）温度/时间控制不当造成的致病菌生长的危害：由于采用活虾作为原料，活体动物有抑制致病菌生长的自卫机制，因此在挑选和清洗中，时间/温度控制不当造成致病菌生长的危害不是显著的。而蒸煮以后的工序，加工时间很短，因此致病菌生长危害也是不显著的。

（4）加热不足残存致病菌的危害：蒸煮的温度和时间对杀灭致病菌或将其降低到可接受水平是至关重要的。蒸煮温度和时间中的任何一项达不到要求均有可能造成致病菌的残活，蒸煮不足造成残存致病菌的危害是显著的。

小组成员经过分析，认为该厂的整个加工过程中未使用任何食品添加剂和色素，因此，成品中不可能存在《指南》第19章的"食品添加剂"的危害，即食品添加剂的危害不是显著危害。

小组成员经过分析，认为该厂加工过程中采用手工作业，所使用的一切器具和设备均不产生金属碎片，因此成品不可能存在"金属杂质"的危害，即金属杂质的危害不是显著危害。

7. 确定关键控制点（CCP）

从分析可以看出，原料验收工序中原料农残、重金属危害、原料中的致病菌危害、蒸煮工序中致病菌残存危害是显著危害。

小组成员应用CCP判断树，经过分析确定：

（1）原料接收作为控制农药残留、重金属危害的关键控制点。理由是：假如该工序不控制此种显著危害，以后的工序均无法消除或无法将其降低到可接受水平。

（2）原料接收不作为控制原料所带致病菌危害关键控制点。理由是：该工序后面还有蒸煮工序可将致病菌杀灭或降低到可接受水平。

（3）蒸煮工序作为致病菌残活危害的关键控制点。理由是：一旦蒸煮温度/时间控制不当而导致致病菌残存，蒸煮后的工序无法将此危害消除。

冻煮小龙虾仁危害分析工作表

企业名称：××水产品冷加工公司　　　　　企业地址：××省××市××路××号
产品种类：冷冻、煮熟、去黄、去肠腺小龙虾仁　　产品包装形式：塑料袋真空包装后装纸箱
销售和储存方法：−18℃以下冷冻　　　　　用途和消费者：公众，即食

1	2	3	4	5	6
加工工序	确定本工序中引入的、增加的或需要控制的潜在危害	潜在危害是否显著？（是/否）	对第3栏的判定依据	对显著危害的预防措施	该步骤是否是关键控制点（是/否）
原料验收	生物的危害 致病菌	是	原料虾生长环境中可能存在致病菌	蒸煮工序可杀死致病菌	否
	化学的危害 农药残留、重金属	是	原料虾生长环境中可能存在	凭原料虾安全区域产地证明书收货	是
	物理的危害 无				
包装材料验收	生物的危害 致病菌污染	否	不可能发生		
	化学的危害 化学污染	否	不可能发生，无化学污染历史		
	物理的危害 无				
包装材料储藏	生物的危害 无				
	化学的危害 无				
	物理的危害 无				
原料虾挑选	生物的危害 致病菌生长 致病菌污染	否 否	活体动物，不会发生 SSOP控制		
	化学的危害 消毒剂残留	否	SSOP控制		
	物理的危害 无				

续表

1	2	3	4	5	6
原料虾清洗	<u>生物的危害</u> 致病菌生长 致病菌污染	否 否	活体动物，不会发生 SSOP控制		
	<u>化学的危害</u> 消毒剂残留	否	SSOP控制		
	<u>物理的危害</u> 无				
蒸煮	<u>生物的危害</u> 致病菌残存	是	温度/时间不当造成致病菌残活	控制蒸煮温度和时间	是
	<u>化学的危害</u> 消毒剂残留	否	SSOP控制		
	<u>物理的危害</u> 无				
冷却	<u>生物的危害</u> 致病菌再污染 致病菌生长	否 否	SSOP控制 时间很短，不会发生		
	<u>化学的危害</u> 消毒剂残留	否	SSOP控制		
	<u>物理的危害</u> 无				
去头去壳去黄去肠分级	<u>生物的危害</u> 致病菌再污染 致病菌生长	否 否	SSOP控制 时间很短，不会发生		
	<u>化学的危害</u> 消毒剂残留	否	SSOP控制		
	<u>物理的危害</u> 未发现				
半成品检验	<u>生物的危害</u> 致病菌污染 致病菌生长	否 否	SSOP控制 时间很短，不会发生		
	<u>化学的危害</u> 消毒剂残留	否	SSOP控制		
	<u>物理的危害</u> 无				

续表

1	2	3	4	5	6
称重装袋	生物的危害 致病菌再污染 致病菌生长	否 否	SSOP 控制 时间很短,不会发生		
	化学的危害 消毒剂残留	否	SSOP 控制		
	物理的危害 无				
真空封袋	生物的危害 致病菌再污染 致病菌生长	否 否	SSOP 控制 时间很短,不会发生		
	化学的危害 消毒剂残留	否	SSOP 控制		
	物理的危害 无				
冻结	生物的危害 致病菌生长	否	快速冷冻不可能发生		
	化学的危害 消毒剂残留	否	SSOP 控制		
	物理的危害 无				
装箱	生物的危害 致病菌生长	否	冷冻状态下不可能发生		
	化学的危害 无				
	物理的危害 无				
冻藏	生物的危害 致病菌生长	否	冷冻状态下不可能发生		
	化学的危害 无				
	物理的危害 无				
运输	生物的危害 致病菌繁殖	否	冷冻状态下不可能发生		
	化学的危害 无				
	物理的危害 无				

四、完成 HACCP 计划表阶段

1. 填写 HACCP 计划表第 1 栏、第 2 栏，完成 HACCP 计划表

HACCP 计划表第 1 栏、第 2 栏的内容在危害分析工作单中均能找到。

小组在完成第 1 栏、第 2 栏填写后，针对每个关键控制点控制的每种显著危害的相关内容，继续进行后续的工作步骤，直到最后完成 HACCP 计划表。

2. 设定关键限值（CL）

（1）原料的环境污染物和农药残留　由于小龙虾原料应控制的环境污染物和农药残留达 13 种，而且目前尚无快速检测方法能适用于原料验收和农药残留。在进行普查的基础上，划分出安全区域和不安全区域，然后在原料验收时检查原料捕捞地证明。普查结果表明，本区域及邻近区域湖河中的小龙虾是安全的，而小水沟及农田中的小龙虾是不安全的。

因此，环境污染物和农药残留的关键限值就是每批原料虾所附有的来自安全区域的捕捞地书面证明或标签。

（2）蒸煮不当造成致病菌残活　该企业的蒸煮工艺有两种形式：一是蒸煮锅，二是螺旋推进式蒸煮机。

小组成员通过生产实践，在蒸煮锅中的蒸煮筐容量和蒸煮锅水容量固定的情况下，确定以蒸煮锅形式蒸煮时杀灭致病菌的温度关键限值为不低于 100℃，时间的关键限值为不少于 5min。在蒸煮机的水容量和进料量固定的情况下，确定以蒸煮机形式蒸煮时杀灭致病菌的温度关键限值为不低于 98℃，时间的关键限值以转速来体现，为不高于 400r/h（相当于 6min）。两种形式的时间关键限值之所以相差 1min，是因为蒸煮机蒸煮时的进料量（原料虾与蒸煮用水的比例）比蒸煮锅蒸煮时的进料量大，而且温度关键限值低。

为了减少由于操作失误或其他原因造成的偏差，HACCP 工作小组还为这两种蒸煮形式分别设置了操作限值，分别为：蒸煮锅蒸煮为 100℃ 和 5.5min，蒸煮机蒸煮为 99℃，360r/h（相当于 6.5min）。

3. 建立监测程序

（1）原料虾环境污染物和农药残留

① 监测对象：原料虾捕捞地书面证明或标签。

② 监测方法：审阅。

③ 监测频率：收到的每批原料。

④ 监测人员：原料验收检验员。

（2）加热不足残存致病菌

① 监测对象：温度和时间/温度和转速。

② 监测方法：肉眼观察沸腾和计时器/数字式温度计和转速计，这些时间温

度显示装置应安装在易于读取的位置。

③ 监测频率：每锅/30min。

④ 监测人员：蒸煮操作安排1人负责。

4. 建立纠正措施程序

（1）原料虾环境污染物和农药残留危害的关键限值发生偏离时（即发现原料虾来自不安全区域或产地不明时），其纠正活动程序为原料验收检验员必须拒收此原料。

（2）蒸煮工序的关键限值发生偏离时，其纠正活动程序包括以下两个方面：

① 停止蒸煮：加大蒸汽，提高蒸煮温度至不低于关键限值；降低蒸煮机转速不高于关键限值。

② 对已出现偏离的半成品虾采取重新蒸煮的方法；蒸煮机蒸煮的，在发现偏离关键限值前30min蒸煮的小龙虾产品应单独标记存放，以便重新评估。

5. 建立记录保存体系

HACCP工作小组在考虑记录表的格式时，既考虑到了监控数据的客观性和完整性，又考虑到了记录表格的现场可操作性。在原料验收的关键点监控记录表中，不仅包括对关键限值的监控情况，还包括原料的其他方面质量的验收情况。由于采用两种不同的蒸煮形式，所以蒸煮监控记录也有两种格式。

6. 建立验证审核程序

建立验证审核程序的目的是为了充分确保HACCP计划始终被执行。所有的验证活动都必须记录下来。

（1）小龙虾原料验收CCP的验证程序

① 每审核一次原料验收记录和纠偏活动记录，审核人员在审核后签署姓名及审核时间。

② 每年对不同区域捕获的小龙虾原料进行一次农药残留、重金属含量普查，以确保捕捞区域原料虾的安全。

（2）蒸煮CCP的验证审核程序

① 每日审核一次蒸煮记录和纠偏活动记录，审核人员在审核后签署姓名和审核时间。

② 每周用水银温度计校正数字式温度计。

③ 每周用计时器校正蒸煮机的转速针。

④ 每周对计时器进行一次校正。

⑤ 每季对用于校正的水银温度计进行一次校准。

⑥ 定期抽取一个成品样进行致病菌检验。

至此，冻煮小龙虾仁HACCP计划表已填写完成，如下所示。

冻煮小龙虾仁 HACCP 计划表
（用蒸煮锅蒸煮）

1	2	3	4	5	6	7	8	9	10
关键控制点（CCP）	显著危害	关键限值	监控对象	监控方法	监控频率	监控人员	纠偏措施	记录	验证
原料验收	农药残留、重金属	每批原料虾均有能证明原料虾捕自安全捕捞地的证明书或标签	安全捕捞地证明书或标签	审阅	每批	原料验收检验员	拒收非安全区域捕捉的或产地不明的原料	原料验收记录	每日审核一次记录，每车对原料虾产地进行一次农药残留、重金属含量普查
蒸煮	致病菌残存	100℃至少蒸煮5min	温度和时间	肉眼观察沸腾和肉眼观测计时器	每锅	蒸煮操作工	如偏离：停止蒸煮，调整温度和时间，或对成品、半成品重新蒸煮进行隔离、评估	蒸煮记录	每日校正一次计时器，定期抽取成品样品做微生物检验
原料验收	农药残留、重金属	每批原料虾均有能证明原料虾捕自安全捕捞地的证明书或标签	安全捕捞地证明书或标签	审阅	每批	原料验收检验员	拒收非安全区域捕捉的或产地不明的原料	原料验收记录	每日审核一次记录，每车对原料虾产地进行一次农药残留、重金属含量普查
蒸煮	致病菌残存	在不低于90℃的温度下至少蒸煮6min（即蒸煮机转速不低于400r/h）	温度和转速	数字式温度计和肉眼观测转速计	每30min观测一次	蒸煮操作工	如偏离：停止蒸煮，调整温度和时间，或对成品、半成品重新蒸煮进行隔离、评估	蒸煮记录	每周校正一次转速计，每周用水银温度计校准一次数字式温度计，定期抽取成品样品进行微生物检验

企业名称：××水产品冷冻加工公司　　产品名称：冻煮小龙虾仁
企业地址：×××省×××市××路×××号　　销售及储存方式：-18℃以下冷冻
签　署：　　　　　　　　　　　　　　　预期用途和消费者：公众，即食
日　期：

五、实施及完善阶段

HACCP 工作小组完成 HACCP 计划的制定后，对全厂的管理人员和操作人员进行了一次 HACCP 相关知识的培训；对卫生监控人员、CCP 监控人员进行监控方法、频率、纠正活动和记录等方面的培训。

通过 HACCP 计划的制定，对照 FDA 的管理要求，HACCP 小组也发现了存在的一些问题，主要问题如下：

(1) 蒸煮－加热工序所采用的加热温度/时间只是通过经验确定的，加热条件的制定缺乏科学数据，加热后虾体达到的中心温度和杀菌值（F）是多少不甚清楚。工厂应在考虑加热前半成品的初温、虾体大小和其他影响传热速率的基础上，进行热穿透（heat penetration）试验，确定杀灭致病菌的最低热力杀菌条件。关键限值应按热穿透试验结果确定并作为评估蒸煮 CCP 偏离时产品是否安全的依据。热穿透的资料应妥善存档。

(2) 加热设备缺乏热分布（heat distribution）测试资料，能否使所有被加热的半成品在加热结束后获得相同的不低于最低热力杀菌条件的加热处理尚待确认。热分布的资料应妥善存档。

(3) 加热工序应尽可能采用连续监控手段，如温度自动记录仪。

(4) 前提计划仅有 SSOP，缺乏产品的识别代码计划等必备计划，欠完善。

(5) 原料验收（CCP）的监控程序相对薄弱，应建立对原料收购的检测验证，定期测定农药残留、重金属含量，强化监控。原料收购检测验证的记录应妥善存档。

HACCP 小组将根据目前存在的问题进一步采取措施，以期尽快达到美国海产品 HACCP 的要求。

第七章 食品新资源及安全性

【学习目标】
1. 了解各种新资源食品的概况；
2. 了解新资源食品的安全情况；
3. 了解新资源食品的安全评价。

第一节 转基因食品及安全性

一、转基因食品概况

利用基因工程手段，将某些生物的基因转移到受体物种中去，改造生物的遗传物质，使其在营养品质、消费品质等方面符合人类需要，这些直接作为食品的转基因生物或转基因生物为原辅料加工生产的食品就是转基因食品。

人类第一次成功实现的基因重组是 Cohen 研究小组在 1973 年完成的，他们利用转基因技术或者基因工程技术人为地进行了遗传物质的定向转移，从而打破了生物种属间的自然隔离屏障，以此改变动植物和微生物的生物特性。经过多年的研究与应用，这项技术在很多相关领域已经取得突破性的进展，并得到长足的发展，使得新的遗传工程体源源不断地问世。

转基因技术目前主要应用在如下几个方面：

① 通过提高作物的抗逆性和改良作物性状来提高产量，而且因为大幅度减少了农药的使用和用量，在增加粮食产量的同时还能保护生态环境和降低生产成本。

② 利用转基因动物生产更多的肉类食品和能用于人类移植的器官。

③ 利用转基因生物生产治疗人类疾病的珍贵药物等。

20多年来，无论是转基因产品的种类还是转基因产品的数量均有很大增长。据统计，世界转基因作物种植面积 1996 年为 170 万公顷，2003 年为 6770 万公顷，增加了近4倍。从不同转基因作物种类看，转基因大豆发展最快，2003 年全球有 3725 万公顷（占全球转基因作物面积的 55%），其次是转基因玉米为 745 万公顷（11%），转基因棉花为 1420 万公顷（21%），转基因油菜为 1085 万公顷。转基因作物种植面积几乎超过了任何以往其他生物产品发展的速度和步伐，可以预计今后仍将继续保持强劲的发展势头。

二、转基因食品的种类及特点

按转基因生物来源的不同可将转基因食品分为三类。

1. 转基因植物性食品

转基因植物性食品的主要品种有小麦、玉米、水稻、大豆、蔬菜、马铃薯、番茄等。目前转基因植物研究的重点在于研究培育延缓成熟、耐极端环境、抗虫害、抗病毒、抗枯萎等性能的作物,提高植物的生存能力;培育不同脂肪酸组成的油料作物、多蛋白质的粮食作物、不同糖类组成的经济作物等可以廉价生产具有特殊价值的农业产品。

2. 转基因动物性食品

转基因动物的生产中主要以培育生长速度快、抗病力强、肉质好的转基因动物,以提高产仔(卵)数、饲料转化率、增加动物的产奶量和改善奶的组成成分为目标,主要应用于鱼、猪、牛、羊等。

3. 转基因微生物发酵食品

着重于改造有益微生物,生产食用酶,提高酶产量和酶活力,改善发酵食品的风味和品质,主要有转基因酵母和食品发酵用酶等。

转基因食品的主要特点是利用转基因技术将特定的优良基因片断导入受体生物体内,以获得物化性质、营养品质和消费水平等方面更符合人们需要的新产品。

三、研究转基因食品的目的

研究转基因食品主要有以下六个方面的目的。

1. 提高产量、增强抗性(特别是农作物的抗病虫害、抗逆境的性能)

农作物增产与其生长、分化、肥料、抗逆、抗虫害等因素密切相关,通过转移或修饰相关的基因可达到增产效果。通过基因工程,我们可以获得高产、稳产、多抗性的优良农作物品种,改良植物性食品的生产性能。例如,将携带抗虫性状的外源性基因转移到玉米上,获得抗虫基因的玉米表现出抗虫特性。20 世纪 80 年代以来,有近 30 种转基因植物进入商业化生产,例如大豆、番茄、玉米、小麦、西葫芦等。

通过基因工程可以培育生长速度快、抗病力强、肉质好的转基因动物。例如将外源性生长激素基因导入目标动物,使该动物的肌肉蛋白含量和饲料转换率明显提高,生长速度加快。转基因鱼可以加快自身的生长,如"AF 蛋白"公司将两种鱼类基因——生长激素基因和激活该生长激素基因的基因转移到大西洋鲑鱼体中,转基因鲑鱼生长速度可提高 10 倍;转基因羊可提高羊毛产量等。

利用基因工程可以改变微生物生理调控机制,获得高产菌株,改善微生物来源的有机酸、氨基酸、维生素、酶、香料、单细胞蛋白质以及传统酿造食品的生产工艺，可以提高产品产量，降低生产成本。

2. 改善营养品质

改良植物性食品的营养品质有以下两种基因工程途径：

① 在目标植物中转入产生所需要成分的基因。许多粮食作物缺少人体必需的氨基酸，为了改变这种状况，可以从改造种子的蛋白质基因入手，使其表达的蛋白质具有合理的氨基酸组成。例如，将玉米中编码必需氨基酸的基因引入马铃薯，得到必需氨基酸含量增加10%以上的转基因马铃薯；把编码大豆铁蛋白的基因导入水稻，可使转基因水稻种子胚乳中铁的含量提高3倍等。

② 通过删除有害性状基因，使转基因作物品质通过基因操作而得到改善，例如消除蔬菜、水果中脂肪氧化酶、多酚氧化酶基因，以提高产品的加工性能和感官质量，延长保质期等。利用这一方法还可对农作物食品进行转基因脱毒。

3. 增加保健功能

开发转基因生物生产基因工程疫苗或抗体－食品疫苗，是当前研究的热点之一。通过转移病原体的抗原基因或毒素基因至粮食作物、果树及动物受体细胞中，使其产生相应的抗体。食用此类食品，相当于在补充营养的同时服用了疫苗，起到预防疾病的作用。已报道研究成功的例子很多，如能够分泌抗人类病毒疫苗乳的转基因牛、羊，能够增加牛乳中乳铁蛋白含量的转基因牛，能够生产含有抗感染人类抗体、人类生长因子、人类干扰素鸡蛋的转基因鸡，以及能够生产含有人类抗体血清的转基因猪等。另外，有的转基因食物可防止动脉粥样硬化和骨质疏松。还有，通过对将各种不同糖类为发酵原料的酵母菌的酶基因重组，得到能把糖化液中所含各种糖完全发酵的菌株，生产出可供糖尿病人饮用的"淡啤酒"等。

4. 增加生物多样性

通过不同种间的基因重组可形成新品种，所获得的转基因食品可能在口味、色泽和香气方面具有新的特点。因此，可以按各个国家的需求来培植农作物，生产所需的食品。如通过导入硬脂酸－ACP脱氢酶的反义基因，可使转基因油菜种子中硬脂酸的含量从2%增加到40%；而将硬脂酸－CoA脱饱和酶导入作物后，可使转基因作物中的饱和脂肪酸（软脂酸、硬脂酸）的含量下降，不饱和脂肪酸（油酸、亚油酸）的含量增加，其中油酸的含量可增加7倍。

将植物或动物基因转入微生物目标菌中并得到表达，开发出新的食品生产基因工程菌，由此利用微生物发酵法生产植物和动物性食品原料、食品添加剂、食品生产用酶类等产品，有利于提高原料利用率、降低生产成本和开发新的食品来源。

5. 改善植物性食品的加工、储藏性能

通过基因工程技术，改变作物产品的物质组成，使之更适于各种不同的食品加工工艺和保鲜的需要。应用转基因技术还可以解决植物性食品储藏保鲜的难题。番茄、香蕉、草莓、蜜桃、杏、荔枝等果蔬产品在收获后的储藏、运输及销售过程中,由于果实的后熟难以控制,常常导致软化、过熟、腐烂变质而造成巨大损失;传统的储藏保鲜技术如冷藏、涂膜保鲜、气调保鲜等在储藏费用、期限、保鲜效果等方面存在不足,难以满足人民生活水平日益提高的需求。随着对果蔬成熟及软化机制的深入研究和基因工程技术的迅速发展,使得通过基因工程方法直接生产耐储藏的果蔬品种已成为可能,目前无论在国外还是国内都已有商品化的转基因耐储藏番茄的生产。

6. 有利于保护环境

传统农业的耕种主要依靠施用化肥来提高产量、靠农药来防治病虫害,其带来的负面影响是综合地力下降及造成了环境污染。具有抗病虫害功能和可抗逆境生存的转基因作物,提高了对疾病的抵御能力,可减少由于使用农药造成的环境污染,降低农作物生产成本,如转基因马铃薯、水稻、大豆、小麦等,能抵御各种病虫害和杂草,不用喷洒农药,可避免农药污染。我国首创的将人工合成的抗菌肽基因以农杆菌为载体导入水稻细胞,得到6种抗白叶黏病细菌病害株系;把北冰洋比目鱼的抗冻基因导入草莓中,可提高转基因草莓的抗冻能力。

四、转基因食品的安全性问题

从理论上讲,转基因技术和常规育种技术一样都是通过优良基因重组获得新品种,只不过运用的技术手段不同而已。常规育种之所以能被大多数人接受,主要是由于常规育种是在自然生态环境中,在仅限于种内或近缘种间进行。但是转基因技术则不同,它是对原有品种的部分性状进行修饰或根据人类的愿望增加其有利性状,消除其不利性状;它可以将自然界几乎不可能发生或者是很难发生的现象通过基因重组获得实现,由此也引起人们密切关注它的安全问题。转基因食品的安全性主要包括两个方面:一是对人体的影响(近期安全性问题);二是对生态环境的影响(远期安全性问题)。

1. 转基因食品对人体健康可能产生的影响

(1) 潜在致敏性 食物过敏被定义为一种对食物中存在的抗原分子的不良免疫介导反应,这是全世界关注的公共卫生问题。据统计,全世界有近2%的成年人和4%~6%的儿童会产生过敏反应,其中90%以上的过敏反应是由蛋、鱼、乳、甲壳动物、花生、大豆、小麦和核果类等引起。因此,要加强对转基因食品的管理,对它的潜在致敏性必须进行严格的上市前试验,并在上市后对食用人群进行跟踪监测。

(2) 对食品营养品质的改变 外源基因的引入有可能会对某些食品的营养价值产生无法预期的改变,其中可能会使某些营养成分含量降低,也有可能使某些营养成分含量增加,从而造成体内营养素平衡紊乱。转基因食用植物和动物中的营养成分改变对营养成分间的相互作用、营养基因间的相互作用、营养的生物利用率、营养的潜能和营养的代谢等方面的影响的问题，目前还在继续研究中。

（3）转基因食品的潜在毒性　遗传修饰在打开一种目的基因的同时，也可能会无意中连带提高某天然植物毒素的表达水平。某些天然毒素基因，例如马铃薯的茄碱、番茄毒素、木薯和利马豆的氰化物、豆科的蛋白酶抑制剂等，都有可能受到影响，使这些毒素的表达水平和含量增加，直接危及消费者的健康。关于转基因食品的毒性问题目前只有一些相关的动物试验报道。

（4）对人肠道微生态环境的影响　转基因食品中的标记基因有可能传递给人体肠道内正常的微生物群，引起菌群谱和数量变化，通过菌群失调影响人的正常消化功能。

2. 转基因食品对生态环境可能产生的影响

人类历史上几千年的作物改良，所产生的一个总体效应是：作物遗传改良的程度越高，对人类创造的环境的依赖性就越大，在自然条件下就越难生存。转基因植物是近年来出现的新生事物，发展十分迅速，种植面积直线上升。随着转基因植物的迅速发展，关于转基因植物的争论也越来越激烈，如转基因植物是否演化为"超级杂草"、外源基因扩散至亲缘野生种、外源抗病毒基因是否会引起新病原菌产生等。在这些争论中越来越多地掺入了是否会对生态环境产生影响以及经济、贸易和政治因素。现在越来越多的人认为转基因植物对生态环境的影响比对人类健康的直接影响可能更大。

五、转基因食品的安全性评价

1. 安全性评价的必要性

在生物技术迅速发展的同时，相应地加强对转基因生物或转基因食品的安全性评价，保证转基因食品的研究、生产和消费的安全水平，对于学科和产业的健康发展既十分必要，又非常迫切，是转基因生物技术领域科学家要勇于面对的课题。

2. 安全性评价的基本原则

OECD（经济合作与发展组织）于1993年发表了现代生物技术生产的食品的安全性评价——概念与原则的报告，提出"实质等同性"是评价食品安全性最有效的途径。FAO/WHO在2000年的专家联合咨询会议上讨论了转基因食品安全与营养评价的科学基础和法则，认为实质等同性是转基因食品安全性评价框架的核心内容。

实质等同性是指"对单一的、生化上明确的食品或原料，它的生化属性在相似的传统食品的自然变动范围之内；对复合的食品或原料来说，其成分、营养价值、代谢、用途以及不良物质等在相似的传统食品或原料的已知和可测的自然变动范围之内"。如果某种新食品或食品成分与现有的食品或食品成分是实质等同的，那么它们是同等安全的。评价转基因食品安全性的目的不是要了解食品的绝对安全性，而是要评价它与非转基因的同类食品比较的相对安全性。

3. 转基因食品安全性评价的主要内容

① 转基因成分及稳定性：包括目的基因、调控基因、标记基因、外源蛋白质等；

② 来自食品作物、动物的特征毒素及抗营养因子；

③ 致敏原；

④ 重要的营养成分含量和生物利用度；

⑤ 致突变性、致畸性、致癌性。

4. 转基因食品安全性评价的方法

（1）食品毒理学评价方法　我国卫生部于1985年修订的《食品安全毒理学评价程序和方法》所规定的内容也适用于转基因食品的安全性评价。现在使用的转基因食品安全毒理评价主要是利用动物喂养试验；同时，转基因食品的毒性评价还需考虑试验动物的广泛性和环境生态效应等内容。

（2）潜在致敏性试验　致敏性试验的目的是检测出引起过敏反应的蛋白质。

（3）微生物试验　微生物试验包括微生物定植试验和微生物致病性试验。微生物定植能力通过检测粪便微生物含量来评价。对于本身是活菌或含有活菌的新型食品要对这项指标进行评价，要对已有特定的微生物或人肠道微生物群定植的啮齿类动物或无菌动物进行稳定性和亚急性试验与评价，以便进行下一步的毒理学试验。

（4）对人类的安全性验证试验　对人类的安全性验证试验包括耐受量、对肠道菌群谱和数量的作用以及对生物标记的效应等方面进行检测等内容。

新型食品和原料上市一定时间后，研究其在消费者中产生不良反应的原因，可以进行新型食品安全性的再评价工作，在这方面可以借鉴药品再评价的经验。

六、转基因食品的检测

转基因食品的检测是指对食品原料和深加工食品中的转基因成分进行检测，是保证其质量和安全的必要手段。检测方法目前主要有三种：一是核酸检测方法，包括聚合酶链式反应（PCR）、连接酶链式反应（LCR）、指纹图谱法（RFLP、AFLP及RAPD等）、探针杂交法等；二是蛋白质检测方法，包括蛋白质单向电泳、蛋白质双向电泳、Western杂交分析及ELISA；三是酶活力检测方法。对于加工后产品的检测一般不采用酶活力检测方法及蛋白质检测方法。在加热的过程中，核酸的破坏较小，通过核酸检测方法可对各种样品进行检测。另外，现有的基因检测手段比蛋白质检测手段更加灵敏、有效，而且操作简便、结果精确，所以PCR技术是实验室应用最为广泛的检测方法。

1. PCR的检测方法的基本原理

以特定的基因片断（DNA片断）为模板，利用人工合成的一对寡核苷酸为引物，以四种脱氧核苷酸为底物，在耐高温 DNA 聚合酶的作用下，通过 DNA 模板的变性、模板与引物的退火及引物的延伸三个阶段的多次循环，使模板 DNA 扩增。

2. 检测步骤

（1）外源基因的分离、提取　转基因食品的种类不同，分离提取外源基因的具体方法也不完全相同。一般来说，主要包括以下操作：从食品样品释放出外源基因，包括将食品样品研细，使细胞破碎，并用适当的缓冲剂萃取破碎细胞中游离出来的 DNA；去除萃取液中的蛋白质；将萃取液中的蛋白质用酒精沉淀等。

（2）PCR 扩增反应　根据转基因食品中外源基因的特点，设计并合成相应的引物，控制适宜的变性、退火及延伸反应条件，以所分离的外源基因 DNA 为模板在 PCR 仪中进行 PCR 扩增反应。

（3）PCR 扩增产物的检测　采用适当的方法对 PCR 扩增产物进行分析，如果扩增反应的产物与外源基因片断相同，表明该食品样品中含有外源基因，可判断为转基因食品。相反，如果扩增反应的产物与外源基因片断不相同，则表明该食品样品中不含有此类外源基因，可判断为非转基因食品。

第二节　绿色食品与有机食品

一、绿　色　食　品

1. 绿色食品的概念

1989 年，我国提出了绿色食品的概念。绿色食品是指遵循可持续发展和有机农业原则，在空气、土壤和水源均无污染的生态环境之中，应用无公害生产的操作规程，产出和加工出的安全优质、富于营养，并经绿色食品发展机构认证，允许使用绿色食品标志的一切食用农副产品的总称。

绿色食品种类繁多，它涉及酒、肉、菜、奶、罐头、水果、饮料、粮食、蛋品、调料等，而并非只是蔬菜类。绿色食品按照来源来分有两大类，即植物源绿色食品和动物源绿色食品。

2. 绿色食品的特征

绿色食品与普通食品相比有以下三个显著的特征。

（1）强调产品出自最佳生态环境　绿色食品生产从原料产地的生态环境入手，通过对原料产地及其周围的生态环境因子严格监测，判定其是否具备生产绿色食品的基础条件，而不是简单地禁止生产过程中化学合成物质的使用。这样既可以保证绿色食品生产原料和初级产品的质量，又有利于强化企业和农民的资源和环境保护意识，最终将农业和食品工业发展建立在资源和环境可持续利用的基础上。

（2）对产品实行全程质量控制　绿色食品生产实施"从农田到餐桌"全程质量控制，而不是简单地依靠最终产品有害成分含量和卫生指标的测定，从而在农业和食品生产领域树立了全新的质量观。通过生产前环节的环境监测和原料检测，生产中环节具体生产、加工操作规程的落实，以及生产后环节产品质量、卫生指标、包装、保鲜、运输、储藏、销售的控制，确保绿色食品的整体产品质量，并提高整个生产过程的技术含量。

（3）对产品依法实行标志管理　绿色食品标志是一个质量证明商标，属知识产权范畴，受《中华人民共和国商标法》保护。政府授权专门机构管理绿色食品标志，这是一种将技术手段和法律手段有机结合起来的生产组织和管理行为，而不是一种自发的民间自我保护行为。对绿色食品产品实行统一、规范的标志管理，不仅将生产行为纳入技术和法律监控的轨道，而且使生产者明确了自身和对他人的权益责任，同时也有利于企业争创名牌，树立名牌商标保护意识，提高企业和产品的社会知名度和影响力。

3. 绿色食品的等级和标准

根据质量差别及我国农业和食品工业的生产、加工及管理水平，我国将绿色食品分为 A 级和 AA 级两个产品等级。

A 级绿色食品：是在环境质量符合标准的生产区，限量使用化学合成物质，按照一定的规程生产、加工、包装、检验，符合标准的产品。尽管允许有限度地使用某些种类的化学肥料，但仍要以有机肥为主，其用量应占到总用肥量的一半以上，且最后一次施肥应与收获期有一定间隔。

AA 级绿色食品：是在环境质量符合标准的生产区，不使用任何有害的化学合成物质，按照一定的规程生产、加工、包装，并经检验合乎标准的产品。允许使用含有磷、钾、钙元素的矿物肥，倡导使用腐熟的有机肥料、绿肥和生物肥，不允许使用城市垃圾作肥料；养殖中不允许使用化学饲料添加剂和抗生素；加工中不允许使用化学食品添加剂和其他有害环境与健康的物质。

我国绿色食品标准涉及以下几个方面：

（1）产地环境质量标准　绿色食品产地环境质量标准规定了产地的空气质量、土壤质量、农田灌溉水质、家禽养殖用水的各项指标以及有害物含量限值、检测和评价方法。要求生产区域内没有工业直接污染，上风方向和水源上游没有污染源，并要求有一套措施，确保该区域在以后的生产过程中环境质量不下降。

（2）生产技术标准　绿色食品生产过程控制是保证绿色食品质量的关键，因而，绿色食品生产技术标准是绿色食品标准体系的核心。该生产技术标准包括生产资料使用准则和加工技术操作规程。生产资料使用准则是对生产过程中物质投入的规定，即对禁止、限制和允许使用的生产资料做出明确的规定；加工技术操作规程中，对允许使用的生产投入品的使用方法、用量、使用次数和休眠期等加以规定，运用保证产品安全性和提高产品品质的技术，用于指导生产活动。

（3）产品标准　产品标准包括食品的外观品质、营养品质以及卫生品质，突出了对农药残留、重金属残留和兽药残留的严格限量标准，以保证绿色食品安全、无污染。这是衡量绿色食品最终产品品质的尺度，也是绿色食品生产、管理水平的集中反映。

（4）包装和标签标准　包装标准规定了绿色食品包装材料选用的范围、种类和标识等。包装材料要求安全、坚固、便于回收和循环利用。包装过程要有利于食品安全、环境保护、节约材料和能源。

绿色食品标签除要符合国家《食品标签通用标准》外，还要求其图形、字形、颜色、广告用语等符合《中国绿色食品商标标志设计使用规范手册》规定。产品出厂时，须贴上或印上专门的标签，标明产品名称、采摘或包装日期、生产或经营单位并加贴绿色食品标记。

（5）储藏和运输标准　储藏和运输标准对储运的条件、方法、时间等做了明确的规定，以保证最终产品不遭受二次污染，不改变品质，并仍要求有利于环保和节能。

另外，还包括《绿色食品推荐肥料标准》、《绿色食品推荐农药标准》、《绿色食品推荐食品添加剂标准》和《绿色食品生产基地标准》等。

4. 绿色食品安全性

按照国家绿色食品标准体系生产的绿色食品是安全的。开发绿色食品本身就基于这样的目的：一是通过消费绿色食品，增进人们的身体健康；二是通过生产绿色食品，保护自然资源和生态环境。发展绿色食品，既能保证人体健康，促进食物生产和农业的发展，满足当代人的需要，又能有效地保护自然环境和生态环境，不损害子孙后代的利益。随着生活水平的提高和人们对污染食品危害认识的增强，绿色食品的需求将不断增加。

影响绿色食品安全性的因素主要是环境污染尚未能有效控制、生产污染还不能全面控制。要从根本上减少和防止农业生产的外源污染，就要提高环境监测技术、减少和防治工业生产污染。防止农业生产污染的核心是研制和开发新的高效、低毒残留农药，特别是植物源新农药。减少化肥使用后，应大力开发缓释肥料和复合肥料，特别是有机复合肥，减少氮素化肥的损失；开发磷细菌肥、钾细菌肥，提高磷钾元素的利用效率；开发各种微量元素肥料，以减少氮素化肥的用量，提高产品的品质。在畜牧业中，需要提高规模化饲养、疫情监测、控制技术和畜禽疫病防治技术。在食品加工中，开发新型植物性的和微生物技术生产的食品添加剂，减少化学食品添加剂。

二、有机食品

1. 有机食品概述

有机食品是指来自于有机农业生产体系，根据国际有机农业生产要求和相应的标准生产加工的，并通过独立的有机食品认证机构认证的一切农副产品，包括粮食、蔬菜（含食用菌）、水果、乳制品、畜禽产品、蜂蜜、水产品和调料等。

有机农业是一种完全不用化学肥料、农药、生长调节剂、畜禽饲料添加剂等人工合成物质，也不使用基因工程生物及其产物的生产体系，其核心是建立和恢复农业生态系统的生物多样性和良性循环，以维持农业的可持续发展。

有机食品必须符合这样的基本要求：原料来自有机农业生产体系或采取有机方式采集的野生天然食品；生产过程严格按照有机食品的种养、加工、包装、储藏、运输的标准进行；有机食品生产与流通过程中，有完善的质量跟踪体系和完善的生产及销售记录档案；在整个生产过程中对环境造成的污染和生态破坏最少；必须通过授权的有机食品认证机构的认证。

2. 有机食品相关标准

国家环境保护总局有机食品发展中心（简称 OFDC），在国家有机食品发展管理委员会的监督下，制定和颁布了《有机（天然）食品生产与加工技术规范》，是我国有机食品生产与加工的主要参照标准，也是有机食品认证的依据。

《有机（天然）食品生产与加工技术规范》从八个部分分别对有机农业的生产环境、有机（天然）农产品生产技术规范、有机（天然）食品加工技术规范、有机（天然）食品储藏技术规范、有机（天然）食品运输技术规范、有机（天然）食品销售技术规范、有机（天然）食品检测技术规范、有机农业转变技术规范做了具体要求，强调严格控制有机农产品生产和食品加工过程中非农业系统物的投入（化肥、农药、激素、添加剂等），保持农业内部的自然循环，严格管理生产、加工过程，从而保证产品安全和质量。

3. 有机食品与绿色食品的比较

有机食品是国际上通行的环保生态食品概念，由于纯天然、无污染、高品质而具有很高的安全性。

有机食品的安全性高于绿色食品、安全卫生优质农产品以及无公害农产品，许多国家如美、法、德、日等各国都依法对有机食品的生产全过程进行保护、监督和管理。

有机食品与绿色食品两者之间的区别体现在以下几个方面。

① 有机食品强调的是来自有机农业生产的产品，而绿色食品强调的是出自最佳生态环境的产品；发展有机食品的目的是改造、保护环境，而绿色食品是利用没有污染的生态环境。

② 有机食品生产过程强调以生态学原理建立多种种养结合、循环再生的完整体系，尽量减少对外部物质的依赖，禁止使用人工合成的农用化学品；而绿色食品标准中允许使用高效、低毒的化学农药，允许使用化学肥料，不拒绝基因工程方法和产品。

③ 有机食品强调生产全过程的管理，而绿色食品非常注重生产环境和产品

的检测结果。

第三节 保健食品及安全性

一、保健食品概述

1. 定义与要求

保健食品在许多国家有不同的概念，如在日本称为机能性食品，强调以调节人体机能为主要目的。1996年，我国卫生部发布了《保健食品管理办法》，对保健食品的概念进行了规范。

保健食品系指表明具有特定保健功能的食品，即适宜于特定人群食用，具有调节机体机能，不以治疗疾病为目的的食品。所以，保健食品的特点在于它对人体机能的调节上，而不在于对疾病的治疗上。对于生理机能正常，想要维护健康或预防疾病的人来说，是一种营养补充品；对生理机能异常的人来说，是一种调节生理机能、强化免疫功能的食品。

保健食品既是食品，又不是普通食品。首先，保健食品必须是食品，必须无毒、无害，符合普通食品的基本要求，即能提供一种或多种营养素，能被人体消化吸收，安全无害。其次，保健食品应有特定的保健功能，且是可以用科学的试验方法进行客观验证的具体、明确的功能，可满足一部分特殊人群的特殊生理机能的调节需要；同时，它不能取代人体正常的膳食摄入和对各种必需营养素的需要。再次，保健食品是适宜于特定人群食用的特殊食品，是为解决一部分特殊人群的特殊需要的特殊食品，它对食用对象、食用量都有一定的限制，并非人人皆宜。此外，保健食品虽能满足一部分特殊人群的特殊需要，但这只是在较少的食用量下，由其所含的功能因子，参加机体的生理调节作用，促进机体由一种不稳定或称诱病态向正常状态转化，所以它的作用是缓慢的。当病人处于病态时，不能取代药物对病人的治疗作用。所以保健食品不应也不能作为药品，它不能以治疗疾病为目的，只能以通过一定的途径调节机体的生理机能来满足人体的要求。

保健食品一方面应保证对人体不产生任何急性、亚慢性或慢性危害；另一方面应通过科学试验（功效成分定性、定量分析，动物或人群功能试验），证实确有有效的功效成分和有明显、稳定的调节人体机能的作用，或通过动物（人群）试验，确有明显、稳定的调节人体机能的作用。

2. 保健食品的功效成分

保健食品的功效成分主要有以下几类：

① 多糖类，如膳食纤维、茯苓多糖、灵芝多糖、香菇多糖等；

② 功能性甜味剂类，如单糖、寡糖、多元糖醇等；

③ 功能性油脂（脂肪酸）类，如多不饱和脂肪酸（油酸、亚麻酸、花生四

烯酸等)、磷脂、胆碱等；

④ 自由基清除剂类，如超氧化物歧化酶（SOD）、谷胱甘肽过氧化酶等；

⑤ 维生素类，如维生素 A、维生素 E、维生素 C 等；

⑥ 肽与蛋白质类，如谷胱甘肽、免疫球蛋白等；

⑦ 活性菌类，如乳酸菌、双歧杆菌等；

⑧ 微量元素类，如硒、锌等。

其他还有二十八烷醇、植物甾醇、皂苷等。

3. 保健食品的产品分类

保健食品按调节人体机能的作用可分为调节免疫功能食品、延缓衰老食品、改善记忆食品、促进生长发育食品、抗疲劳食品、减肥食品、耐缺氧食品、抗辐射食品、抗突变食品、抑制肿瘤食品、调节血脂食品、改善性功能食品、调节血糖食品等。

按组成和功能可分为以下几种：

① 营养型保健品。该类保健品中含有人体易缺乏的一种或数种营养成分，如维生素类、氨基酸类、微量元素类或特殊营养成分等，能针对性地补给人体所缺乏的营养，补充能量，恢复人体正常状态，避免或治疗因人体缺乏某种营养成分所导致的疾病。

② 中药型保健品。是以中医药学理论指导组方原则，适当添加相应的中药或中药提取物而制成的保健品，如降血脂、增强心肌功能的保健品等。

③ 微生态型保健品。微生态型保健品内含一种或多种有益身体的细菌，通过补充体内的有益菌，抑杀体内有害菌，防止感染性疾病的发生；有益菌还可降低体内各种毒素和废物含量；生物合成维生素等有关营养成分，有利于补充体内营养；并可防止多种慢性病及老年病的发生。

④ 综合型保健品。综合型保健品是集营养成分、中药活性成分、微生态成分于一体的保健品。由于内含成分全面，可综合调节人体生态平衡功能，具有良好的开发和使用前景。

⑤ 其他类型的保健品。主要指从龟、鳖、蛇、蚁、虫等动物中提取的活性成分制成的保健品。这类保健品富含营养成分，并具有特有的活性成分，对特定的人群具有明显的保健功能。

4. 保健食品的申请

(1) 申请人条件

① 产品注册申请是指申请人拟在中国境内生产和/或销售保健食品的注册申请。包括国产保健食品注册申请和进口保健食品注册申请。

② 保健食品注册申请人是指提出保健食品注册申请、承担相应法律责任，并在该申请获得批准后持有保健食品批准证书者。

③ 境内申请人应当是在中国境内合法登记的公民、法人或者其他组织。

④ 境外申请人应当是境外合法的保健食品生产厂商。

⑤ 境外申请人办理进口保健食品注册，应当由其驻中国境内的办事机构或者由其委托的中国境内的代理机构办理。

（2）国产保健食品申报资料项目　保健食品注册申请表；申请人身份证复印件或营业执照复印件；提供申请注册的保健食品的通用名称和已经批准注册的药品名称不重名的检索材料（从国家食品药品监督管理局政府网站数据库中检索）；申请人对他人已取得的专利不构成侵权的保证书；提供商标注册证明文件（未注册商标的不需提供）；产品研发报告（包括研发思路、功能筛选过程、预期效果等）；产品配方（原料和辅料）及配方依据；功效成分/标志性成分、含量及其检验方法；生产工艺简图及其详细说明和相关的研究资料；产品质量标准及其起草说明（包括原料、辅料的质量标准）；直接接触产品的包装材料的种类、名称、质量标准及选择依据；检验机构出具的试验报告及其相关资料，包括试验申请表、检验单位的检验受理签收通知书、安全性毒理学试验报告、功能学试验报告、功效成分检测报告、稳定性试验报告、卫生学试验报告等；产品标签、说明书样稿；其他有助于产品评审的资料；未启封的最小销售包装的样品2个。

二、保健食品的安全性

1. 保健食品的配方、生产工艺

（1）生产保健食品的企业应符合 GB 14881—1994 的规定，并应逐步健全质量管理体系。

（2）原辅料　技术要求中原料、辅料、食品添加剂等应符合相应国家标准或行业标准的有关规定。放射性物质限量应符合 GB 14882—1994 的规定。

（3）外观和功能特性　应具有保健食品特有的形态、色泽、气味、滋味、质地。不得有令人厌恶的气味和滋味。

（4）功能要求　至少应具有调节人体机能作用的某一种功能。

（5）理化要求

① 净含量：应按我国《定量包装商品计量监督管理办法》执行。单件定量包装产品的净含量与其标签标注的质量、体积之差不得超过所规定的负偏差，负偏差的范围由净含量（g 或 mL）来决定，见表7-1。

表7-1　　　　　　单件定量包装产品净含量允许负偏差

净含量	负偏差	
	%	g（或 mL）
5~50g（或 mL）	9	—
50~100g（或 mL）	—	4.5

续表

净含量	负偏差	
	%	g（或 mL）
100~200g（或 mL）	4.5	—
200~300g（或 mL）	—	9
300~500g（或 mL）	3	—
500~1000g（或 mL）	—	15
1~10kg（或 L）	1.5	—

② 功效成分和营养素：保健食品一般应含有与其功能相对应的功效成分及功效成分的最低有效含量，必要时应控制有效成分的最高限量。应含有同类属食品应有的营养素。

③ 食品添加剂和食品营养强化剂的添加量：应符合食品添加剂使用卫生标准（GB 2760）和食品营养强化剂使用卫生标准（GB 14880—1994）的规定；供婴幼儿、孕（产）妇食用的保健食品不得含有兴奋剂和激素；供运动员食用的保健食品不得含有国家标准 GB 15266—2000 规定的禁用药品。

④ 卫生要求：见表 7-2 和表 7-3。

表 7-2　　　　　　　　　　铅、砷、汞的限量

项　目	限　量	
	一般产品	个　别　产　品
铅/（mg/kg）≤	0.5	藻类和茶类为原料的固体饮料和胶囊产品 2.0
砷/（mg/kg）≤	0.3	藻类和茶类为原料的固体饮料和胶囊产品 1.0
汞/（mg/kg）≤	—	藻类和茶类为原料的固体饮料和胶囊产品 0.3

表 7-3　　　　　　　　　　微生物的限量

项　目	限　量			
	液态产品		固态或半固态产品	
	蛋白质含量≥1.0%	蛋白质含量<1.0%	蛋白质含量≥4.0%	蛋白质含量<4.0%
菌落总数/（cfu/g 或 cfu/mL）≤	1000	100	30000	1000
大肠菌群/（MPN/100g 或 MPN/100mL）≤	40	6	90	40
霉菌/（cfu/g 或 cfu/mL）≤	10	10	25	25
酵母/（cfu/g 或 cfu/mL）≤	10	10	25	25
致病菌（指肠道致病菌和致病性球菌）	不　得　检　出			

2. 国产和进口保健食品销售包装的标签

国产和进口保健食品销售包装的标签应标注以下内容：

（1）名称　按《食品标签通用标准》（GB 7718—1994）的规定，使用表明食品真实属性的保健食品准确名称，使用"创新名称"、"奇特名称"、"牌号名称"或"商标名称"时，应同时使用标明食品真实属性的准确名称，或经批准认可、表明功能作用的名称，如延缓衰老食品、减肥食品、抗疲劳食品等；不得以药品名称或类似药品的名称命名产品，并不得只标注外文缩写名称、代号名称或汉语拼音名称。

（2）配料表（配料）　按《食品标签通用标准》GB 7718—1994 中 5.2 的规定标明保健食品的配料。食品添加剂和食品营养强化剂应按 GB 2760—1996 和 GB 14880—1994 的规定，标明具体名称。

（3）功效成分和营养成分表

① 列表标明每 100g 或每 100mL 食品中起主导作用和辅助作用的功效成分含量（计量单位以 g、mg、μg 或 IU 表示）。

② 含有活性生物体的保健食品，应标明每 100g 或每 100mL 各种活性生物体的数量。

③ 现代科学技术难以确定功效成分的产品，应标明起主导作用和辅助作用的原料名称或加入量。

④ 按特殊营养食品标签 GB 13432—1992 附录 A 的规定，列表标明营养成分（营养素）的含量。

（4）保健功能　标明的保健功能应与批准确认的功能相一致；不得描述、介绍或暗示产品的"治疗"疾病作用。

（5）净含量及固形物含量　按食品标签通用标准 GB 7718—1994 中 5.3 的规定，标明净含量及固形物含量。

（6）制造者的名称和地址

① 标明保健食品制造、包装或分装单位依法登记注册的名称和地址。

② 进口保健食品可允许免除①的内容，但应标明原产国或地区（指中国香港、中国澳门、中国台湾）名称，以及总经销或代理商在中国大陆依法登记注册的名称和地址。

（7）生产日期、保质期或（和）保存期

① 按年、月、日顺序标明保健食品的生产日期。

② 按标准的规定，标明保健食品的保质期或（和）保存期。

（8）储藏方法（条件）　如果保健食品的保质期或保存期与储藏方法（条件）有关，必须标明储藏要求。

（9）食用方法

① 标明产品的食用对象，即适用的特定人群。

② 按《食品标签通用标准》（GB 7718—1994）的规定标明食用方法。每日或每次的适宜食用量，应按产品适于的特定人群分别制定标准。

（10）产品标准号和审批文号　标明产品的国家标准、行业标准或企业标准的代号和编号，以及审批文号。进口保健食品可以免除产品标准号。

（11）特殊标准内容　含有兴奋剂或激素的产品，应标明兴奋剂、激素的准确名称和含量。

3．规范广告，正确引导消费

保健食品的标签、说明书和广告宣传必须遵循真实、科学、准确的原则，符合其产品的质量标准，不得暗示可使疾病痊愈的宣传。应逐字逐句经卫生厅审核批准，同时必须刊登产品批准文号、保健食品标志及广告批准文号。

消费者切忌盲从广告，应在医生或有关营养保健专家的指导下对症适当服用保健品。要做到因人而异，区别不同季节和体质等具体情况服用保健品。对儿童服用营养保健品更应慎之又慎，切勿盲从，以免带来不必要的麻烦。

第四节　食品添加剂及安全性

一、概　　述

1．食品添加剂的定义与作用

食品添加剂是指为改善食品品质和色、香、味以及防腐和加工工艺的需要而加入食品中的化学合成或天然物质。

食品工业中使用食品添加剂的目的是：

① 有利于食品的保藏和防止食品腐败变质；

② 可以改善食品的感官性状；

③ 保持或提高食品的营养价值；

④ 增加食品的品种和方便性；

⑤ 有利于食品加工操作，适应食品机械化和自动化生产；

⑥ 满足其他的特殊需要。

2．食品添加剂的基本要求

对食品添加剂的一般性要求是：

① 食品添加剂本身应该经过充分的毒理学评价程序，证明在规定的使用范围内对人体是无毒、无害的；

② 食用后不能在体内分解为对人体有害的物质；

③ 要有助于食品的生产、加工、制造和储藏等过程，具有保持食品营养、防止腐败变质、提高食品质量等作用；

④ 应有严格的质量标准，有害物质不得检出或不能超过允许的限量；
⑤ 添加于食品后能被分析鉴定出来；
⑥ 价格低廉，来源充足。

3. 食品添加剂的分类

据不完全统计，目前世界上使用的食品添加剂总数达14000种以上，其中直接使用的大约有4000种（不包括香料在内）。食品添加剂可按来源分为两大类，即天然食品添加剂和化学合成食品添加剂。最常用的分类方法是按用途分类，不同的国家和机构对食品添加剂的功能判定不同，因此分类的方法也各不相同。我国将其分为22类，即防腐剂、抗氧化剂、发色剂、漂白剂、酸味剂、凝固剂、疏松剂、增稠剂、消泡剂、甜味剂、着色剂、乳化剂、品质改良剂、抗结剂、增味剂、酶制剂、被膜剂、发泡剂、保鲜剂、香料、营养强化剂以及其他食品添加剂。

二、食品添加剂的申报程序

凡未列入中华人民共和国食品添加剂使用卫生标准的食品添加剂新品种，应由生产和应用单位及其主管部门提出生产工艺、理化性质、质量标准、毒理试验结果、应用效果等有关资料，由当地省、直辖市、自治区的主管和卫生部门提出初审意见，由全国食品添加剂卫生标准协作组预审，通过后再提交全国食品添加剂标准化技术委员会审查。通过后的品种报卫生部和国家质量监督检验检疫局审核、批准、发布。

申报程序如下：

（1）按规定提供下列三个方面的资料，报省、直辖市、自治区的卫生主管部门审查。

① 生产单位提出生产工艺、理化性质、质量标准，同时列出国外同类产品标准，并列出近期的参考文献。

② 使用部门提出使用效果报告：使用在什么食品上、最大使用量、使用效果。

③ 毒性试验报告：包括急性毒性试验、致突变试验、致畸试验、亚慢性毒性试验，必要时进行慢性毒性试验（包括致癌试验）。

（2）生产单位或使用单位的主管部门将上述三方面资料综合，并附上述三方面的资料作为申请报告，由当地省、直辖市、自治区的卫生主管部门进行初审。初审通过后，提出意见，报卫生部及全国食品添加剂标准化技术委员会审查通过后，再由卫生部批准，方可作为食品添加剂使用。

（3）生产厂的产品质量稳定，符合质量标准，可提出申请生产该种食品添加剂的临时生产许可证，经省、直辖市、自治区的食品主管部门会同卫生主管部门、商业主管部门、工商行政部门共同审查，符合生产食品添加剂的条件，可以发给临时生产许可证，先制定企业标准，待颁布国家标准后才能发给正式生产许可证。生产厂必须保证生产的食品添加剂逐批检验，合格后才可出厂。未经批准的工厂不得生产食品添加剂。食品加工厂不得使用未经批准的工厂生产的产品作为食品添加剂，即使该产品符合国家标准也是非法的。

三、食品添加剂的安全性

食品添加剂的安全性评价是对食品添加剂进行安全性或毒性鉴定，以确定该食品添加剂在食品中无害的最大限量，对有害的物质提出禁用或放弃的理由。

无论是天然的还是合成的食品添加剂，都应该进行安全性评价。

根据《食品安全性毒理学评价程序》，凡属我国创制的新化学物质，一般要求进行四个阶段的试验。特别是对其中化学结构提示有慢性毒性或致癌作用可能者，产量大、使用面积广、摄入机会多者，必须进行全部四个阶段的试验。同时，在进行急性毒性、90d 喂养试验和慢性毒性（包括致癌）试验时，要求用两种动物。凡属与已知物质（指经过安全性评价并允许使用者）的化学结构基本相同的衍生物，则可根据第一、二、三阶段试验的结果，由有关专家进行评议，决定是否需要进行第四阶段试验。凡属我国仿制的而又具有一定毒性的化学物质，如多数国家已允许使用于食品，并有安全性证据，或世界卫生组织已公布每人每日允许摄入量（即 ADI）者，同时生产单位又能证明我国产品的理化性质、纯度和杂质成分及含量均与国外产品一致，则可以先进行第一、二阶段试验。如试验结果与国外相同产品一致，一般不再继续进行试验，可进行评价。如评价结果允许用于食品，则制定 ADI。凡在产品质量或试验结果方面与国外资料或产品不一致，则应进行第三阶段试验。

在毒理学评价的基础上建立 ADI，作为即使终生持续摄食也不会出现明显危害的每日摄入量。目前多以 JECFA 和 CCFAC 所定为准。必须注意的是这里所说的 ADI 是指某种或某组物质从外界进入人体的总量。若某物质除食品外还有其他途径进入人体的情况，则需确定该物质在食品中所占摄入量的比例，再根据 ADI 确定食品中最大允许量。若该物质除食品外并无其他途径进入人体，就可以仅仅考虑各种食品中该物质的每日摄入总量。大多数食品添加剂属于后种情况。

确定某物质的每日摄入总量后，就需要进行人群的膳食调查，根据膳食中含有该物质的各种食品的每日摄取量，分别定出其中每种食品含有该物质的最高允许量。至于各种食品中的最大使用量是使用标准中的主要内容，这通常是根据上述各种食品中的最高允许量并略低于它而定出的，目的还是为了人体的安全。具体某种食品中的最大允许用量，还要按照该物质的毒性及在食品中的实际需要而定。

思 考 题

1. 转基因食品的定义及其安全性。
2. 有机食品与绿色食品的共同点及主要区别。
3. 如何安全食用保健食品?
4. 使用食品添加剂的目的是什么?

第八章 食品安全认证

【学习目标】
1. 了解各种食品安全认证的内容；
2. 了解各种食品安全认证的程序；
3. 熟悉食品市场准入认证的操作程序；
4. 熟悉 HACCP 认证的操作程序。

第一节 概 述

一、质 量 认 证

1. 质量认证的定义

质量认证的定义是：第三方依据程序对产品、过程或服务符合规定的要求给予书面保证（合格证书）。

质量认证是随着现代工业的发展作为一种外部质量保证的手段逐步发展起来的。实行现代质量认证活动最早的国家是英国，该国在1903年就开始使用第一个证明符合英国国家标准的质量标志——风筝标志，并于1922年按英国商标法注册，至今在国际上仍享有较高的信誉。目前，质量认证活动已经成为一种世界性的趋势，遍布所有工业发达国家和多数发展中国家，是国际贸易中不可回避的形式，其既可促进国际贸易的发展，又可能成为国际贸易的技术壁垒。

质量认证只能证明企业的产品设计符合规范要求，并不能担保企业以后继续遵守技术规范。1970年以后，质量认证制度有了新的发展，出现了单独对企业质量体系进行评定的认证形式。国际标准化委员会（ISO）于1970年建立了认证委员会，1985年又改名为合格评定委员会（CASCO）。其主要任务是研究评定产品、过程、服务和质量体系是否符合适用标准或其他技术规范的方法，制定有关认证方面的国际指南，促进各国和各地区合格评定制度的相互承认。

质量体系认证是由第三方依据公开发布的质量体系标准，对企业的质量体系实施评定。评定合格的颁发质量体系认证证书，并予以注册公布，证明该企业在特定的产品范围内具有必要的质量保证能力。

2. 质量认证的特点

遍布世界的质量认证活动有以下特点：
① 出现了单独对供方质量体系的评定和注册的认证形式；

② 质量认证开始跨越国界，并从区域性的国际认证发展到世界范围广泛的国际认证制；

③ 独立的质量体系认证形式已扩大到服务性行业和工程承包性行业；

④ 检验实验室认证活动在 ISO/IEC 守则的指导下，趋向规范化。

1991 年 5 月，我国国务院发布的《中华人民共和国产品质量认证管理条例》，对产品质量认证的概念做如下表述："产品质量认证是依据产品标准和相应技术要求，经认证机构确认，并通过颁发认证证书和认证标志来证明某一产品符合相对标准和相应技术要求的活动。"

3. 质量认证的要点

综合国内、国际认证活动和对认证概念的阐述，可以归纳出质量认证的几个要点：

（1）质量认证的对象是产品或服务　质量认证的对象是产品和质量体系（过程或服务），前者称产品认证，后者称体系认证。而产品认证又可分为安全认证和合格认证两种，安全认证是依据强制性标准实行强制性认证；合格认证是依据产品技术条件等推荐性标准实行自愿认证。

（2）质量认证的依据是标准　质量认证的基础是"规定的要求"，"规定的要求"是指国家标准或行业标准。无论实行哪一种认证或对哪一类产品进行认证，都必须要有适用的标准。

（3）认证机构属于第三方性质　通常将产品的生产企业称为"第一方"，将产品的购买使用者称为"第二方"。在质量认证活动中，第三方是独立、公正的机构，与第一方、第二方在行政上无隶属关系，在经济上无利害关系。

（4）质量认证的合格表示方式是颁发"认证证书"和"认证标志"，并予以注册登记。

二、食品质量安全认证

1. 食品质量安全认证的含义

食品质量安全认证是由经国家权威机构认可的认证机构对企业或组织生产的食品的安全性进行的产品认证，一般是非强制性的，企业或组织可以根据自身的需要申请不同种类的食品质量安全认证。

食品质量安全认证是一种将技术手段和法律手段有机结合起来的生产监督行为，是针对食品安全生产的特征而采取的一种管理手段。其对象是食品和其生产单元，目的是要为安全食品的流通创造一个良好的市场环境，维护安全食品这类特殊商品的生产、流通和消费秩序。食品质量安全认证的目标是保证食品应有的质量和安全性，保障消费者的身体健康和生命安全，同时以法律的形式向消费者保证安全食品具备无污染、安全、优质、营养等品质，引导消费行为。同时也有利于推动各个系列的安全食品的产业化进程，有利于企业树立品牌意识，争创名牌，及早与国际惯例接轨。

安全食品标志管理的对象是安全的食品产品，安全的食品认证和标志许可使用的依据是安全性食品系列标准，安全食品标志管理的方式是颁发相应的证书和标志，并予以登记注册和公告。从实质上讲，安全食品标志管理是一种质量管理；从管理的内容上看，安全食品标志管理是一种认证性质的管理；从突出标志作用这一形式而言，安全食品标志管理是一种证明商标的管理，其标志的使用受商标法的保护。为了保障安全食品的质量，防止对安全食品的假冒现象，维护广大消费者的利益，国内外对各种安全食品标志的使用都依照法规进行严格的监督和管理，主要内容包括：标志图形在产品上使用，必须符合有关标志的设计规范；标志使用以经核准的产品为限，不得扩大使用范围或将使用权转让给其他单位或个人；对标志使用者产品的产量、质量和生产、生态环境条件进行抽查和监督，对抽查不合格的，撤销标志使用资格；发现假冒或侵犯标志专用权的，依法要求工商部门进行处理或向法院起诉。

2. 食品质量安全认证的主要类别

目前，食品质量安全认证的类型多样，它们既有相同一致的内容，即对产品的安全性进行权威认证，又有各自不同的特点。根据其对企业的不同要求，主要可以分为绿色食品认证、有机食品认证、无公害食品认证、食品质量安全市场准入审查（QS认证）、ISO 9000质量管理体系认证或危害分析与关键控制点（HACCP）认证及良好生产规范（GMP）认证、卫生标准操作程序（SSOP）认证等。

随着食品质量安全认证的普及，国家也进一步对认证加强了管理。由国家认证认可监督委员会制定的《食品安全管理体系认证实施规则》（以下简称《规则》）2007年3月1日起正式施行。

该《规则》是认证机构从事食品安全管理体系认证活动的依据，它规定了从事食品安全管理体系认证的认证机构实施食品安全管理体系认证的程序与管理的基本要求，适用于对直接或间接介入食品链中的一个或多个环节的组织的食品安全管理体系认证。

《规则》规定，食品安全管理体系认证以GB/T 22000《食品安全管理体系食品链中各类组织的要求》国家标准以及专项技术要求作为认证依据；从事食品安全管理体系认证活动的认证机构，应获得国家认证认可监督管理委员会批准，并符合中国合格评定国家认可委员会（CNAS）《食品安全管理体系认证机构通用要求》及其应用指南等认可规范的要求。

《规则》对认证人员、认证程序等进行了明确要求，同时规定，食品安全管理体系认证证书有效期为三年。获证组织有下列情形之一的，认证机构应当撤销其认证证书：监督结果证明获证组织的体系或体系覆盖的产品不符合认证依据要求，需要立即撤销认证证书；认证证书暂停使用期间，获证组织未采取有效纠正措施；获证组织出现严重食品安全卫生事故；获证组织不接受认证机构对其实施的监督。

第二节 绿色食品认证

一、绿色食品标志

绿色食品标志（见图8-1）由三部分构成，即上方的太阳、下方的叶片和中心蓓蕾，分别代表生态环境、植物生长和生命的希望。标志为正圆形，意为保护、安全。

为了区分A级和AA级绿色食品在产品包装上的差异，A级是绿底印白色标志，防伪标签底色为绿色；AA级是白底印绿色标志，防伪标签底色为蓝色。其中标志的标准字体为绿色，底色是白色。

1996年，绿色食品标志作为我国第一例质量证明商标，在国家工商行政管理局注册成功，以后在日本、中国香港等国家和地区登记注册，涵盖五大类近千品种的食品。经国家工商行政管理局核准注册的绿色食品质量证明商标共四种形式，分别为绿色食品标志商标、绿色食品中文文字商标、绿色食品英文文字商标及绿色食品标志、文字组合商标，这一质量证明商标受《中华人民共和国商标法》及相关法律法规保护。

图8-1 绿色食品标志

二、绿色食品认证

随着农业和农村产业结构的不断发展，农产品质量安全问题成了全社会关注的焦点问题。农业部于2001年4月推出"无公害食品行动计划"，其中包括无公害农产品、绿色食品和有机食品。绿色食品认证体系是农产品质量安全认证的重要组成部分，随着农产品质量安全形势的根本好转，绿色食品将成为继无公害农产品之后的主要认证产品，成为农产品质量安全认证工作的重点。

1. 绿色食品认证程序

食品生产企业如需在其生产的产品上使用绿色食品标志，必须按程序提出申报。

① 申请人向当地认证机构提交正式的书面申请，并填写"绿色食品标志使

用申请书"、"企业生产情况调查表"。

② 当地认证机构将依据企业的申请,派员赴申请企业进行实地考察。如考察合格,认证机构将委托定点的环境监测机构对申报产品或产品原料产地的大气、土壤和水进行环境监测和评价。

③ 当地认证机构的标志专职管理人员将结合考察情况及环境监测和评价的结果对申请材料进行初审,并将初审合格的材料上报中国绿色食品发展中心。

④ 中国绿色食品发展中心对上述申报材料进行审核,并将审核结果通知申报企业和当地认证机构。合格者,由认证机构对申报产品进行抽样,并由定点的食品监测机构依据绿色食品标准进行检测。不合格者,当年不再受理其申请。

⑤ 中国绿色食品发展中心对检测合格的产品进行终审。

⑥ 终审合格的申请企业与中国绿色食品发展中心签订绿色食品标志使用合同。不合格者,当年不再受理其申请。

⑦ 中国绿色食品发展中心对上述合格的产品进行编号,并颁发绿色食品标志使用证书。

⑧ 申报企业对环境监测结果或产品检测结果有异议,可向中国绿色食品发展中心提出仲裁检测申请。中国绿色食品发展中心委托两家或两家以上的定点监测机构对其重新检测,并依据有关规定做出裁决。

2. 绿色食品认证的基本条件

(1) 对申请人的要求 凡具备绿色食品生产条件的单位和个人均可作为绿色食品标志申请人,但是,要符合以下要求:申报企业要有一定规模,能建立稳定的质量保证体系,能承担起标志使用费。经营、服务类企业,要求有稳定生产基地,并建立切实可行的基地管理制度。加工企业须生产经营一年以上,待质量体系稳定后再申报。

下列情况之一者,不能作为申请人:

① 与各级绿色食品管理机构有经济和其他利益关系的;

② 可能引致消费者对产品来源产生误解或不信任的,如批发市场、粮库等;

③ 纯属商业经营的企业;

④ 政府和行政机构。

鉴于目前部分事业单位具有经营资格,可以作为申请人。

(2) 对申报产品的要求 按国家商标类别划分的第1、2、3、5、29、30、31、32、33类中的大多数产品可申报绿色食品标志。

经卫生部公告既是药品也是食品名单中的产品可以申报,如紫苏、白果和金银花等。暂不受理可能含有、加工过程中可能产生或添加有害物质的产品的申报,如蕨菜、方便面、火腿肠、叶菜类酱菜的申报。暂不受理对作用机制不清的产品,如减肥茶等。不受理药品、香烟的申报。鼓励、支持知名企业申报绿色食品。不鼓励风险系数大的产品申报绿色食品,如白酒等。

随着绿色食品事业的不断发展，绿色食品的开发领域逐渐拓宽，不仅会有更多的食品类产品被划入绿色食品标志的涵盖范围。同时，为体现绿色食品全程质量控制的思想，一些用于食品类的生产资料：如肥料、农药、食品添加剂，以及商店、餐厅也将划入绿色食品的专用范围，而被许可申请使用绿色食品标志。

3．绿色食品认证的申报材料

申报企业要准备一份完整的符合绿色食品标志申报要求的申报材料，主要包括以下几个部分：

（1）由企业填写"绿色食品标志使用申请书"、"企业及生产情况调查表"，内容包括：

① 产品的名称、特点等。

② 企业及生产情况调查表。

③ 农药、化肥使用情况表。

④ 畜、禽、水产品饲养情况表（报农作物可不填）。

⑤ 加工产品生产情况表（只限加工类产品填写）。

（2）附报材料，内容包括：

① 企业营业执照复印件。

② 商标注册证复印件。

③ 产品执行标准。

④ 保证执行绿色食品标准和规范的声明。

⑤ 当地土壤和水环境背景值数据（由当地县级以上环保部门出具）。

⑥ 产品或产品原料生产操作规程，包括种植规程、养殖规程和加工规程。

种植规程：指农作物或加工产品原料的整地播种、施肥、浇水、喷药及收获等生产环节中必须遵守的规定。

养殖规程：指在畜禽及水产品选种、饲养、防治疾病等环节的具体操作规定。

加工规程及生产工艺流程：指在食品加工过程中食品添加剂的使用情况，生产用水、加工设备、包装材料使用情况，各生产环节中用到的主要技术手段在规程中要有具体体现和说明。

⑦ 质量控制体系文件，包括质量管理手册；原料供应合同或协议及原料购买发票复印件，合同或协议需签订三年，量要满足绿色食品生产；生产记录。

对于公司＋农户/基地的生产形式，还需提供以下文件：基地分布图，标明比例尺、村庄、公路等；公司与农户/基地签订的合同；农户/基地登记表，包括姓名/基地名、生产规模、产量等；农户/基地管理制度（生产资料供应情况、技术指导、监督等）。

⑧ 其他材料。根据不同产品的特性及生产要求，对不同企业要求提供一些相关材料，如矿泉水生产企业需提供采矿许可证、专家评审意见及卫生许可证复

印件等；养殖企业还应提供饲料加工规程、疫病防治规程、预混料配方及产品标签、屠宰规程、屠宰许可证等；如企业通过ISO 9000等认证，也需提供相关证书。

三、绿色食品标志使用权限

取得绿色食品标志使用权的申请者，须严格执行"绿色食品标志使用协议"，保证按标准生产。如要改变其生产条件、产品标准、生产规程，须再报以上主管机构批准。

由于客观原因，使绿色食品生产条件改变，例如，由于不慎使用了重金属含量高的矿物肥或工业污泥肥，改变了绿色食品基地的土壤环境条件。此情况下，生产者应在一个月内报省绿色食品办公室和中国绿色食品发展中心，暂时终止使用绿色食品标志；待重金属排除、土壤条件恢复后，再经审核批准，方可恢复标志使用。

绿色食品标志使用权，以核准使用的产品为限，不得扩大，不得转让。标志使用权有效期为3年，期间监测机构进行年检，并可随时抽检。如发现质量不符标准，可先给予警告并要求限期整改，逾期未改正的，即取消商标使用权。3年期满后，要继续使用绿色食品标志，必须于期满前3个月内重新申请。否则，即视作自动放弃使用权。

第三节 有机食品认证

一、有机食品标志

有机食品标志（见图8-2）采用人手和叶片为创意元素。标志形成两种景象：其一是一只手向上持着一片绿叶，寓意人类对自然和生命的渴望；其二是两只手一上一下握在一起，将绿叶拟人化为自然的手，寓意人类的生存离不开大自然的呵护，人与自然需要和谐美好的生存关系。有机食品概念的提出正是这种理念的实际应用。人类的食物从自然中获取，人类的活动应尊重自然的规律，这样才能创造一个良好的可持续的发展空间。

图8-2 有机食品标志

二、有机食品认证范围及基本要求

1. 有机食品的认证范围

目前我国有机食品的认证范围包括：

① 未加工的农作物产品，畜禽以及未加工的畜禽产品；
② 用于人类消费的农作物、畜禽的加工产品；
③ 饲料、配合饲料以及饲料原料；
④ 水产养殖及其产品；
⑤ 肥料和植物保护产品；
⑥ 蜜蜂和蜂产品；
⑦ 野生植物产品。

2. 有机食品认证的基本要求

（1）对有机食品生产基地的要求　申请认证的生产基地应是边界清晰、所有权和经营权明确的农业生产单元。通过认证的生产基地地块生产的所有植物和动物性产品都可以作为有机产品。允许生产基地同时存在有机生产和常规生产，但生产基地经营者必须指定专人管理和经营用于有机生产的土地，且生产者必须采取有效措施区分非有机（包括常规和转换）地块上的和已获得认证的地块上的植物、动物，这些措施包括分开收获、单独运输、分开加工、分开储存和健全跟踪记录等；同时，要制定在5年内将原有的常规生产土地逐步转换成有机生产土地的计划，并将计划交认证机构批准，禁止生产基地在有机和常规生产方式之间来回转换。

生产者必须提供最近3年（含申请认证的年度）生产基地所有土地的使用状况、有关的生产方法、使用物质、作物收获及后处理、作物产量以及目前生产措施等整套资料。

生产基地必须保持完整的生产管理和销售记录，包括购买或使用生产基地内外的所有物质的来源和数量，作物种植管理、收获、加工和销售的全过程记录。

申请认证的生产基地检查必须在植物和动物生长期进行。检查员对被检查生产基地（包括申请认证的野生植物采集区）的所有地块每年至少进行一次全面检查。检查存在平行生产的农场时，认证机构必须对其常规生产部分进行从生产到销售的全面检查。有机食品认证机构可以根据管理需要，随时委派检查员对申请者的生产、加工和贸易进行未通知检查。

在下列情况下，应采集土壤、水和作物样品，分析禁用物质和污染物的残留状况：
① 首次申请认证的生产基地；
② 生产基地有可能使用了禁用物质；
③ 过去曾使用过禁用物质而受到污染时。

污染物的浓度必须低于我国相应的环境质量标准和食品卫生标准。

（2）对有机食品加工的要求　申请认证的加工厂应是所有权和经营权明确的加工单元。允许加工厂同时加工相同品种的有机产品和常规产品，但必须采取切实可行的保证措施，明确区分有机加工和常规加工。

有机加工食品的原料必须是来自获得有机颁证的产品或野生没有污染的天然产品，在最终产品中所占比例不得少于95%。加工过程中只使用天然的调料、色素和香料等辅助原料，不用人工合成的添加剂。在生产、加工、储存和运输过程中应避免化学物质的污染。

加工厂必须制定和实施内部质量控制措施。建立从原料采购、包装、储存到运输全过程的完整档案记录和跟踪审查体系，并保留相应的票据。

(3) 对有机食品贸易的要求　同时经营相同品种的有机产品和常规产品的贸易时，必须明确区分相同品种的有机产品和常规产品。应确保有机产品在贸易过程（进货、储存、运输和销售）中不受有毒化学物质的污染。必须制定和实施有机贸易内部质量控制措施，建立关于货源、运输、储存和销售的完整的档案记录，保留相应的票据。贸易者对购买的有机产品进行再包装时，必须符合本标准关于包装和标识的要求。

三、有机食品认证程序

1. 申请

申请者向中心（分中心）提出正式申请，填写申请表和交纳申请费。申请者填写有机食品认证申请书，领取检查合同、有机食品认证调查表、有机食品认证的基本要求、有机认证书面资料清单、申请者承诺书等文件。申请者按《有机食品认证技术准则》要求建立质量管理体系、生产过程控制体系、追踪体系。

2. 认证中心核定费用预算并制定初步的检查计划

认证中心根据申请者提供的项目情况，估算检查时间，一般需要两次检查：生产过程一次、加工一次，并据此估算认证费用和制定初步检查计划。然后申请者与认证中心签订认证检查合同，一式三份；交纳估算认证费用的50%；填写有关情况调查表并准备相关材料；指定内部检查员（生产、加工各一人）；所有材料均使用文件、电子文档各一份，邮寄或发 E-mail 给分中心。

3. 初审

分中心对申请者材料进行初审；对申请者进行综合审查；分中心将初审意见反馈给认证中心；分中心将申请者提交的电子文档 E-mail 至认证中心。

4. 实地检查评估

认证中心在确认申请者交纳颁证所需的各项费用后，派出经认证中心认可的检查员；检查员从分中心取得申请者相关资料，依据《有机食品认证技术准则》，对申请者的质量管理体系、生产过程控制体系、追踪体系以及产地、生产、加工、仓储、运输、贸易等进行实地检查评估，必要时需对土壤、产品取样检测。

检查员完成检查后，按认证中心要求编写检查报告；该报告在检查完成两周内将文档、电子文本交认证中心；分中心将申请者文本资料交认证中心。

5. 综合审查评估意见

认证中心根据申请者提供的调查表、相关材料和检查员的检查报告进行综合审查评估,编制颁证评估表,提出评估意见提交颁证委员会审议。

6. 颁证委员会决议

颁证委员会定期召开颁证委员会工作会议,对申请者的基本情况调查表、检查员的检查报告和认证中心的评估意见等材料进行全面审查,做出是否颁发有机证书的决定。

同意颁证:申请内容完全符合有机食品标准,颁发有机食品证书。

有条件颁证:申请内容基本符合有机食品标准,但某些方面尚需改进,在申请人书面承诺按要求进行改进以后,亦可颁发有机食品证书。

拒绝颁证:申请内容达不到有机食品标准要求,颁证委员会拒绝颁证,并说明理由。

有机转换颁证:申请人的基地进入转换期一年以上,并继续实施有机转换计划,颁发有机食品转换证书。产品按"转换期有机食品"销售。

7. 颁发证书

根据颁证委员会决议,向符合条件的申请者颁发证书。申请者交纳认证费剩余部分,认证中心向获证申请者颁发证书;获有条件颁证申请者要按认证中心提出的意见进行改进,做出书面承诺。

第四节　无公害食品认证

一、概　　述

1. 无公害食品的概念

无公害农产品是指产地环境、生产过程和产品质量符合国家有关标准和规范的要求,经认证合格获得认证证书并允许使用无公害农产品标志的未经加工或者初加工的食用农产品。包括各省市根据自身实际所发展起来的"安全食用农产品"、"放心菜"、"放心肉"、"无污染农产品"等。它是由政府推动,并实行产地认定或产品认证等工作模式。2001年农业部启动国家"无公害食品行动计划",无公害食品或无公害农产品的说法初步被社会认同,无公害食品实际上也是无公害农产品。

无公害农产品(食品)生产基地或企业必须符合以下四条标准:

① 产品或产品原料产地必须符合无公害农产品(食品)的生态环境标准;

② 农作物种植、畜禽养殖及食品加工等必须符合无公害食品的生产操作规程;

③ 产品必须符合无公害食品的质量和卫生标准;

④ 产品的标签必须符合《无公害食品标志设计标准手册》中的规定。

无公害食品是指产地生态环境质量符合标准，采用安全生产技术生产，经省农业行政主管部门依据农业部"无公害食品"行业标准认定的安全、优质农产品及其初级加工品。

2. 无公害农产品（食品）标志

无公害农产品的标志图案（见图8-3）主要由麦穗、对钩和无公害农产品字样组成。标志整体为绿色，其中麦穗和对钩是金色。绿色象征环保和安全，金色寓意成熟和丰收，麦穗代表农产品，对钩表示及格。

图8-3 无公害农产品（食品）标志

3. 无公害食品的标准

无公害食品标准以全程质量控制为核心，主要包括产地环境质量标准、生产技术标准和产品标准三个方面，无公害食品标准主要参考绿色食品标准的框架而制定。

（1）无公害食品产地环境质量标准　无公害食品的生产首先受地域环境质量的制约，即只有在生态环境良好的农业生产区域内才能生产出优质、安全的无公害食品，产地环境中的污染物通过空气、水体和土壤等环境要素直接或间接地影响产品的质量。因此，无公害食品产地环境质量标准对产地的空气、农田灌溉水质、渔业水质、畜禽养殖用水和土壤等的各项指标以及浓度限值做出规定，一是强调无公害食品必须产自良好的生态环境地域，以保证无公害食品最终产品的无污染、安全性；二是促进对无公害食品产地环境的保护和改善。

《无公害农产品管理办法》中规定，无公害农产品产地应当符合下列条件：产地环境符合无公害农产品产地环境的标准要求，区域范围明确，具备一定的生产规模。

（2）无公害食品生产技术标准　无公害食品生产过程的控制是无公害食品质量控制的关键环节，无公害食品生产技术操作规程按作物种类、畜禽种类等和不同农业区域的生产特性分别制定，用于指导无公害食品生产活动，规范无公害食品生产，包括农产品种植、畜禽饲养、水产养殖和食品加工等技术操作规程。

《无公害农产品管理办法》中关于生产管理有如下规定，即无公害农产品的生产管理应当符合下列条件：生产过程符合无公害农产品生产技术的标准要求，有相应的专业技术和管理人员，有完善的质量控制措施，并有完整的生产和销售记录档案。

从事无公害农产品生产的单位或者个人，应当严格按规定使用农业投入品。禁止使用国家禁用、淘汰的农业投入品。

无公害农产品产地应当树立标示牌，标明范围、产品品种、责任人。

（3）无公害食品产品标准　无公害食品产品标准是衡量无公害食品最终产

品质量的指标尺度。它虽然跟普通食品的国家标准一样，规定了食品的外观品质和卫生品质等内容，但其卫生指标不高于国家标准，重点突出了安全指标，安全指标的制定与当前生产实际紧密结合。无公害食品产品标准反映了无公害食品生产、管理和控制的水平，突出了无公害食品无污染、食用安全的特性。

按照国家法律法规规定和食品对人体健康、环境影响的程度，无公害食品的产品标准是强制性标准，生产技术规范为推广性标准。

二、无公害食品认证

为统一全国无公害农产品标志、无公害农产品产地认定及产品认证程序，农业部和国家认证认可监督管理委员会于2002年4月29日联合发布第12号令——《无公害农产品管理办法》，国家认证认可监督管理委员会于2002年11月25日以公告形式发布了《无公害农产品标志管理办法》，根据《无公害农产品管理办法》和《无公害农产品标志管理办法》，农业部于2003年4月推出了无公害农产品国家认证。

根据《无公害农产品管理办法》的有关规定，无公害农产品管理工作由政府推动，并实行产地认定和产品认证的工作模式。国家鼓励生产单位和个人申请无公害农产品产地认定和产品认证。实施无公害农产品认证的产品范围由农业部、国家认监委共同确定、调整。国家适时推行强制性无公害农产品认证制度。

1. 无公害农产品产地认定

省级农业行政主管部门根据《无公害农产品管理办法》的规定负责组织实施本辖区内无公害农产品产地的认定工作。

（1）申请者须提交的材料　申请无公害农产品产地认定的单位或者个人（以下简称申请人），应当向县级农业行政主管部门提交书面申请，书面申请应当包括以下内容：

① 申请人的姓名（名称）、地址、电话号码；
② 产地的区域范围、生产规模；
③ 无公害农产品生产计划；
④ 产地环境说明；
⑤ 无公害农产品质量控制措施；
⑥ 有关专业技术和管理人员的资质证明材料；
⑦ 保证执行无公害农产品标准和规范的声明；
⑧ 其他有关材料。

（2）无公害农产品产地认定程序

① 申请者向县级农业行政主管部门提出申请，并提交上述材料。
② 县级农业行政主管部门自收到申请之日起，在10个工作日内完成对申请材料的初审工作。申请材料初审不符合要求的，书面通知申请人。

③ 申请材料初审符合要求的，县级农业行政主管部门逐级将推荐意见和有关材料上报省级农业行政主管部门。

④ 省级农业行政主管部门自收到推荐意见和有关材料之日起，在10个工作日内完成对有关材料的审核工作，符合要求的，组织有关人员对产地环境、区域范围、生产规模、质量控制措施、生产计划等进行现场检查。现场检查不符合要求的，书面通知申请人。

⑤ 现场检查符合要求的，应当通知申请人委托具有资质资格的检测机构，对产地环境进行检测。承担产地环境检测任务的机构，根据检测结果出具产地环境检测报告。

⑥ 省级农业行政主管部门对材料审核、现场检查和产地环境检测结果符合要求的，自收到现场检查报告和产地环境检测报告之日起，30个工作日内颁发无公害农产品产地认定证书，并报农业部和国家认证认可监督管理委员会备案。不符合要求的，书面通知申请人。

⑦ 无公害农产品产地认定证书有效期为三年。期满需要继续使用的，应当在有效期满90d前按照本办法规定的无公害农产品产地认定程序重新办理。

2. 无公害农产品认证

无公害农产品的认证机构由国家认证认可监督管理委员会审批，并获得国家认证认可监督管理委员会授权的认证机构的资格认可后，方可从事无公害农产品认证活动。

(1) 申请者须提交的材料　申请无公害产品认证的单位或者个人（以下简称申请人），应当向认证机构提交书面申请，书面申请应当包括以下内容：

① 申请人的姓名（名称）、地址、电话号码；
② 产地的区域范围、生产规模；
③ 无公害农产品生产计划；
④ 产地环境说明；
⑤ 无公害农产品质量控制措施；
⑥ 有关专业技术和管理人员的资质证明材料；
⑦ 保证执行无公害农产品标准和规范的声明；
⑧ 无公害农产品产地认定证书；
⑨ 生产过程记录档案；
⑩ 认证机构要求提交的其他材料。

(2) 无公害农产品认证程序

① 申请者向认证机构提出申请，并提交上述材料。
② 认证机构自收到无公害农产品认证申请之日起，15个工作日内完成对申请材料的审核。材料审核不符合要求的，书面通知申请人。
③ 符合要求的，认证机构可以根据需要派员对产地环境、区域范围、生产

规模、质量控制措施、生产计划、标准和规范的执行情况等进行现场检查。现场检查不符合要求的,书面通知申请人。

④ 材料审核符合要求的或者材料审核和现场检查符合要求的(限于需要对现场进行检查时),认证机构应当通知申请人委托具有资质资格的检测机构对产品进行检测。承担产品检测任务的机构,根据检测结果出具产品检测报告。

⑤ 认证机构对材料审核、现场检查(限于需要对现场进行检查时)和产品检测结果符合要求的,应当在自收到现场检查报告和产品检测报告之日起,30个工作日内颁发无公害农产品认证证书。无公害农产品产地认定证书、产品认证证书格式由农业部、国家认证认可监督管理委员会规定。不符合要求的,书面通知申请人。

⑥ 认证机构应当自颁发无公害农产品认证证书后30个工作日内,将其颁发的认证证书副本同时报农业部和国家认证认可监督管理委员会备案,由农业部和国家认证认可监督管理委员会公告。

⑦ 无公害农产品认证证书有效期为3年。期满需要继续使用的,应当在有效期满90d前按照本办法规定的无公害农产品认证程序,重新办理。在有效期内生产无公害农产品认证证书以外的产品品种的,应当向原无公害农产品认证机构办理认证证书的变更手续。

第五节　食品质量安全市场准入认证

为保证食品质量安全,国家质量监督检验检疫总局发布《食品生产加工企业质量安全监督管理办法》,其核心和主要内容就是实行食品质量安全市场准入制度。

一、食品质量安全市场准入制度

食品质量安全市场准入制度是指为保证食品的质量安全,具备规定条件的生产者才允许进行生产经营活动,具备规定条件的食品才允许生产销售的一种行政监管制度。食品质量安全市场准入制度是一项行政许可制度。

1. 食品安全市场准入制度的含义

所谓市场准入,一般是指货物、劳务与资本进入市场的程度的许可。对于产品的市场准入,可理解为市场的主体(产品的生产者与销售者)和客体(产品)进入市场的程度的许可。食品质量安全市场准入制度则是为保证食品的质量安全,具备规定条件的生产者才允许进行生产经营活动、具备规定条件的食品才允许生产销售的监督制度。因此,实行食品质量安全市场准入制度是一种政府行为,是一项行政许可制度。

食品质量安全市场准入制度包括以下三项具体制度。

（1）对食品生产企业实施生产许可证制度　对于具备基本生产条件、能够保证食品质量安全的企业，发放"食品生产许可证"，准予生产获证范围内的产品；未取得"食品生产许可证"的企业不准生产食品。从生产条件上保证企业能生产出符合质量安全要求的产品。

（2）对企业生产的食品实施出厂强制检验制度　未经检验或经检验不合格的食品不准出厂销售。对于不具备自检条件的生产企业强令实行委托检验。这项规定适合我国企业现有的生产条件和管理水平，能有效地把住产品出厂安全质量关。

（3）对实施食品生产许可制度的产品实行市场准入标志制度　对检验合格的食品要加印（贴）市场准入标志——QS标志，没有加贴QS标志的食品不准进入市场销售。这样便于广大消费者识别和监督，便于有关行政执法部门监督检查，同时，也有利于促进生产企业提高对食品质量安全的责任感。

2. 食品质量安全市场准入标志

食品质量安全市场准入标志（见图8-4）由"质量安全"的英文名称quality Safety的字头"QS"和"质量安全"中文字样组成。标志主调为蓝色。字母"Q"与"质量安全"四个中文字样为蓝色，字母"S"为白色。标志的大小尺寸可以按比例自行缩放，但是不能变形和变色。

食品质量安全市场准入标志属于质量标志，食品外包装加印（贴）QS标志代表着生产加工企业对生产食品做出明示保证。食品加印（贴）QS标志后的含义是：

图8-4　食品质量安全市场准入标志

（1）该食品的生产加工企业经过了保证产品质量必备条件的审查，并取得了食品生产许可证，企业具备生产合格食品的环境、设备、工艺条件，生产中使用的原材料符合国家有关规定，生产过程中检验、质量管理达到国家有关要求，食品包装、储存、运输和装卸食品的容器、包装、工具、设备安全、清洁，对食品没有污染。

（2）该食品出厂已经经过检验合格，食品各项指标均符合国家有关标准规定的要求。

3. 实行食品质量安全市场准入制度的意义

实行食品质量安全市场准入制度，是从我国的实际情况出发，为保证食品的质量安全所采取的一项重要措施。

（1）实行食品质量安全市场准入制度是提高食品质量、保证消费者安全健康的需要。食品是一种特殊商品，它最直接地关系到每一个消费者的身体健康和生命安全。为从食品生产加工的源头上确保食品质量安全，必须制定一套符合社会主义市场经济要求、运行有效、与国际通行做法一致的食品质量安全监督制度。

（2）实行食品质量安全市场准入制度是保证食品生产加工企业的基本条件，强化食品生产法制管理的需要。我国食品工业的生产技术水平总体上同国际先进水平还有较大差距。许多食品生产加工企业规模极小，加工设备简陋，环境条件很差，技术力量薄弱，质量意识淡薄，难以保证食品的质量安全。企业是保证和提高产品质量的主体，为保证食品的质量安全，必须加强食品生产加工环节的监督管理，从企业的生产条件上把住市场准入关。

（3）实行食品质量安全市场准入制度是适应改革开放、创造良好经济运行环境的需要。为规范市场经济秩序，维护公平竞争，适应加入WTO以后我国社会经济进一步开放的形势，保护消费者的合法权益，也必须实行食品质量安全市场准入制度，采取审查生产条件、强制检验、加贴标识等措施，对违法活动实施有效的监督管理。

二、食品质量安全市场准入审查

1. 食品质量安全市场准入审查的组织

根据《食品生产加工企业质量安全监督管理办法》，食品质量安全市场准入制度的实施由国家质量监督检验检疫总局（以下简称国家质检总局）和各级质量技术监督部门组织进行。

关于食品质量安全市场准入审查，国家质检总局发布了统一的《食品质量安全市场准入审查通则》，适用于所有生产加工食品的质量安全市场准入审查。同时，对每一大类食品再制定一个具体的审查细则——《×××食品生产许可证审查细则》，与《食品质量安全市场准入审查通则》互相配合使用，完成对某一类食品的质量安全市场准入审查。

《食品质量安全市场准入审查通则》主要提出了申请取证的食品生产加工企业保证食品质量安全的10个必备条件、食品质量安全检验工作的具体要求以及进行现场审查的要求。

《×××食品生产许可证审查细则》是针对每一类实施食品质量安全市场准入的食品而制定的，根据各类食品的生产特点，重点在硬件方面对食品生产加工企业提出了要求。其通用的格式如下：

《×××食品生产许可证审查细则》

一、发证产品范围及申证单元

二、必备的生产资源

1. 生产场所

2. 必备的生产设备

三、产品相关标准

四、原辅材料的有关要求

五、必备的出厂检验设备

六、检验项目

七、抽样方法

八、其他要求

审查组依据《食品质量安全市场准入审查通则》对申请取证的食品生产加工企业进行现场审查时，同时要参照相应食品的《食品生产许可证审查细则》才能完成审查任务。

食品生产加工企业应根据《食品生产加工企业质量安全监督管理办法》、《食品质量安全市场准入审查通则》、《×××食品生产许可证审查细则》、《中华人民共和国食品卫生法》等法律规定，对本企业的情况进行全面的检查与整改，备齐必须的文件资料，然后才向主管部门提出审查的申请。

2. 申请食品生产许可证

食品生产许可证制度是食品质量安全市场准入制度的一个组成部分，是食品质量安全市场准入制度的三项内容中的第一项。食品质量安全市场准入制度规定：从事食品生产加工的企业（含个体经营者），必须具备保证食品质量安全必备的生产条件，按规定程序获取食品生产许可证……食品生产加工企业必须具有食品生产许可证才能进行市场准入的申请。

（1）申请食品生产许可证的条件　食品生产加工企业申领食品生产许可证，应具备以下两方面的条件：

① 符合法律法规的基本要求：食品生产加工企业应当符合有关法律对企业设立的要求及国家有关政策规定的企业设立条件。也就是说，从事食品生产加工的企业应当按照规定程序获得卫生行政管理部门颁发的食品卫生许可证，应当获得工商局颁发的营业执照。而从事《食品质量安全监督管理重点产品目录》中食品生产加工的企业，除必须具备食品卫生许可证和营业执照外，还应当申请取得"食品生产许可证"。

② 保证产品质量的必备条件：食品生产加工企业的必备条件是保证食品质量安全的基础。根据《食品生产加工企业质量安全监督管理办法》，食品生产加工企业的必备条件主要是以下十项。

a. 环境。食品生产加工企业必须具备保证产品质量的环境条件，主要包括食品生产企业周围不得有有害气体、放射性物质和扩散性污染源，不得有昆虫大量孳生的潜在场所；生产车间、库房等各项设施应根据生产工艺卫生要求和原材料储存等特点，设置相应的防鼠、防蚊蝇、防昆虫侵入、隐藏和孳生的有效措施，避免危及食品质量安全。

b. 生产设备。食品生产加工企业必须具备保证产品质量的生产设备、工艺装备和相关辅助设备，具有与保证产品质量相适应的原材料处理、加工、储存等厂房和场所。生产不同的产品需要的生产设备不同，例如小麦粉生产企业应具备筛选清理设备、密度去石机、磁选设备、磨粉机、筛理设备、清粉机及其他必要的辅助设备，设有原料和成品库房。对大米的生产加工则必须具备筛选清理设备、风选设备、磁选设备、砻岩机、碾米机、米筛等设备。虽然不同的产品需要的生产设备有所不同，但企业必须具备保证产品质量的生产设备、工艺装备等基本条件。

c. 原材料要求。食品生产加工企业必须具备保证产品质量的原材料要求。虽然食品生产加工企业生产的食品有所不同，使用的原材料、添加剂等有所不同，但均应是无毒、无害、符合相应的强制性国家标准和行业标准及其他有关规定。如制作食品用水必须符合国家规定的城乡生活饮用水卫生标准，使用的添加剂、洗涤剂、消毒剂必须符合国家有关法律、法规的规定和标准的要求。食品生产企业不得使用过期、失效、变质、污秽不洁或者非食用的原材料生产加工食品。

d. 加工工艺及过程。食品加工工艺流程设置应当科学、合理。生产加工过程应当严格、规范，采取必要的措施防止生食品与熟食品、原料与半成品和成品的交叉污染。加工工艺和生产过程是影响食品质量安全的重要环节，工艺流程控制不当会对食品质量安全造成重大影响。

e. 产品标准要求。食品生产加工企业必须按照合法有效的产品标准组织生产，不得无标生产。食品质量必须符合相应的强制性标准以及企业明示采用的标准和各项质量要求。需要特别指出的是，对于强制性国家标准，企业必须执行。企业采用的企业标准不允许低于强制性国家标准的要求，且应在质量技术监督部门进行备案，否则，该企业标准无效。

f. 人员要求。在食品生产加工企业中，因各类人员工作岗位不同，所负责任不同，对其基本要求也有所不同。对于企业法定代表人和主要管理人员则要求其必须了解与食品质量安全相关的法律知识，明确应负的责任和义务；对于企业的生产技术人员，则要求其必须具有与食品生产相适应的专业技术知识；对于生产操作人员上岗前应经过技术（技能）培训，并持证上岗；对于质量检验人员，应当参加培训，经考核合格取得规定的资格，能够胜任岗位工作的要求。从事食品生产加工的人员，特别是生产操作人员必须身体健康，无传染性疾病，保持良好的个人卫生。

g. 产品储运要求。企业应采取必要措施以保证产品在储存、运输的过程中质量不发生劣变。食品生产加工企业生产的成品必须存放在专用成品库房内。用于储存、运输和装卸食品的容器包装、工具、设备，必须无毒、无害，符合有关的卫生要求，保持清洁，防止食品被污染。在运输时不得将成品与污染物同车运输。

h. 检验能力。食品生产加工企业应当具有与所生产产品相适应的质量检验和计量检测手段。如生产酱油的企业应具备酱油标准中规定的检验项目的检验能力。对于不具备出厂检验能力的企业，必须委托有法定资格的检验机构进行产品出厂检验。企业的计量器具、检验和检测仪器属于强制检定范围的,必须经法定计量检定技术机构检定合格,并在有效期内方可使用。

i. 质量管理要求。食品生产加工企业应当建立健全产品质量管理制度,在质量管理制度中明确规定对质量有影响的部门、人员的质量职责和权限以及相互关系,规定检验部门、检验人员能独立行使的职权。在企业制定的产品质量管理制度中应有相应的考核办法,并严格实施。企业应实施从原材料进厂的进货、验收到产品出厂的检验把关的全过程质量管理,严格实施岗位质量规范、质量责任以及相应的考核办法,不符合要求的原材料不准使用,不合格的产品严禁出厂,实行质量否决权。

j. 产品包装标识。产品的包装是指在运输、储存、销售等流通过程中,为保护产品、方便运输、促进销售,按一定技术方法而采用的容器、材料及辅助物包装的总称。用于食品包装的材料如布袋、纸箱、玻璃容器、塑料制品等,必须清洁、无毒、无害,必须符合国家法律法规的规定,并符合相应的强制性标准要求。食品标签的内容必须真实,必须符合国家法律法规的规定,并符合相应产品(标签)标准的要求,标明产品名称、厂名、厂址、配料表、净含量、生产日期或保质期、产品标准代号和顺序号等。裸装食品在其出厂的大包装上使用的标签,也应当符合上述规定。出厂的食品必须在最小销售单元的食品包装上标注"食品生产许可证"编号,并加印(贴)食品市场准入标志。

(2) 申请食品生产许可证的程序 申请食品生产许可证的程序有以下几个方面:

① 申请:按照地域管辖原则,食品生产加工企业到企业所在地的市(地)级质量技术监督局提出办理食品生产许可证申请,并填写相关资料。

② 受理及审查:

a. 各市质量技术监督局监督稽查处在收到本辖区内企业的食品生产许可证申请材料后,按照申请取证产品的生产许可证实施细则,对企业申报材料是否齐全进行初审,符合要求的,在"食品生产许可证申请书"上签署意见并盖章后,将有关申报材料统一上报省质量技术监督局监督稽查处。

b. 省质量技术监督局监督稽查处在接到各市质量技术监督局上报的企业申请材料后,应当在15个工作日内组成审查组,完成企业申请材料的书面审查工作。如企业材料符合要求的,省质量技术监督局监督稽查处向企业发放"食品生产许可证受理通知书",由各市质量技术监督局寄送有关企业。企业材料不符合申报条件的,将材料退回给各市质量技术监督局监督稽查处,并附不符合申报条件的情况说明表,由各市质量技术监督局通知企业在20个工作日内补正,逾期未补正的,视为撤回申请。

c. 对书面材料审查合格的企业,审查组应在40个工作日完成对企业生产必备条件、出厂检验能力的现场审查。如企业现场审查合格的,则由审查组现场抽封样品。市质量技术监督局根据工作需要，应派观察员随审查组到企业进行工作督查。

d. 对于已经获得出入境检验检疫机构颁发的出口食品厂卫生注册证、登记证的企业，或者已经通过 HACCP 体系认证、验证的企业，在申请食品生产许可证时，可免于企业必备条件现场审查。但在申请食品生产许可证时提供的材料应增加相应的证书和证明复印件。

③ 送样及检验：申请取证企业应当在审查组封样后 10 个工作日内将样品送达指定的发证检验机构。承担检验任务的检验机构应当依据相应的标准对样品进行检验，并在收到样品之日起 15 个工作日内完成检验任务，出具一式四份检验报告。

④ 审核汇总：

a. 省质量技术监督局监督稽查处在收到申请取证企业保证产品质量必备条件现场审查合格报告和发证产品合格检验报告后，应当在 10 个工作日内对其进行审核，确认无误后，由省质量技术监督局统一汇总符合发证条件的企业材料，并在 15 个工作日内将符合发证条件的企业名单及相关材料报送国家质检总局。

b. 经现场审查，审查组做出企业生产必备条件结论不合格的，或企业生产必备条件审查合格，但其产品发证检验不合格且企业没有提出异议的，省质量技术监督局应当在 20 个工作日内向企业发出"食品生产许可证审查不合格通知书"并说明理由，原"食品生产许可证受理通知书"自行作废。企业若再次提出取证申请，应当认真整改，须在接到"食品生产许可证审查不合格通知书"两个月后，才可再次申请。

⑤ 核准：国家质检总局收到省质量技术监督局上报的符合发证条件的企业材料后，应当在 10 个工作日内进行审核批准，并负责公告获得食品生产许可证的企业名单。

⑥ 发证：省质量技术监督局根据国家质检总局的批准，应当在 15 个工作日内完成对符合发证条件的生产企业发放食品生产许可证及其副本的工作。

食品生产加工企业在申办"食品生产许可证"时，应注意以下几方面：

a. 申请材料的齐全性、准确性和有效性。申请材料的齐全性，指企业是否按规定提供了全部材料，如有关附件；企业提供的材料是否能够表明企业具备产品生产许可实施细则规定的基本条件。

申请材料的准确性，指企业申请材料的填写内容是否准确，如产品类别及申请取证单元是否按细则要求，企业名称和地址是否与营业执照一致，生产工艺流程图中标注的关键设备和参数与"企业主要生产设备、设施一览表"中所列的设备情况是否一致等。

申请材料的有效性，指企业申报材料提供的相关材料是否合法有效，如企业提供的食品卫生许可证、营业执照、组织机构代码证是否在有效期内，是否通过年审年检，企业标准是否经过备案等。

b. 对照"食品生产加工企业必备条件现场审查表"进行自查。

3. 食品强制检验

对企业生产的食品实施强制性检验制度是食品质量安全市场准入制度的第二项内容。

实行强制检验就是为了保证食品质量安全和符合规定的要求，以法律法规的形式要求企业或者监督管理部门为履行其质量责任和义务必须开展的某些检验。在食品质量安全市场准入制度中，强制检验包括发证检验、出厂检验和监督检验。

（1）发证检验　发证检验是指质量技术监督部门在受理企业"食品生产许可证"申请时，委托检验机构对企业生产的食品进行的质量安全检验。发证检验根据国家强制性标准和法律、法规的规定，对全部项目特别是涉及安全健康的项目进行检验。发证检验工作由"食品生产许可证"受理机关选择国家质检总局公布的法定检验机构承担，检验机构出具的检验报告作为发证的必备证明材料，发证检验合格是企业获得"食品生产许可证"的必备条件之一。

一般情况下，发证检验的抽样要在企业的成品库的待销产品中随机进行，产品要有一定的数量（要大于规定的抽样基数）。抽样方法要使所抽取的样品有代表性，抽样数量应能满足检验、复检的需要。抽样过程要有企业代表参加，抽样完成后将样品封好，填写抽样单，抽样人员和企业代表要在抽样单上签字，并加盖企业的公章。样品由企业或审查人员在指定时间内安全（无破损、无变质、保持封条完好）地送到检验机构。如果在运送过程中有破损、变质或封条不完整的现象，检验机构有权拒绝接收样品。

发证检验应当是对产品的全项目检验，包括强制性国家标准、强制性行业标准和企业执行标准以及有关法规所规定的全部检验项目。具体项目在《实施细则》中规定。

（2）出厂检验　出厂检验是《中华人民共和国产品质量法》规定的、企业应当承担的保证产品质量的义务之一。《加强食品质量安全监督管理工作实施意见》对规范和督促企业更好地履行这一义务做出了具体的规定，要求生产加工食品的企业在产品出厂前依据标准规定的出厂检验项目进行逐项检验，经检验合格方可出厂销售。考虑到我国食品生产企业的实际情况，便于企业组织生产，《加强食品质量安全监督管理工作实施意见》中规定，食品生产企业的出厂检验分为企业自行出厂检验或委托出厂检验。

① 自行出厂检验：自行出厂检验是指取得"食品生产许可证"并具有产品出厂检验能力的企业，利用企业自己的检验能力，自行对其生产加工的、属于"食品生产许可证"许可范围内的食品所进行的出厂检验。进行自行出厂检验的企业检验机构应当通过"食品生产许可证"审查组的审查，并得到受理"食品

生产许可证"申请的质量技术监督部门确认。实行自行出厂检验的企业应当每隔六个月接受质量技术监督部门实施的定期检验。

② 委托出厂检验：委托出厂检验是指取得"食品生产许可证"，但不具备产品出厂检验能力的企业，按照就近和双方自愿原则自主选择，委托国家质检总局公布的具有法定资格的检验机构进行的食品出厂检验。选择委托出厂检验的企业应当与被委托的检验机构签订检验合同或检验协议。合同或协议应当明确双方的权利与义务、应承担的民事责任。检验机构应当对检验结果的科学性、准确性负责，切实起到保证出厂产品质量的作用。

③ 监督检验：《中华人民共和国产品质量法》规定，国家对产品质量实行以抽查为主要方式的监督检查制度，根据监督抽查的需要，可以对产品进行检验。质量技术监督部门依法对产品质量进行监督检查，是法律赋予的责任，是代表国家履行职责。在产品质量监督检查中根据需要对产品进行检验，属于强制性的监督检验，生产者、销售者应当积极予以配合，不得拒绝检查。

监督检验通常采取抽样检验，并将检验结果与产品标准要求相比较得出检验结论。监督检验有定期监督检验和监督抽查等多种形式，监督检验是一种政府行为，是地方质量技术监督部门对食品生产企业进行监督管理的一种方式。

发证检验、出厂检验和监督检验三种强制检验形式，既相互联系又有所区别。这三种形式贯穿于食品质量安全监督管理的整个过程，是保证食品质量安全所采取的必要措施，缺一不可，但又各有侧重和区别。发证检验和监督检验是质量技术监督部门为审核食品生产加工企业是否具备并保证食品质量安全必备条件所进行的检验，是政府为加强食品质量安全监督管理所采取的一种行政行为；而出厂检验是企业为保证其生产加工的食品必须合格所采取的一种企业行为，是企业必须履行的一项法定义务。

第六节 危害分析与关键控制点（HACCP）体系认证

一、HACCP认证概述

1. HACCP认证的定义

HACCP体系认证的定义是：由经国家相关政府机构认可的第三方认证机构依据经认可的认证程序，对食品生产企业的食品安全管理体系是否符合规定的要求进行审核和评价，并依据评价结果，对符合要求的食品企业的食品安全管理体系给予书面保证。

2. HACCP认证的意义

HACCP从生产角度来说是安全控制系统，是使产品从投料开始至成品保证质量安全的体系，如果使用了HACCP的管理系统最突出的优点是：

① 使食品生产对最终产品的检验（即检验是否有不合格产品）转化为控制生产环节中潜在的危害（即预防不合格产品）；

② 应用最少的资源，做最有效的事情。

企业进行 HACCP 认证，可以通过定期审核来维持质量体系的运行，防止系统崩溃。通过对相关法规的实施，提高声誉，避免企业违反相关法规。当市场把认证作为准入要求时，企业可以增加出口和进入市场的机会。通过认证的企业能提高消费者的信心，减少顾客审核的频度，与非认证的企业相比，有更大的竞争优势和更好的企业形象。

二、HACCP 认证

食品企业建立和实施 HACCP 管理体系的目的，是提高企业质量管理水平和生产安全食品，再就是通过 HACCP 认证，提高置信水平。企业通过认证有利于向政府和消费者证明自身的质量保证能力，证明自己能提供满足顾客需求的安全食品和服务，因而有利于开拓市场，获取更大利润。

1. HACCP 认证的依据

HACCP 认证的依据是国家认证认可监督管理局 2002 年第 3 号文件《食品生产企业危害分析和关键控制点（HACCP）管理体系认证管理规定》和国际食品法典委员会（CAC）《危害分析和关键控制点（HACCP）体系及其应用准则》。

2. HACCP 认证的基本条件

（1）企业资格　产品生产企业应为有明确法人地位的实体，产品有注册商标，质量稳定且批量生产。

（2）建立质量管理体系　企业应按要求建立和实施质量管理体系，并运行有效。食品企业应具备一定的基础，这些基础包括良好生产规范（GMP）、良好卫生操作（GHP）或标准卫生操作程序（SSOP）以及完善的设备维护保养计划、员工教育培训计划等，企业应该已经按照现有中国法律法规的相关规定，如原国家出入境检验检疫局于 1994 年发布的《出口食品厂库卫生要求》或国家标准《食品企业通用卫生规范》（GB 14881—1994）等建立食品卫生控制基础，企业应该已经具备在卫生环境下对食品进行加工的生产条件。申请认证的企业应就审核依据，特别是认证所涉及产品的安全卫生标准及产品消费对象、消费国家和地区等达成一致。

（3）已经进行 HACCP 内审　HACCP 内审包括了 GMP、SSOP、HACCP 计划的审核。企业在申请认证前，HACCP 体系应至少有效运行三个月，至少做过一次内审，并对内审中发现的不合格项进行确认、整改和跟踪验证。

① HACCP 内审的目的：HACCP 的内审是针对食品安全控制和相应法律、法规要求的符合性审核。进行内审可以达到以下目的：

a. 验证一个良好的 HACCP 体系已经建立和保持。确认危害分析合理，对应于所识别的 CCP 制定的监控措施有效，控制、记录保持和验证活动实施有效。

b. 验证产品的设计和加工的特殊要求是适宜的并能持续达到预期目的。

c. 对建立和保持 HACCP 体系的人员的知识、意识和能力进行评估，增强 HACCP 的培训。

d. 通过对比分析，找到企业目前的现状和一起达到的目标之间的差距。

e. 获取生产现场的实际情况。

食品生产加工企业还有其他的要求和标准，如 GMP、SSOP，这些是 HACCP 原理应用的基础，成为食品安全体系的一部分，可以在 HACCP 计划中描述，生产和工艺上的调整不需要再评估。

② HACCP 审核程序：

a. 审核的策划和准备。包括确定审核范围、组成审核组、审核的时间等。

b. 文件审核。文件审核的目的是评审 HACCP 体系文件化的规定是否科学、合理。

c. 现场审核准备。包括编制审核计划、核查表。

d. 组织见面会。介绍审核的目的、范围、依据和方法、审核的顺序、时间与计划等，确认审核计划。

e. 实施审核。

f. 不符合项报告。对现场审核发现的问题，以不符合项报告的方式提交审核方和中国进出口质量认证中心（CQC），以此作出 HACCP 有效性评价的结论。

g. 确认审核发现。对所有审核发现进行评审，对体系的建立和实施的有效性进行判断。

h. 总结会。对审核工作作出结论，向被审核方报告审核的结果。

i. 跟踪审核。对不符合项的纠正措施跟踪审核，确定其有效性。

j. 评审报告。

3. HACCP 认证的程序

（1）申请　当企业具备以上的基本条件后，可向有认证资格的认证机构提出意向申请。此时可向认证机构索取公开文件和申请表，了解有关申请者必须具备的条件、认证工作程序、收费标准等有关事项。这时认证机构通常要求企业填写企业情况调查表和意向书等。当然，不同的认证机构对此有不同的要求。在正式申请认证时，申请者应按认证机构的要求填写申请表，提交 SSOP、HACCP 计划书及其他有关证实材料。

（2）申请审查　认证机构对申请企业提交的申请材料进行审查，决定是否受理申请。如果决定受理申请，则双方签订合同；如果不受理，认证机构以书面形式通知申请者并说明理由。文件审查主要看企业编写的体系文件能否满足相关认证标准的要求，卫生标准控制程序（SSOP）能否满足 GMP 的要求，HACCP 计划书制定的是否合理，危害分析是否充分等。

（3）审核　当签订了认证合同后，认证机构一般按如下程序进行审核：组成审核组、文件审核、初访或预审核（需要时进行）、现场审核前的准备、现场审核并提交报告。对于申请产品 HACCP 认证的企业，还要进行产品形式检验，认证机构根据规定要求审查提交的质量体系审核报告和产品形式检验报告后，编写产品质量认证综合报告，提交认证机构的技术管理委员会审批，据此做出是否批准认证的决定。

（4）颁发证书　对批准通过认证的企业颁发认证证书并进行注册管理。对不批准认证的企业书面通知，说明原因。认证证书上注明获证企业的名称、生产现场地址（如为多现场应注明每一现场的地址）、体系覆盖产品、审核依据的标准及发证日期等。获得认证证书的企业，应按认证证书及标志管理程序的有关规定使用证书，并接受认证机构的监督与管理，认证机构将依据规定的要求做出维持、暂停或撤销的决定。

（5）监督与复评　获证企业获证后还应接受认证机构的证后监督和复评。根据《以 HACCP 为基础的食品安全体系认证机构认可实施指南》的有关规定，认证机构可确定对获证企业的以 HACCP 为基础的食品安全体系进行监督审核，通常为半年一次（季节性生产在生产季节至少每季度一次），如果获证企业对其 HACCP 为基础的食品安全体系进行了重大的更改，或者发生了影响到其认证基础的更改，还需增加监督频次。复评是又一次完整的审核，对 HACCP 为基础的食品安全体系在过去的认证有效期内的运行进行评审，认证机构每年对供方全部质量体系进行一次复评。

思 考 题

1. 什么是质量认证？
2. 市场准入的定义是什么？
3. 无公害食品、绿色食品、有机食品的认证有何共同点？
4. 简述食品质量安全市场准入制度的三项主要内容。

附　录

附录一　中华人民共和国食品卫生法

(1995-10-30)

第一章　总则

第一条　为保证食品卫生，防止食品污染和有害因素对人体的危害，保障人民身体健康，增强人民体质，制定本法。

第二条　国家实行食品卫生监督制度。

第三条　国务院卫生行政部门主管全国食品卫生监督管理工作。

国务院有关部门在各自的职责范围内负责食品卫生管理工作。

第四条　凡在中华人民共和国领域内从事食品生产经营的，都必须遵守本法。

本法适用于一切食品、食品添加剂、食品容器、包装材料和食品用工具、设备、洗涤剂、消毒剂；也适用于食品的生产经营场所、设施和有关环境。

第五条　国家鼓励和保护社会团体和个人对食品卫生的社会监督。

对违反本法的行为，任何人都有权检举和控告。

第二章　食品的卫生

第六条　食品应当无毒、无害，符合应当有的营养要求，具有相应的色、香、味等感官性状。

第七条　专供婴幼儿的主、辅食品，必须符合国务院卫生行政部门制定的营养、卫生标准。

第八条　食品生产经营过程必须符合下列卫生要求：

（一）保持内外环境整洁，采取消除苍蝇、老鼠、蟑螂和其他有害昆虫及其孳生条件的措施，与有毒、有害场所保持规定的距离；

（二）食品生产经营企业应当有与产品品种、数量相适应的食品原料处理、加工、包装、储存等厂房或者场所；

（三）应当有相应的消毒、更衣、盥洗、采光、照明、通风、防腐、防尘、防蝇、防鼠、洗涤、污水排放、存放垃圾和废弃物的设施；

（四）设备布局和工艺流程应当合理，防止待加工食品与直接入口食品、原料与成品交叉污染，食品不得接触有毒物、不洁物；

（五）餐具、饮具和盛放直接入口食品的容器，使用前必须洗净、消毒，炊具、用具用后必须洗净，保持清洁；

（六）储存、运输和装卸食品的容器包装、工具、设备和条件必须安全、无害，保持清洁，防止食品被污染；

（七）直接入口的食品应当有小包装或者使用无毒、清洁的包装材料；

（八）食品生产经营人员应当经常保持个人卫生，生产、销售食品时，必须将手洗净，穿戴清洁的工作衣、帽；销售直接入口食品时，必须使用售货工具；

（九）用水必须符合国家规定的城乡生活饮用水卫生标准；

（十）使用的洗涤剂、消毒剂应当对人体安全、无害。

对食品摊贩和城乡集市贸易食品经营者在食品生产经营过程中的卫生要求，由省、自治区、直辖市人民代表大会常务委员会根据本法做出具体规定。

第九条 禁止生产经营下列食品：

（一）腐败变质、油脂酸败、霉变、生虫、污秽不洁、混有异物或者其他感官性状异常，可能对人体健康有害的；

（二）含有毒、有害物质或者被有毒、有害物质污染，可能对人体健康有害的；

（三）含有致病性寄生虫、微生物的，或者微生物毒素含量超过国家限定标准的；

（四）未经兽医卫生检验或者检验不合格的肉类及其制品；

（五）病死、毒死或者死因不明的禽、畜、兽、水产动物等及其制品；

（六）容器包装污秽不洁、严重破损或者运输工具不洁造成污染的；

（七）掺假、掺杂、伪造，影响营养、卫生的；

（八）用非食品原料加工的，加入非食品用化学物质的或者将非食品当作食品的；

（九）超过保质期限的；

（十）为防病等特殊需要，国务院卫生行政部门或者省、自治区、直辖市人民政府专门规定禁止出售的；

（十一）含有未经国务院卫生行政部门批准使用的添加剂的或者农药残留超过国家规定容许量的；

（十二）其他不符合食品卫生标准和卫生要求的。

第十条 食品不得加入药物，但是按照传统既是食品又是药品的，作为原料、调料或者营养强化剂加入的除外。

第三章 食品添加剂的卫生

第十一条 生产经营和使用食品添加剂，必须符合食品添加剂使用卫生标准和卫生管理办法的规定；不符合卫生标准和卫生管理办法的食品添加剂，不得经营、使用。

第四章　食品容器、包装材料和食品用工具、设备的卫生

第十二条　食品容器、包装材料和食品用工具、设备必须符合卫生标准和卫生管理办法的规定。

第十三条　食品容器、包装材料和食品用工具、设备的生产必须采用符合卫生要求的原材料。产品应当便于清洗和消毒。

第五章　食品卫生标准和管理办法的制定

第十四条　食品、食品添加剂、食品容器、包装材料、食品用工具、设备，用于清洗食品和食品用工具、设备的洗涤剂、消毒剂以及食品污染物质、放射性物质容许量的国家卫生标准、卫生管理办法和检验规程，由国务院卫生行政部门制定或者批准颁发。

第十五条　国家未制定卫生标准的食品，省、自治区、直辖市人民政府可以制定地方卫生标准，报国务院卫生行政部门和国务院标准化行政主管部门备案。

第十六条　食品添加剂的国家产品质量标准中有卫生学意义的指标，必须经国务院卫生行政部门审查同意。

农药、化肥等农用化学物质的安全性评价，必须经国务院卫生行政部门审查同意。

屠宰畜、禽的兽医卫生检验规程，由国务院有关行政部门会同国务院卫生行政部门制定。

第六章　食品卫生管理

第十七条　各级人民政府的食品生产经营管理部门应当加强食品卫生管理工作，并对执行本法情况进行检查。

各级人民政府应当鼓励和支持改进食品加工工艺，促进提高食品卫生质量。

第十八条　食品生产经营企业应当健全本单位的食品卫生管理制度，配备专职或者兼职食品卫生管理人员，加强对所生产经营食品的检验工作。

第十九条　食品生产经营企业的新建、扩建、改建工程的选址和设计应符合卫生要求，其设计审查和工程验收必须有卫生行政部门参加。

第二十条　利用新资源生产的食品、食品添加剂的新品种，生产经营企业在投入生产前，必须提出该产品卫生评价和营养评价所需的资料；利用新的原材料生产的食品容器、包装材料和食品用工具、设备的新品种，生产经营企业在投入生产前，必须提出该产品卫生评价所需的资料。上述新品种在投入生产前还需提供样品，并按照规定的食品卫生标准审批程序报请审批。

第二十一条　定型包装食品和食品添加剂，必须在包装标识或者产品说明书

上根据不同产品分别按照规定标出品名、产地、厂名、生产日期、批号或者代号、规格、配方或者主要成分、保质期限、食用或者使用方法等。食品、食品添加剂的产品说明书，不得有夸大或者虚假的宣传内容。

食品包装标识必须清楚，容易辨识。在国内市场销售的食品，必须有中文标识。

第二十二条　表明具有特定保健功能的食品，其产品及说明书必须报国务院卫生行政部门审查批准，其卫生标准和生产经营管理办法，由国务院卫生行政部门制定。

第二十三条　表明具有特定保健功能的食品，不得有害于人体健康，其产品说明书内容必须真实，该产品的功能和成分必须与说明书相一致，不得有虚假。

第二十四条　食品、食品添加剂和专用于食品的容器、包装材料及其他用具，其生产者必须按照卫生标准和卫生管理办法实施检验合格后，方可出厂或者销售。

第二十五条　食品生产经营者采购食品及其原料，应当按照国家有关规定索取检验合格证或者化验单，销售者应当保证提供。需要索证的范围和种类由省、自治区、直辖市人民政府卫生行政部门规定。

第二十六条　食品生产经营人员每年必须进行健康检查；新参加工作和临时参加工作的食品生产经营人员必须进行健康检查，取得健康证明后方可参加工作。

凡患有痢疾、伤寒、病毒性肝炎等消化道传染病（包括病原携带者）、活动性肺结核、化脓性或者渗出性皮肤病以及其他有碍食品卫生的疾病的，不得参加接触直接入口食品的工作。

第二十七条　食品生产经营企业和食品摊贩，必须先取得卫生行政部门发放的卫生许可证方可向工商行政管理部门申请登记。未取得卫生许可证的，不得从事食品生产经营活动。

食品生产经营者不得伪造、涂改、出借卫生许可证。

卫生许可证的发放管理办法由省、自治区、直辖市人民政府卫生行政部门制定。

第二十八条　各类食品市场的举办者应当负责市场内的食品卫生管理工作，并在市场内设置必要的公共卫生设施，保持良好的环境卫生状况。

第二十九条　城乡集市贸易的食品卫生管理工作由工商行政管理部门负责，食品卫生监督检验工作由卫生行政部门负责。

第三十条　进口的食品、食品添加剂、食品容器、包装材料和食品用工具及设备，必须符合国家卫生标准和卫生管理办法的规定。

进口前款所列产品，由口岸进口食品卫生监督检验机构进行卫生监督、检验。检验合格的方准进口。海关凭检验合格证书放行。

进口单位在申报检验时,应当提供输出国(地区)所使用的农药、添加剂、熏蒸剂等有关资料和检验报告。

进口第一款所列产品,依照国家卫生标准进行检验,尚无国家卫生标准的,进口单位必须提供输出国(地区)的卫生部门或者组织出具的卫生评价资料,经口岸进口食品卫生监督检验机构审查检验并报国务院卫生行政部门批准。

第三十一条 出口食品由国家进出口商品检验部门进行卫生监督、检验。

海关凭国家进出口商品检验部门出具的证书放行。

第七章 食品卫生监督

第三十二条 县级以上地方人民政府卫生行政部门在管辖范围内行使食品卫生监督职责。

铁道、交通行政主管部门设立的食品卫生监督机构,行使国务院卫生行政部门会同国务院有关部门规定的食品卫生监督职责。

第三十三条 食品卫生监督职责是:

(一)进行食品卫生监测、检验和技术指导;

(二)协助培训食品生产经营人员,监督食品生产经营人员的健康检查;

(三)宣传食品卫生、营养知识,进行食品卫生评价,公布食品卫生情况;

(四)对食品生产经营企业的新建、扩建、改建工程的选址和设计进行卫生审查,并参加工程验收;

(五)对食物中毒和食品污染事故进行调查,并采取控制措施;

(六)对违反本法的行为进行巡回监督检查;

(七)对违反本法的行为追查责任,依法进行行政处罚;

(八)负责其他食品卫生监督事项。

第三十四条 县级以上人民政府卫生行政部门设立食品卫生监督员。食品卫生监督员由合格的专业人员担任,由同级卫生行政部门发给证书。

铁道、交通的食品卫生监督员,由其上级主管部门发给证书。

第三十五条 食品卫生监督员执行卫生行政部门交付的任务。

食品卫生监督员必须秉公执法,忠于职守,不得利用职权谋取私利。

食品卫生监督员在执行任务时,可以向食品生产经营者了解情况,索取必要的资料,进入生产经营场所检查,按照规定无偿采样。生产经营者不得拒绝或者隐瞒。

食品卫生监督员对生产经营者提供的技术资料负有保密的义务。

第三十六条 国务院和省、自治区、直辖市人民政府的卫生行政部门,根据需要可以确定具备条件的单位作为食品卫生检验单位,进行食品卫生检验并出具检验报告。

第三十七条 县级以上地方人民政府卫生行政部门对已造成食物中毒事故或

者有证据证明可能导致食物中毒事故的，可以对该食品生产经营者采取下列临时控制措施：

（一）封存造成食物中毒或者可能导致食物中毒的食品及其原料；

（二）封存被污染的食品用工具及用具，并责令进行清洗消毒。

经检验，属于被污染的食品，予以销毁；未被污染的食品，予以解封。

第三十八条 发生食物中毒的单位和接收病人进行治疗的单位，除采取抢救措施外，应当根据国家有关规定，及时向所在地卫生行政部门报告。

县级以上地方人民政府卫生行政部门接到报告后，应当及时进行调查处理，并采取控制措施。

第八章 法律责任

第三十九条 违反本法规定，生产经营不符合卫生标准的食品，造成食物中毒事故或者其他食源性疾患的，责令停止生产经营，销毁导致食物中毒或者其他食源性疾患的食品，没收违法所得，并处以违法所得一倍以上五倍以下的罚款；没有违法所得的，处以一千元以上五万元以下的罚款。

违反本法规定，生产经营不符合卫生标准的食品，造成严重食物中毒事故或者其他严重食源性疾患，对人体健康造成严重危害的，或者在生产经营的食品中掺入有毒、有害的非食品原料的，依法追究刑事责任。

有本条所列行为之一的，吊销卫生许可证。

第四十条 违反本法规定，未取得卫生许可证或者伪造卫生许可证从事食品生产经营活动的，予以取缔，没收违法所得，并处以违法所得一倍以上五倍以下的罚款；没有违法所得的，处以五百元以上三万元以下的罚款。涂改、出借卫生许可证的，收缴卫生许可证，没收违法所得，并处以违法所得一倍以上三倍以下的罚款；没有违法所得的，处以五百元以上一万元以下的罚款。

第四十一条 违反本法规定，食品生产经营过程不符合卫生要求的，责令改正，给予警告，可以处以五千元以下的罚款；拒不改正或者有其他严重情节的，吊销卫生许可证。

第四十二条 违反本法规定，生产经营禁止生产经营的食品的，责令停止生产经营，立即公告收回已售出的食品，并销毁该食品，没收违法所得，并处以违法所得一倍以上五倍以下的罚款；没有违法所得的，处以一千元以上五万元以下的罚款。情节严重的，吊销卫生许可证。

第四十三条 违反本法规定，生产经营不符合营养、卫生标准的专供婴幼儿的主、辅食品的，责令停止生产经营，立即公告收回已售出的食品，并销毁该食品，没收违法所得，并处以违法所得一倍以上五倍以下的罚款；没有违法所得的，处以一千元以上五万元以下的罚款。情节严重的，吊销卫生许可证。

第四十四条 违反本法规定，生产经营或者使用不符合卫生标准和卫生管理办法规定的食品添加剂、食品容器、包装材料和食品用工具、设备以及洗涤剂、消毒剂的，责令停止生产或者使用，没收违法所得，并处以违法所得一倍以上三倍以下的罚款；没有违法所得的，处以五千元以下的罚款。

第四十五条　违反本法规定，未经国务院卫生行政部门审查批准而生产经营表明具有特定保健功能的食品的，或者该食品的产品说明书内容虚假的，责令停止生产经营，没收违法所得，并处以违法所得一倍以上五倍以下的罚款；没有违法所得的，处以一千元以上五万元以下的罚款。情节严重的，吊销卫生许可证。

第四十六条　违反本法规定，定型包装食品和食品添加剂的包装标识或者产品说明书上不标明或者虚假标注生产日期、保质期限等规定事项的，或者违反规定不标注中文标识的，责令改正，可以处以五百元以上一万元以下的罚款。

第四十七条　违反本法规定，食品生产经营人员未取得健康证明而从事食品生产经营的，或者对患有疾病不得接触直接入口食品的生产经营人员，不按规定调离的，责令改正，可以处以五千元以下的罚款。

第四十八条　违反本法规定，造成食物中毒事故或者其他食源性疾患的，或者因其他违反本法行为给他人造成损害的，应当依法承担民事赔偿责任。

第四十九条　本法规定的行政处罚由县级以上地方人民政府卫生行政部门决定。本法规定的行使食品卫生监督权的其他机关，在规定的职责范围内，依照本法的规定作出行政处罚决定。

第五十条　当事人对行政处罚决定不服的，可以在接到处罚通知之日起十五日内向作出处罚决定的机关的上一级机关申请复议；当事人也可以在接到处罚通知之日起十五日内直接向人民法院起诉。

复议机关应当在接到复议申请之日起十五日内作出复议决定。当事人对复议决定不服的，可以在接到复议决定之日起十五日内向人民法院起诉。

当事人逾期不申请复议也不向人民法院起诉，又不履行处罚决定的，作出处罚决定的机关可以申请人民法院强制执行。

第五十一条　卫生行政部门违反本法规定，对不符合条件的生产经营者发放卫生许可证的，对直接责任人员给予行政处分；收受贿赂，构成犯罪的，依法追究刑事责任。

第五十二条　食品卫生监督管理人员滥用职权、玩忽职守、营私舞弊，造成重大事故，构成犯罪的，依法追究刑事责任；不构成犯罪的，依法给予行政处分。

第五十三条　以暴力、威胁方法阻碍食品卫生监督管理人员依法执行职务的，依法追究刑事责任；拒绝、阻碍食品卫生监督管理人员依法执行职务未使用暴力、威胁方法的，由公安机关依照治安管理处罚条例的规定处罚。

第九章　附则

第五十四条　本法下列用语的含义：

食品：指各种供人食用或者饮用的成品和原料以及按照传统既是食品又是药品的物品，但是不包括以治疗为目的的物品。

食品添加剂：指为改善食品品质和色、香、味，以及为防腐和加工工艺的需要而加入食品中的化学合成或者天然物质。

营养强化剂：指为增强营养成分而加入食品中的天然的或者人工合成的属于天然营养素范围的食品添加剂。

食品容器、包装材料：指包装、盛放食品用的纸、竹、木、金属、搪瓷、陶瓷、塑料、橡胶、天然纤维、化学纤维、玻璃等制品和接触食品的涂料。

食品用工具设备：指食品在生产经营过程中接触食品的机械、管道、传送带、容器、用具、餐具等。

食品生产经营：指一切食品的生产（不包括种植业和养殖业）、采集、收购、加工、储存、运输、陈列、供应、销售等活动。

食品生产经营者：指一切从事食品生产经营的单位或者个人，包括职工食堂、食品摊贩等。

第五十五条 出口食品的管理办法，由国家进出口商品检验部门会同国务院卫生行政部门和有关行政部门另行制定。

第五十六条 军队专用食品和自供食品的卫生管理办法由中央军事委员会依据本法制定。

第五十七条 本法自公布之日起施行。《中华人民共和国食品卫生法（试行）》同时废止。

附录二 食品企业通用卫生规范（GB 14881—1994）

1 主题内容与适用范围

本规范规定了食品企业的食品加工过程、原料采购、运输、储存、工厂设计与设施的基本卫生要求及管理准则。

本规范适用于食品生产、经营的企业、工厂，并作为制定各类食品厂的专业卫生规范的依据。

2 引用标准

GB 3841 锅炉烟尘排放标准

GB 5749 生活饮用水卫生标准

GB 7718 食品标签通用标准

3 原材料采购、运输的卫生要求

3.1 采购

3.1.1 采购原材料应按该种原材料质量卫生标准或卫生要求进行。

3.1.2 购入的原料，应具有一定的新鲜度，具有该品种应有的色、香、味和组织形态特征，不含有毒有害物，也不应受其污染。

3.1.3 某些农、副产品原料在采收后，为便于加工、运输和储存而采取的简易加工应符合卫生要求，不应造成对食品的污染和潜在危害，否则不得购入。

3.1.4 采购人员应具有简易鉴别原材料质量、卫生的知识和技能。

3.1.5 盛装原材料的包装物或容器，其材质应无毒、无害，不受污染，符合卫生要求。

3.1.6 重复使用的包装物或容器，其结构应便于清洗、消毒。要加强检验，有污染者不得使用。

3.2 运输

3.2.1 运输工具（车厢、船舱）等应符合卫生要求，应备有防雨防尘设施，根据原料特点和卫生需要，还应具备保温、冷藏、保鲜等设施。

3.2.2 运输作业应防止污染，操作要轻拿、轻放，不使原料受损伤，不得与有毒、有害物品同时装运。

3.2.3 建立卫生制度，定期清洗、消毒，保持洁净卫生。

3.3 储存

3.3.1 应设置与生产能力相适应的原材料场地和仓库。

3.3.1.1 新鲜果、蔬原料应储存于遮阳、通风良好的场地，地面平整，有一定坡度，便于清洗、排水，及时剔出腐败、霉烂原料，将其集中到指定地点，按规定方法处理，防止污染食品和其他原料。

3.3.1.2 各类冷库，应根据不同要求，按规定的温、湿度储存。

3.3.1.3 其他原材料场地和仓库，应地面平整，便于通风换气，有防鼠、防虫设施。

3.3.2 原料场地和仓库应设专人管理，建立管理制度，定期检查质量和卫生情况，按时清扫、消毒、通风换气。

3.3.2.1 各种原材料应按品种分类分批储存，每批原材料均有明显标志，同一库内不得储存相互影响风味的原材料。

3.3.2.2 原材料应离地、离墙并与屋顶保持一定距离，垛与垛之间也应有适当间隔。

3.3.2.3 先进先出，及时剔出不符合质量和卫生标准的原料，防止污染。

4 工厂设计与设施的卫生要求

4.1 设计

4.1.1 凡新建、扩建、改建的工程项目有关食品卫生部分均应按本规范和各该类食品厂的卫生规范的有关规定，进行设计和施工。

4.1.2 各类食品厂应将本厂的总平面布置图，原材料、半成品、成品的质量和卫生标准，生产工艺规程以及其他有关资料，报当地食品卫生监督机构备查。

4.2 选址

4.2.1 要选择地势干燥、交通方便、有充足的水源的地区。厂区不应设于受污染河流的下游。

4.2.2 厂区周围不得有粉尘、有害气体、放射性物质和其他扩散性污染源；不得有昆虫大量孳生的潜在场所，避免危及产品卫生。

4.2.3 厂区要远离有害场所。生产区建筑物与外缘公路或道路应有防护地带。其距离可根据各类食品厂的特点由各类食品厂卫生规范另行规定。

4.3 总平面布置（布局）

4.3.1 各类食品厂应根据本厂特点制定整体规划。

4.3.2 要合理布局，划分生产区和生活区；生产区应在生活区的下风向。

4.3.3 建筑物、设备布局与工艺流程三者衔接合理，建筑结构完善，并能满足生产工艺和质量卫生要求；原料与半成品和成品、生原料与熟食品均应杜绝交叉污染。

4.3.4 建筑物和设备布置还应考虑生产工艺对温、湿度和其他工艺参数的要求，防止毗邻车间受到干扰。

4.3.5 道路

4.3.5.1 厂区道路应通畅，便于机动车通行，有条件的应修环行路且便于消防车辆到达各车间。

4.3.5.2 厂区道路应采用便于清洗的混凝土、沥青及其他硬质材料铺设，防止积水及尘土飞扬。

4.3.6 绿化

4.3.6.1 厂房之间,厂房与外缘公路或道路应保持一定距离,中间设绿化带。

4.3.6.2 厂区内各车间的裸露地面应进行绿化。

4.3.7 给排水

4.3.7.1 给排水系统应能适应生产需要,设施应合理有效,经常保持畅通,有防止污染水源和鼠类、昆虫通过排水管道潜入车间的有效措施。

4.3.7.2 生产用水必须符合 GB 5749 之规定。

4.3.7.3 污水排放必须符合国家规定的标准,必要时应采取净化设施达标后才可排放。净化和排放设施不得位于生产车间主风向的上方。

4.3.8 污物

4.3.8.1 污物(加工后的废弃物)存放应远离生产车间,且不得位于生产车间上风向。

4.3.8.2 存放设施应密闭或带盖,要便于清洗、消毒。

4.3.9 烟尘

4.3.9.1 锅炉烟筒高度和排放粉尘量应符合 GB 3841 的规定,烟道出口与引风机之间须设置除尘装置。

4.3.9.2 其他排烟、除尘装置也应达标准后再排放,防止污染环境。

4.3.9.3 排烟、除尘装置应设置在主导风向的下风向。季节性生产厂应设置在季节风向的下风向。

4.3.10 实验动物待加工禽畜饲养区应与生产车间保持一定距离,且不得位于主导风向的上风向。

4.4 设备、工具、管道

4.4.1 材质

凡接触食品物料的设备、工具、管道,必须用无毒、无味、抗腐蚀、不吸水、不变形的材料制作。

4.4.2 结构

设备、工具、管道表面要清洁,边角圆滑,无死角,不易积垢,不漏隙,便于拆卸、清洗和消毒。

4.4.3 设置

4.4.3.1 设备设置应根据工艺要求,布局合理。上、下工序衔接要紧凑。

4.4.3.2 各种管道、管线尽可能集中走向。冷水管不宜在生产线和设备包装台上方通过,防止冷凝水滴入食品。其他管线和阀门也不应设置在暴露原料和成品的上方。

4.4.4 安装

4.4.4.1 安装应符合工艺卫生要求,与屋顶(天花板)、墙壁等应有足够的距离，设备一般应用脚架固定，与地面应有一定的距离。传动部分应有防水、防尘罩，以便于清洗和消毒。

4.4.4.2 各类料液输送管道应避免死角或盲端，设排污阀或排污口，便于清洗、消毒，防止堵塞。

4.5 建筑物和施工

4.5.1 高度

生产厂房的高度应能满足工艺、卫生要求，以及设备安装、维护、保养的需要。

4.5.2 占地面积

生产车间人均占地面积（不包括设备占位）不能少于 $1.50m^2$，高度不低于 $3m$。

4.5.3 地面

4.5.3.1 生产车间地面应使用不渗水、不吸水、无毒、防滑材料（如耐酸砖、水磨石、混凝土等）铺砌，应有适当坡度，在地面最低点设置地漏，以保证不积水。其他厂房也要根据卫生要求进行。

4.5.3.2 地面应平整、无裂隙、略高于道路路面，便于清扫和消毒。

4.5.4 屋顶

屋顶或天花板应选用不吸水、表面光洁、耐腐蚀、耐温、浅色材料覆涂或装修，要有适当的坡度，在结构上减少凝结水滴落，防止虫害和霉菌孳生，以便于洗刷、消毒。

4.5.5 墙壁

4.5.5.1 生产车间墙壁要用浅色、不吸水、不渗水、无毒材料覆涂，并用白瓷砖或其他防腐蚀材料装修高度不低于 $1.50m$ 的墙裙。

4.5.5.2 墙壁表面应平整光滑，其四壁和地面交界面要呈漫弯形，防止污垢积存，并便于清洗。

4.5.6 门窗

4.5.6.1 门、窗、天窗要严密，不变形，防护门要能两面开，设置位置适当，并便于卫生防护设施的设置。

4.5.6.2 窗台要设于地面 $1m$ 以上，内侧要下斜 $45°$。

4.5.6.3 非全年使用空调的车间、门、窗应有防蚊蝇、防尘设施，纱门应便于拆下洗刷。

4.5.7 通道

4.5.7.1 通道要宽敞，便于运输和卫生防护设施的设置。

4.5.7.2 楼梯、电梯传送设备等处要便于维护和清扫、洗刷和消毒。

4.5.8 通风

4.5.8.1 生产车间、仓库应有良好通风，采用自然通风时通风面积与地面积之比不应小于1:16；采用机械通风时换气量不应小于每小时换气三次。

4.5.8.2 机械通风管道进风口要距地面2m以上，并远离污染源和排风口，开口处应设防护罩。

4.5.8.3 饮料、熟食、成品包装等生产车间或工序必要时应增设水幕、风幕或空调设备。

4.5.9 采光、照明

4.5.9.1 车间或工作地应有充足的自然采光或人工照明。车间采光系数不应低于标准Ⅳ级；检验场所工作面混合照度不应低于540lx；加工场所工作面不应低于220lx；其他场所一般不应低于110lx。

4.5.9.2 位于工作台、食品和原料上方的照明设备应加防护罩。

4.5.10 防鼠、防蚊蝇、防尘设施

建筑物及各项设施应根据生产工艺卫生要求和原材料储存等特点，相应设置有效的防鼠、防蚊蝇、防尘、防飞鸟、防昆虫的侵入、隐藏和孳生的设施，防止受其危害和污染。

4.6 卫生设施

4.6.1 洗手、消毒

4.6.1.1 洗手设施应分别设置在车间进口处和车间内适当的地点。

4.6.1.2 要配备冷热水混合器，其开关应采用非手动式，龙头设置以每班人数在200人以内者，按每10人一个，200人以上者每增加20人增设一个。

4.6.1.3 洗手设施还应包括干手设备（热风、消毒干毛巾、消毒纸巾等）；根据生产需要，有的车间、部门还应配备消毒手套，同时还应配备足够数量的指甲刀、指甲刷和洗涤剂、消毒液等。

4.6.1.4 生产车间进口，必要时还应设有工作靴鞋消毒池（卫生监督部门认为无须穿靴鞋消毒的车间可免设）。

4.6.1.5 消毒池壁内侧与墙体呈45°坡形，其规格尺寸应根据情况务使工作人员必须通过消毒池才能进入为目的。

4.6.2 更衣室

4.6.2.1 更衣室应设储衣柜或衣架、鞋箱（架），衣柜之间要保持一定距离，离地面20cm以上，如采用衣架应另设个人物品存放柜。

4.6.2.2 更衣室还应备有穿衣镜，供工作人员自检用。

4.6.3 淋浴室

4.6.3.1 淋浴室可分散或集中设置，淋浴器按每班工作人员计每20～25人设置一个。

4.6.3.2 淋浴室应设置天窗或通风排气孔和采暖设备。

4.6.4 厕所

4.6.4.1 厕所设置应有利生产和卫生，其数量和便池坑位应根据生产需要和人员情况适当设置。

4.6.4.2 生产车间的厕所应设置在车间外侧,并一律为水冲式,备有洗手设施和排臭装置,其出入口不得正对车间门,要避开通道;其排污管道应与车间排水管道分设。

4.6.4.3 设置坑式厕所时,应距生产车间25m以上,并应便于清扫、保洁,还应设置防蚊、防蝇设施。

5 工厂的卫生管理

5.1 机构

5.1.1 食品厂必须建立相应的卫生管理机构,对本单位的食品卫生工作进行全面管理。

5.1.2 管理机构应配备经专业培训的专职或兼职的食品卫生管理人员。

5.2 职责(任务)

5.2.1 宣传和贯彻食品卫生法规和有关规章制度,监督、检查在本单位的执行情况,定期向食品卫生监督部门报告。

5.2.2 制定和修改本单位的各项卫生管理制度和规划。

5.2.3 组织卫生宣传教育工作,培训食品从业人员。

5.2.4 定期进行本单位从业人员的健康检查,并做好善后处理工作。

5.3 维修、保养工作

5.3.1 建筑物和各种机械设备、装置、设施、给排水系统等均应保持良好状态,确保正常运行和整齐洁净,不污染食品。

5.3.2 建立、健全维修保养制度,定期检查、维修,杜绝隐患,防止污染食品。

5.4 清洗和消毒工作

5.4.1 应制定有效的清洗及消毒方法和制度,以确保所有场所清洁卫生,防止污染食品。

5.4.2 使用清洗剂和消毒剂时,应采取适当措施,防止人身、食品受到污染。

5.5 除虫、灭害的管理

5.5.1 厂区应定期或在必要时进行除虫灭害工作,要采取有效措施防止鼠类、蚊、蝇、昆虫等的聚集和孳生。对已经发生的场所,应采取紧急措施加以控制和消灭,防止蔓延和对食品的污染。

5.5.2 使用各类杀虫剂或其他药剂前,应做好对人身、食品、设备工具的污染和中毒的预防措施,用药后将所有设备、工具彻底清洗,消除污染。

5.6 有毒有害物管理

5.6.1 清洗剂、消毒剂、杀虫剂以及其他有毒、有害物品,均应有固定包装,并在明显处标示"有毒品"字样,储存于专门库房或柜橱内,加锁并由专人负责保管，建立管理制度。

5.6.2 使用时应由经过培训的人员按照使用方法进行，防止污染和人身中毒。

5.6.3 除卫生和工艺需要，均不得在生产车间使用和存放可能污染食品的任何种类的药剂。

5.6.4 各种药剂的使用品种和范围，须经省（自治区、直辖市）卫生监督部门同意。

5.7 饲养动物的管理

5.7.1 厂内除供实验动物和待加工禽畜外，一律不得饲养家禽、家畜。

5.7.2 应加强对实验动物和待加工禽畜的管理，防止污染食品。

5.8 污水、污物的管理

5.8.1 污水排放应符合国家规定标准，不符合标准者应采取净化措施，达标后排放。

5.8.2 厂区设置的污物收集设施，应为密闭式或带盖，要定期清洗、消毒，污物不得外溢，应于24h之内运出厂区处理。做到日产日清，防止有害动物集聚孳生。

5.9 副产品的管理

5.9.1 副产品（加工后的下料和废弃物）应及时从生产车间运出，按照卫生要求，储存于副产品仓库，废弃物则收集于污物设施内，及时运出厂区处理。

5.9.2 使用的运输工具和容器应经常清洗、消毒，保持清洁卫生。

5.10 卫生设施的管理

5.10.1 洗手池，消毒池，靴、鞋消毒池，更衣室，淋浴室，厕所等卫生设施，应有专人管理，建立管理制度，责任到人，应经常保持良好状态。

5.11 工作服的管理

5.11.1 工作服包括淡色工作衣、裤、发帽、鞋靴等，某些工序（种）还应配备口罩、围裙、套袖等卫生防护用品。

5.11.2 工作服应有清洗保洁制度。凡直接接触食品的工作人员必须每日更换。其他人员也应定期更换，保持清洁。

5.12 健康管理

5.12.1 食品厂全体工作人员，每年至少进行一次体格检查，没有取得卫生监督机构颁发的体检合格证者，一律不得从事食品生产工作。

5.12.2 对直接接触入口食品的人员还须进行粪便培养和病毒性肝炎带毒试验。

5.12.3 凡体检确认患有：（1）肝炎（病毒性肝炎和带毒者）；（2）活动性肺结核；（3）肠伤寒和肠伤寒带菌者；（4）细菌性痢疾和痢疾带菌者；（5）化脓性或渗出性脱屑性皮肤病；（6）其他有碍食品卫生的疾病或疾患的人员均不

得从事食品生产工作。

6 生产过程的卫生要求

6.1 管理制度

6.1.1 应按产品品种分别建立生产工艺和卫生管理制度，明确各车间、工序、个人的岗位职责，并定期检查、考核。具体办法在各类食品厂的卫生规范中分别制定。

6.1.2 各车间和有关部门应配备专职或兼职的工艺卫生管理人员，按照管理范围，做好监督、检查、考核等工作。

6.2 原材料的卫生要求

6.2.1 进厂的原材料应符合3.1条规定。

6.2.2 原材料必须经过检、化验，合格者方可使用；不符合质量卫生标准和要求的，不得投产使用，要与合格品严格区分开，防止混淆和污染食品。

6.3 生产过程的卫生要求

6.3.1 按生产工艺的先后次序和产品特点，应将原料处理、半成品处理和加工、包装材料和容器的清洗、消毒、成品包装和检验、成品储存等工序分开设置，防止前、后工序相互交叉污染。

6.3.2 各项工艺操作应在良好的情况下进行。防止变质和受到腐败微生物及有毒、有害物的污染。

6.3.3 生产设备、工具、容器、场地等在使用前后均应彻底清洗、消毒。维修、检查设备时，不得污染食品。

6.3.4 成品应有固定包装，经检验合格后方可包装；包装应在良好的状态下进行，防止异物带入食品。

6.3.4.1 使用的包装容器和材料，应完好无损，符合国家卫生标准。

6.3.4.2 包装上的标签应按 GB 7718 的有关规定执行。

6.3.5 成品包装完毕，按批次入库、储存，防止差错。

6.3.6 生产过程的各项原始记录（包括工艺规程中各个关键因素的检查结果）应妥为保存，保存期应较该产品的商品保存期延长六个月。

7 卫生和质量检验的管理

7.1 食品厂应设立与生产能力相适应的卫生和质量检验室，并配备经专业培训、考核合格的检验人员，从事卫生、质量的检验工作。

7.2 卫生和质量检验室应具备所需的仪器、设备，并有健全的检验制度和检验方法。原始记录应齐全，并应妥善保存，以备核查。

7.3 应按国家规定的卫生标准和检验方法进行检验，要逐批次对投产前的原材料、半成品和出厂前的成品进行检验，并签发检验结果单。

7.4 对检验结果如有争议，应由卫生监督机构仲裁。

7.5 检验用的仪器、设备，应按期检定，及时维修，使经常处于良好状态，以保证检验数据的准确。

8 成品储存、运输的卫生要求

8.1 经检验合格包装的成品应储存于成品库,其容量应与生产能力相适应。按品种、批次分类存放,防止相互混杂。成品库不得储存有毒、有害物品或其他易腐、易燃品。

8.1.1 成品码放时,与地面、墙壁应有一定距离,便于通风。要留出通道,便于人员、车辆通行;要设有温、湿度监测装置,定期检查和记录。

8.1.2 要有防鼠、防虫等设施,定期清扫、消毒,保持卫生。

8.2 运输工具(包括车厢、船舱和各种容器等)应符合卫生要求。要根据产品特点配备防雨、防尘、冷藏、保温等设施。

8.2.1 运输作业应避免强烈震荡、撞击,轻拿轻放,防止损伤成品外形;且不得与有毒、有害物品混装、混运,作业终了,搬运人员应撤离工作地,防止污染食品。

8.2.2 生鲜食品的运输,应根据产品的质量和卫生要求,另行制定办法,由专门的运输工具进行。

9 个人卫生与健康的要求

9.1 食品厂的从业人员(包括临时工)应接受健康检查,取得体检合格证者方可参加食品生产。

9.2 从业人员上岗前,要先经过卫生培训教育,方可上岗。

9.3 上岗时,要做好个人卫生,防止污染食品。

9.3.1 进车间前,必须穿戴整洁划一的工作服、帽、靴、鞋,工作服应盖住外衣,头发不得露于帽外,并要把双手洗净。

9.3.2 直接与原料、半成品和成品接触的人员不准戴耳环、戒指、手镯、项链、手表,不准浓艳化妆、染指甲、喷洒香水进入车间。

9.3.3 手接触脏物、进厕所、吸烟、用餐后,都必须把双手洗净才能进行工作。

9.3.4 上班前不许酗酒,工作时不准吸烟、饮酒、吃食物及做其他有碍食品卫生的活动。

9.3.5 操作人员手部受到外伤,不得接触食品或原料,经过包扎治疗戴上防护手套后,方可参加不直接接触食品的工作。

9.3.6 不准穿工作服、鞋进厕所或离开生产加工场所。

9.3.7 生产车间不得带入或存放个人生活用品,如衣物、食品、烟酒、药品、化妆品等。

9.3.8 进入生产加工车间的其他人员(包括参观人员)均应遵守本规范的规定。本规范参照采用联合国粮农组织/世界卫生组织(FAO/WHO)食品法典委员会 CAC/RCP Rev. 2—1985《食品卫生基本原则》。

附录三　食品生产加工企业质量安全监督管理实施细则（试行）

（2005-9-1 实施）

第一章　总则

第一条　为加强食品生产加工企业质量安全监督管理，提高食品质量安全水平，保障人民群众安全健康，根据《中华人民共和国产品质量法》、《中华人民共和国工业产品生产许可证管理条例》、《国务院关于进一步加强食品安全工作的决定》和国务院赋予国家质量监督检验检疫总局（以下简称国家质检总局）的职能等有关规定，制定本细则。

第二条　凡在中华人民共和国境内从事以销售为目的的食品生产加工经营活动，必须遵守本细则。食品的进出口管理依照法律、行政法规和国家有关规定执行。

第三条　本细则所称食品是指经过加工、制作并用于销售的供人们食用或者饮用的制品。

本细则所称食品生产加工企业，是指有固定的厂房（场所）、加工设备和设施，按照一定的工艺流程，加工、制作、分装用于销售的食品的单位和个人（含个体工商户）。

第四条　食品必须符合国家法律、行政法规和国家标准、行业标准的质量安全规定，满足保障身体健康、生命安全的要求，不存在危及健康和安全的不合理的危险，不得超出有毒有害物质限量要求。

食品质量安全指标包括标准规定的理化指标、感官指标、卫生指标和标签标识。

第五条　国家实行食品质量安全市场准入制度。从事食品生产加工的企业，必须具备保证食品质量安全必备的生产条件（以下简称"必备条件"），按规定程序获取工业产品生产许可证（以下简称食品生产许可证），所生产加工的食品必须经检验合格并加印（贴）食品质量安全市场准入标志后，方可出厂销售。

国家已实行生产许可证管理的食品，企业未取得食品生产许可证的，不得生产。未经检验合格、未加印（贴）食品质量安全市场准入标志的食品，不得出厂销售。

第六条　国家质检总局负责统一组织食品生产加工企业质量安全监督管理工作。地方质量技术监督部门按照国家质检总局的统一部署和要求，在各自职责范围内负责组织实施食品生产加工企业质量安全监督管理工作。

第七条　食品生产加工企业质量安全监督管理，应当遵循科学公正、公开透明、程序合法、便民高效的原则。

从事食品生产加工企业质量安全监督管理工作的机构和人员应当依法行政、严格把关、热情服务、廉洁自律。

县级以上质量技术监督部门及其从事食品生产加工企业质量安全监督管理的人员、检验机构和检验人员，对所知悉的国家秘密和商业秘密负有保密义务。

第八条 任何单位和个人有权对违反本细则规定的行为，向各级质量技术监督部门举报。受理举报的部门应当及时调查处理并为举报人保密，对举报有功人员按照有关规定给予奖励。

第二章 食品生产加工企业必备条件

第九条 食品生产加工企业应当符合法律法规和国家产业政策规定的企业设立条件。

第十条 食品生产加工企业必须具备和持续满足保证产品质量安全的环境条件和相应的卫生要求。

第十一条 食品生产加工企业必须具备保证产品质量安全的生产设备、工艺装备和相关辅助设备，具有与产品质量安全相适应的原料处理、加工、包装、贮存和检验等厂房或者场所。生产加工食品需要特殊设备和场所的，应当符合有关法律法规和技术规范规定的条件。

第十二条 食品生产加工企业生产加工食品所用的原材料、食品添加剂（含食品加工助剂，下同）等应当符合国家有关规定。不得违反规定使用过期的、失效的、变质的、污秽不洁的、回收的、受到其他污染的食品原材料或者非食用的原辅料生产加工食品。使用的原辅材料属于生产许可证管理的，必须选购获证企业的产品。

第十三条 食品生产加工企业必须采用科学、合理的食品加工工艺流程，生产加工过程应当严格、规范，防止生物性、化学性、物理性污染，防止待加工食品与直接入口食品、原料与半成品、成品交叉污染，食品不得接触有毒有害物品或者其他不洁物品。

第十四条 食品生产加工企业必须按照有效的产品标准组织生产。依据企业标准生产实施食品质量安全市场准入管理食品的，其企业标准必须符合法律法规和相关国家标准、行业标准要求，不得降低食品质量安全指标。

第十五条 食品生产加工企业必须具有与食品生产加工相适应的专业技术人员、熟练技术工人、质量管理人员和检验人员。从事食品生产加工的人员必须身体健康、无传染性疾病和影响食品质量安全的其他疾病，并持有健康证明；检验人员必须具备相关产品的检验能力，取得从事食品质量检验的资质。食品生产加工企业人员应当具有相应的食品质量安全知识，负责人和主要管理人员还应当了解与食品质量安全相关的法律法规知识。

第十六条　食品生产加工企业应当具有与所生产产品相适应的质量安全检验和计量检测手段，检验、检测仪器必须经计量检定合格或者经校准满足使用要求并在有效期限内方可使用。企业应当具备产品出厂检验能力，并按规定实施出厂检验。

第十七条　食品生产加工企业应当建立健全企业质量管理体系，在生产的全过程实行标准化管理，实施从原材料采购、生产过程控制与检验、产品出厂检验到售后服务全过程的质量管理。

国家鼓励食品生产加工企业根据国际通行的质量管理标准和技术规范获取质量体系认证或者危害分析与关键控制点管理体系认证（以下简称 HACCP 认证），提高企业质量管理水平。

第十八条　出厂销售的食品应当进行预包装或者使用其他形式的包装。用于包装的材料必须清洁、安全，必须符合国家相关法律法规和标准的要求。

出厂销售的食品应当具有标签标识。食品标签标识应当符合国家相关法律法规和标准的要求。

第十九条　贮存、运输和装卸食品的容器、包装、工具、设备、洗涤剂、消毒剂必须安全，保持清洁，对食品无污染，能满足保证食品质量安全的需要。

第二十条　食品生产加工企业在生产加工过程中严禁下列行为：

（一）违反国家标准规定使用或者滥用食品添加剂；

（二）使用非食用的原料生产食品；加入非食品用化学物质或者将非食品当作食品；

（三）以未经检验检疫或者检验检疫不合格的肉类生产食品；以病死、毒死或者死因不明的禽、畜、兽、水产动物等生产食品；生产含有致病性寄生虫、微生物，或者微生物毒素含量超过国家限定标准的食品；

（四）在食品中掺杂、掺假，以假充真，以次充好，以不合格食品冒充合格食品；

（五）伪造食品的产地，伪造或者冒用他人厂名、厂址，伪造或者冒用质量标志；

（六）生产和使用国家明令淘汰的食品及相关产品。

第三章　食品生产许可

第二十一条　国家质检总局负责全国食品生产许可证的统一管理；负责高风险食品的生产许可；确定由省、自治区、直辖市（以下简称省级）质量技术监督部门负责审查发证的产品及具体办法，并对省级食品生产许可工作进行监督和指导。

省级质量技术监督部门按照国家质检总局统一部署，依法组织本辖区部分食品生产许可，并对审查发证工作负责。

市（地）级质量技术监督部门受国家质检总局或者省级质量技术监督部门委托负责组织开展本辖区食品生产许可证的受理、企业必备条件核查、产品质量检验和食品生产许可证证书送达工作。

各级质量技术监督部门按照权责一致、层级负责的原则，分别承担食品生产许可工作责任。

第二十二条　国家质检总局依据本细则第二章规定的条件，根据各类食品的不同特性和相关标准，制定并发布食品生产许可证审查通则和各类食品生产许可证审查细则，对食品生产许可证的具体要求做出规定。各类食品生产许可证审查细则按照规定程序分批发布并实施。

第二十三条　食品生产加工企业按照地域管辖原则，在规定的时间内向所在地的省级或者市（地）级质量技术监督部门提出办理食品生产许可证的申请。

食品生产加工企业获得营业执照后，应当单独申请食品生产许可证，其经营范围应当覆盖申请取证产品。

第二十四条　食品生产加工企业申领食品生产许可证，应当按规定提供相应的材料。除法律、行政法规规定的限制条件外，任何单位不得另行附加条件，限制企业申请食品生产许可证，不得要求申请人提交与其申请无关的技术资料和其他材料。

第二十五条　省级、市（地）级质量技术监督部门在接到企业申请后，应当在5日内完成对申请材料的审查。企业的申请材料符合要求的，发给行政许可申请受理决定书。企业的申请材料不符合要求的，受理部门应当发给行政许可申请材料补正告知书，一次性告知申请人需要补正的全部内容，通知企业在20日内补正；逾期未补正的，视为撤回申请。

如申请事项依法不需要取得食品生产许可的，或者不属于本部门受理的，应当即时告知申请人不受理，发给行政许可不予受理决定书，或者告知申请人向有关行政机关申请。

第二十六条　自受理企业食品生产许可证申请之日起，国家质检总局或者省级质量技术监督部门应当在60日内做出准予许可或者不予许可决定。

产品检验所需时间（包括样品送达、检验机构检验、异议处理的时间）不计入前款规定的期限内。

第二十七条　行政许可申请受理决定书发出后，省级或者市（地）级质量技术监督部门应当组成核查组，依照食品生产许可证审查通则和审查细则，在20日内完成企业必备条件和出厂检验能力现场核查。现场核查时间一般不应当超过2日。企业所在地质量技术监督部门应当派观察员监督核查工作质量。核查组实行组长负责制。

对现场核查合格的企业，由核查组按照食品生产许可证审查通则和审查细则的要求在现场抽取和封存样品，并告知企业有资格承担该产品发证检验任务的检验机构名单和联系方式，由企业自主选择。

核查人员对企业进行实地核查，不得刁难企业，不得索取、收受企业的财物，不得谋取其他不当利益。

第二十八条 企业应当在封样后7日内将样品送达检验机构。检验机构收到样品后，应当按照规定的标准和要求进行检验，在15日内完成检验工作（检验项目有特殊要求的除外）。

第二十九条 企业对检验的结果有异议的，可以自接到检验结果之日起15日内，向组织检验的质量技术监督部门或者其上一级质量技术监督部门提出复检申请。受理申请的质量技术监督部门应当在5日内做出是否受理复检的书面答复。除国家标准规定不允许复检等客观情况外，对符合复检条件的，应当及时组织复检。

复检应当采用核查组封存的样品，按照原检验方案进行检验、判定。承担复检的检验机构由受理复检申请的质量技术监督部门在有资质的检验机构中确定。

第三十条 由市（地）级质量技术监督部门受理审查的，应当自受理之日起30日内，将企业申请材料、现场核查和产品检验材料报省级质量技术监督部门。

由省级质量技术监督部门负责审批的，省级质量技术监督部门统一汇总审核企业材料，按有关规定做出是否准予许可的决定。

由国家质检总局负责审批的，省级质量技术监督部门应当自受理企业申请之日起40日内将企业申请材料、现场核查和产品检验材料报国家质检总局。国家质检总局按有关规定做出是否准予许可的决定。

国家质检总局、省级质量技术监督部门在做出许可决定前，或省级质量技术监督部门上报企业材料前，应当在本细则第二十六条规定的时限内组织许可前抽查。

第三十一条 对现场核查和产品检验合格的企业，国家质检总局或者省级质量技术监督部门应当做出准予生产许可的决定，并自决定之日起10日内，向企业发放食品生产许可证及副本。

对现场核查或者产品检验不合格的企业，国家质检总局或者省级质量技术监督部门应当做出不予生产许可的决定，并自做出决定之日起10日内，向企业发出不予行政许可决定书。

第三十二条 国家质检总局或者省级质量技术监督部门在职责范围内对取得食品生产许可证的企业进行公告，并将食品生产许可证的发证情况及时通报卫生、工商等有关部门。

第三十三条 出口食品生产加工企业生产加工的食品在中华人民共和国境内销售的，应当按照本细则的规定，申请办理食品生产许可证。已获得国家认监委和出入境检验检疫机构颁发的出口食品卫生注册证、登记证的企业，在申请食品生产许可证时，可免于企业必备条件现场核查。

已通过 HACCP 认证等国家推行的食品认证的企业，在申请食品生产许可证时，按照不重复的原则，可免于或者简化企业必备条件现场核查。

第三十四条 食品生产许可证的有效期 3 年。有效期届满，企业继续生产的，应当在食品生产许可证有效期满 6 个月前，向原受理食品生产许可证申请的质量技术监督部门提出换证申请。质量技术监督部门应当按规定的程序对企业进行审查并换发证书。

第三十五条 在食品生产许可证有效期内，产品的有关标准、要求发生改变的，省级或者市（地）级质量技术监督部门应当按国家质检总局的统一要求组织必要的现场核查和产品检验。

企业的生产条件、检验手段、技术或者工艺发生变化的，企业应当在变化后 20 日内提出申请。省级或者市（地）级质量技术监督部门应当按照食品生产许可证审查通则和审查细则的规定重新组织现场核查和产品检验。

第三十六条 国家质检总局、省级和市（地）级质量技术监督部门建立食品生产许可证档案管理制度，将办理食品生产许可证的有关材料、发证情况及时归档。档案材料的保存时限为 4 年。

第四章 食品质量安全检验

第三十七条 食品生产加工企业对用于生产加工食品的原材料、食品添加剂、包装材料和容器等必须实施进货验收制度，不符合质量安全要求的，不得用于食品生产加工。

第三十八条 食品出厂必须经过检验，未经检验或者检验不合格的，不得出厂销售。

具备出厂检验能力的企业，可以按要求自行进行出厂检验。不具备产品出厂检验能力的企业，必须委托有资质的检验机构进行出厂检验。实施食品质量安全市场准入制度管理的食品，按审查细则的规定执行。

实施自行检验的企业，应当每年将样品送到质量技术监督部门指定的检验机构进行一次比对检验。

第三十九条 对食品生产加工企业的产品实施强制检验制度。质量技术监督部门负责确定强制检验的频次，并组织实施。

已通过 HACCP 认证等质量稳定的大型企业、国家和省级监督抽查连续合格的企业，应当减少强制检验的频次。

对尚未列入食品生产许可证管理且在生产过程中没有控制要求和手段、不具备标准要求的出厂检验能力的企业，应当加大强制检验频次。

第四十条 承担本细则规定的食品质量安全检验工作的检验机构，必须是依法设置或者依法授权的法定检验机构，按照国家规定经过计量认证、审查认可或者通过实验室认可，并经省级以上质量技术监督部门指定。

各级质量技术监督部门应当按照《中华人民共和国工业产品生产许可证管理条例实施办法》等有关规定，对承担本细则规定的食品检验工作的检验机构进行管理。

第四十一条 承担食品检验工作的检验机构，应当按照国家有关的标准和技术法规等要求实施产品检验。检验机构应当客观、公正、及时地出具检验报告，并对检验报告负责。

第四十二条 检验机构和检验人员进行产品检验，应当遵循诚信原则和方便企业的原则，为企业提供可靠、便捷的检验服务，不得拖延，不得刁难企业。

检验机构和检验人员不得从事与其检验的列入目录产品相关的生产、销售活动，不得以其名义推荐或者监制、监销其检验的列入目录产品。

第五章 食品质量安全市场准入标志与食品生产许可证证书

第四十三条 食品生产许可证证书分为正本和副本。证书应当载明企业名称和住所、生产地址、产品名称、证书编号、发证日期、有效期等相关内容。食品生产许可证副本用于质量技术监督部门记载接受监督检查的基本情况。

食品生产许可证证书式样（见附件1）由国家质检总局统一规定。食品生产许可证证书由国家质检总局统一印制，并加印食品生产许可证审批部门印章。

第四十四条 企业名称发生变化时，应当在名称变更后20日内向原受理食品生产许可证申请的质量技术监督部门提出食品生产许可证更名申请。受理的质量技术监督部门应当自受理之日起10日内完成变更审查和材料上报，由原发证部门在10日内核批。

第四十五条 企业应当妥善保管食品生产许可证证书，因毁坏或者不可抗力等原因造成生产许可证证书遗失或者无法辨认的，应当及时在省级以上报纸上刊登声明，同时报省级质量技术监督部门。企业提出补证申请的，质量技术监督部门应当及时受理，由省级质量技术监督部门按规定办理补领证书手续。

第四十六条 食品质量安全市场准入标志即食品生产许可证标志，属于质量标志，以"质量安全"的英文 Quality Safety 缩写"QS"表示，其式样由国家质检总局统一制定（见附件2，以下简称QS标志）。

第四十七条 实施食品质量安全市场准入制度的食品，出厂前必须在其包装或者标识上加印（贴）QS标志。没有QS标志的，不得出厂销售。

第四十八条 企业使用QS标志，表明企业承诺其产品经检验合格，符合食品质量安全的基本要求。

加印（贴）QS标志的食品，在质量保证期内，非消费者使用或者保管不当而出现质量安全问题的，由生产者、销售者根据各自的义务，依法承担法律责任。

第四十九条 企业使用 QS 标志时，可根据需要按式样比例放大或者缩小，但不得变形、变色。QS 标志由食品生产加工企业自行加印（贴）。

第五十条 食品生产许可证编号由英文字母 QS 和 12 位阿拉伯数字组成。

第五十一条 取得食品生产许可证的企业应当在其产品包装或者标识上加印（贴）食品生产许可证编号。

第五十二条 任何单位和个人不得伪造、变造、冒用食品生产许可证证书、QS 标志和食品生产许可证编号。取得食品生产许可证的企业不得出租、出借或者以其他形式转让食品生产许可证证书、QS 标志和食品生产许可证编号。

第五十三条 国家质检总局和省级质量技术监督部门应当根据取得食品生产许可证企业的情况，及时依法作出撤销、撤回和注销食品生产许可的决定，并将注销食品生产许可证的情况向社会公告。

第六章 食品质量安全监督

第五十四条 食品生产加工企业应当持续地具备保证食品质量安全的必备条件，保证持续稳定地生产合格的食品。

食品生产加工企业应当对其所生产加工食品的质量安全负责，并应当明确承诺不滥用食品添加剂、不使用非食品原料生产加工食品、不用有毒有害物质生产加工食品、不生产假冒伪劣食品。

第五十五条 企业采购食品原材料、食品添加剂时，应当验明标识，向供货单位索取合格证明，或者自行检验、委托检验合格，并建立进货台账。食品生产加工企业要将使用的食品添加剂情况和国家要求备案的其他事项报所在地县级质量技术监督部门备案。

食品生产加工企业使用新品种的食品添加剂、新的原材料生产的食品容器、包装材料和食品用工具、设备的新品种，应当在使用前索取省级以上安全评价机构出具的安全评价报告，并留存备查。

食品生产加工企业应当建立生产记录和销售记录。销售记录应当注明食品的名称、规格、批号、购货单位名称、销货数量、销货日期等内容。

企业应当建立食品质量安全档案，保存企业购销记录、生产记录和检验记录等与食品质量安全有关的资料。企业食品质量安全档案应当保存 3 年。

第五十六条 取得食品生产许可证的企业连续停止生产加工获证产品 1 年以上的，重新生产加工时，应当向原受理食品生产许可证申请的质量技术监督部门提出重新现场核查的申请。

第五十七条 食品生产加工企业利用新资源生产食品，必须按有关规定在投产前由省级以上安全评价机构进行安全评价，并将评价结果向所在地县级质量技术监督部门报告。企业对报告的真实性负责。

第五十八条 取得食品生产许可证的企业应当在证书有效期内，每满 1 年前的1个月内向所在地县级质量技术监督部门提交持续保证食品质量安全必备条件情况的年度报告。

第五十九条 采用委托加工方式生产加工食品的，委托双方必须分别到所在地市（地）级质量技术监督部门备案，提交双方营业执照和委托加工合同复印件。

委托加工已纳入食品质量安全市场准入管理食品的，除符合前款要求外，被委托方必须是已取得有效的食品生产许可证的企业，其生产加工的食品应当全部交由委托方进行销售，备案时还应当提交被委托方的生产许可证复印件。委托加工食品的包装或者标识上还应当按照产品标识标注的规定，标注食品生产许可证编号和生产者的名称和地址。

第六十条 各级质量技术监督部门定期或者不定期地对食品质量安全和卫生状况、对食品生产加工企业持续保证食品质量安全必备条件的情况进行监督检查。通过巡查、加严检验、回访、强制检验、监督抽查、年度报告审查和执法检查等方式，加强监督检查，督促企业规范生产经营活动。

各级质量技术监督部门对企业实施监督检查，不得妨碍企业的正常生产经营活动，不得索取或者收受企业的财物或者谋取其他利益。

第六十一条 各级质量技术监督部门应当建立食品生产加工企业质量安全管理档案，详细记录企业基本情况、产品质量安全状况及企业监管情况，实行动态管理。

第六十二条 各级质量技术监督部门对食品生产企业实行分类监管制度。根据本辖区食品生产加工企业的生产条件、管理水平和产品质量状况等因素确定企业质量安全等级，实施分类管理。

第六十三条 对食品生产企业及其生产活动实行巡查。巡查时，应当如实记录企业执行本细则的情况。巡查中发现企业存在问题的，按照相关规定予以处理。

第六十四条 国家质检总局和各级质量技术监督部门应当根据不同类型食品的特点及产品质量状况，组织实施食品质量安全监督抽查。监督抽查应当按照有关规定执行。

监督抽查应当重点抽查存在倾向性质量问题的区域、质量不稳定的企业以及微生物、重金属、添加剂、有毒有害物质等重点指标。

第六十五条 各级质量技术监督部门对出现质量安全问题的食品，进行加严检验。

第六十六条 各级质量技术监督部门应当对取得食品生产许可证的企业提交的年度报告进行审查。必要时，对企业进行现场核查和产品检验。

第六十七条 各级质量技术监督部门对取得食品生产许可证的企业存在的不符合必备条件的问题改进情况实施回访。回访的情况应当记录存档。

第六十八条　各级质量技术监督部门在监督管理中，发现不属于本辖区管辖的质量安全问题，应当及时通报有管辖权的质量技术监督部门。

发现重大食品质量安全事件的，应当立即报送上级质量技术监督部门，也可以直接报告国家质检总局。

第六十九条　国家质检总局和省级质量技术监督部门应当建立由信息收集、风险评估和风险预警发布等构成的食品质量安全风险预警机制。

第七十条　各级质量技术监督部门应当建立食品质量安全事件快速反应机制。针对突然发生的重大食品质量安全事件，应当立即组织情况调查和产品分析，采取措施控制危害扩大，并有针对性地实施监管。

第七十一条　对不安全食品实行召回制度。食品生产加工企业发现其产品存在严重质量安全问题的，应当主动召回已出厂销售的有问题食品；企业不召回的，由企业所在地质量技术监督部门责令召回；企业拒不执行的，由省级以上质量技术监督部门公告召回。具体办法另行规定。

第七十二条　国家质检总局和省级质量技术监督部门应当建立严重违法行为企业公布制度，定期公布生产假冒伪劣食品的企业名单。

第七十三条　国家质检总局和省级质量技术监督部门应当通过查阅检验报告、检验结论对比等方式，对检验机构的检验过程和检验报告是否客观、公正、及时进行监督检查。

核查人员、检验机构及其检验人员刁难企业的，企业有权向国家质检总局和县级以上质量技术监督部门投诉。国家质检总局和县级以上质量技术监督部门接到投诉，应当及时进行调查处理。

第七章　核查人员和检验人员

第七十四条　国家对从事企业必备条件的核查人员实行资格管理制度，对食品检验人员实行职（执）业资格管理制度。

核查人员包括食品生产许可证注册审查员、高级审查员和技术专家。

第七十五条　国家质检总局负责统一制定核查人员和检验人员的考核标准，统一培训核查人员和检验人员的师资，统一组织注册审查员和高级审查员的考核注册。省级质量技术监督部门负责组织本辖区核查人员和检验人员的培训工作，负责检验人员考核发证。

第七十六条　国家质检总局统一规定检验人员的资格注册管理办法，省级质量技术监督部门具体负责检验人员的注册管理。

第七十七条　省级质量技术监督部门根据需要，可确定技术专家参加现场核查工作。

技术专家是指未取得审查员注册证书，但可以为企业必备条件现场核查提供技术咨询的专业技术人员。技术专家参加现场核查工作时，不作为核查组成员，不参与核查结论的决策。

技术专家应当具备一定的条件,并经省级质量技术监督部门批准、国家质检总局备案。未经批准、备案的人员不得作为技术专家参加核查工作。

第七十八条 核查人员、检验人员经注册或者批准备案后,方可持证上岗。未经考核合格取得相应的资格证书的人员,不得从事核查或者检验工作。

担任核查组组长的审查员必须经省级质量技术监督部门批准并报国家质检总局备案。

第八章 法律责任

第七十九条 食品生产加工企业有下列情况之一的,责令其停止生产销售,没收违法生产销售的产品,并处违法生产销售产品(包括已售出和未售出的产品,下同)货值金额等值以上3倍以下的罚款;有违法所得的,没收违法所得;构成犯罪的,依法追究刑事责任。

(一)未取得食品生产许可证而擅自生产加工已实行生产许可证管理的食品的;

(二)已经被注销食品生产许可证或者食品生产许可证超过有效期仍继续生产加工已实行生产许可证管理的食品的;

(三)超出许可范围擅自生产加工已实行生产许可证管理的食品的。

第八十条 取得食品生产许可证的企业生产条件、检验手段、生产技术或者工艺发生变化的,未按照本细则规定办理重新申请审查手续的,责令停止生产销售,没收违法生产销售的产品,并限期办理相关手续;逾期仍未办理的,处违法生产销售产品货值金额3倍以下罚款;有违法所得的,没收违法所得;构成犯罪的,依法追究刑事责任。

取得食品生产许可证的企业名称发生变化,未按照本细则规定办理变更手续,责令限期办理相关手续;逾期仍未办理的,责令停止生产销售,没收违法生产销售的产品,并处违法生产销售产品货值金额等值以下的罚款;有违法所得的,没收违法所得。

第八十一条 取得食品生产许可证的企业未按本细则规定提交年度报告的,责令限期改正;逾期未改正的,处以5千元以下的罚款。

第八十二条 取得食品生产许可证的企业未按本细则规定标注QS标志和食品生产许可证编号的,责令限期改正;逾期未改正的,处违法生产销售产品货值金额30%以下的罚款;有违法所得的,没收违法所得;情节严重的,吊销食品生产许可证。

第八十三条 取得食品生产许可证的企业出租、出借或者转让食品生产许可证证书、QS标志和食品生产许可证编号的,责令限期改正,处20万元以下罚款;情节严重的,吊销食品生产许可证。

违法接受并使用他人提供的食品生产许可证证书、QS 标志和食品生产许可证编号的,责令停止生产销售,没收违法生产销售的产品,处违法生产销售产品货值金额等值以上 3 倍以下的罚款;有违法所得的,没收违法所得;构成犯罪的,依法追究刑事责任。

第八十四条 取得食品生产许可证的产品经国家监督抽查或者省级监督抽查不合格的,责令限期整改;整改到期经复查仍不合格,吊销食品生产许可证。

取得食品生产许可证的产品经国家监督抽查或者省级监督抽查,涉及安全卫生等强制性标准规定的项目或者反映产品特征性能的项目连续 2 次不合格的,吊销食品生产许可证。

第八十五条 取得食品生产许可证的企业由于食品质量安全指标不合格等原因发生事故造成严重后果的,吊销食品生产许可证,并按照有关法律法规给予处理。

第八十六条 伪造、变造、冒用食品生产许可证证书、QS 标志或者食品生产许可证编号的,责令改正,没收违法生产销售的产品,并处违法生产销售产品货值金额等值以上 3 倍以下的罚款;有违法所得的,没收违法所得;构成犯罪的,依法追究刑事责任。

第八十七条 食品生产加工企业用欺骗、贿赂等不正当手段取得食品生产许可证的,撤销生产许可,并处 20 万元以下罚款;企业在 3 年内不得再次申请食品生产许可;构成犯罪的,依法追究刑事责任。

食品生产加工企业隐瞒有关情况或者提供虚假材料申请食品生产许可的,不予受理或者不予许可,给予警告。该食品生产加工企业 1 年内不得再次申请食品生产许可。

第八十八条 取得食品生产许可证的企业向负责监督检查的质量技术监督部门隐瞒有关情况、提供虚假材料或者拒绝提供反映其活动情况的真实材料的,责令改正,处 3 万元以下罚款。

第八十九条 食品生产加工企业不能持续保持应当具备的环境条件、卫生要求、厂房场所、设备设施或者检验条件,责令限期改正,处 5 千元以下的罚款;逾期不改正的,建议有关部门撤销相关行政许可,取得食品生产许可证的企业撤销食品生产许可。

第九十条 食品生产加工企业在生产加工活动中使用未取得生产许可证的实施生产许可证管理产品的,责令改正,处 5 万元以上 20 万元以下的罚款;有违法所得的,没收违法所得。取得食品生产许可证的企业有此行为且情节严重的,吊销食品生产许可证。

当事人有充分证据证明其不知道该产品为未取得生产许可证的实施生产许可证管理的产品并能如实说明进货来源的,可以从轻或者减轻处罚。

第九十一条 在食品生产中掺杂、掺假,以假充真,以次充好,或者以不合格产品冒充合格产品的，按照《中华人民共和国产品质量法》第五十条的规定处罚。取得食品生产许可证的企业有此行为的，吊销食品生产许可证。

第九十二条 生产和在生产中使用国家明令淘汰的食品及相关产品，按照《中华人民共和国产品质量法》第五十一条的规定处罚。取得食品生产许可证的企业有此行为且情节严重的，吊销食品生产许可证。

第九十三条 伪造产品产地的，伪造或者冒用他人厂名、厂址的，伪造或者冒用认证标志等质量标志的，按照《中华人民共和国产品质量法》第五十三条的规定处罚。取得食品生产许可证的企业有此行为且情节严重的，吊销食品生产许可证。

第九十四条 食品生产加工企业存在下列行为之一的，责令限期改正；逾期不改正的或者情节严重的，责令停止生产销售，处3万元以下罚款。取得食品生产许可证的企业有此行为且情节严重的，吊销食品生产许可证。

（一）委托未取得食品生产许可证的企业生产加工已实行生产许可证管理的食品的；

（二）未按本细则规定实施出厂检验的；

（三）违反规定使用过期的、失效的、变质的、污秽不洁的、回收的、受其他污染的食品或者非食用的原料生产加工食品的；

（四）利用新资源生产食品、使用食品添加剂新品种、新的原材料生产的食品容器、包装材料和食品用工具、设备的新品种不能提供安全评价报告的；

（五）未按本细则规定进行委托加工食品备案或者未按规定在委托加工生产的食品包装上标注的。

第九十五条 食品生产加工企业存在下列行为之一的，责令限期改正；逾期不改正的或者情节严重的，处5千元以下罚款。

（一）未按本细则规定进行强制检验、比对检验或者加严检验的；

（二）无标或者不按标准组织生产的；

（三）未按本细则规定实施进货验收制度并建立进货台账的；

（四）未将使用食品添加剂情况备案或者未按国家规定进行其他备案的；

（五）无生产记录或者销售记录的。

第九十六条 食品生产加工企业存在本细则第二十条（二）、（三）、（四）、（五）、（六）行为的，按照《中华人民共和国食品卫生法》第四十二条的规定处理。

第九十七条 食品生产加工企业违反规定使用食品添加剂、食品容器、包装材料和食品用工具、设备以及洗涤剂、消毒剂的，按照《中华人民共和国食品卫生法》第四十四条的规定处理。

第九十八条 被吊销食品生产许可证的企业，3年内不得再次申请食品生产许可证。

第九十九条 县级以上质量技术监督部门根据已经取得的违法嫌疑证据或者举报，认为取得食品生产许可证的企业存在应当依法吊销食品生产许可证行为的，要立即暂扣其生产许可证。

暂扣许可证期限为7日（产品检验时间除外）。对经依法调查决定不吊销的，暂扣的证书应当及时发还企业。

第一百条 企业或者检验机构的检验、检测仪器属于强制检定范围的计量器具，未按照规定申请检定或者属于非强制检定范围的计量器具未自行定期检定或者送其他计量检定机构定期检定的，以及经检定不合格继续使用的，按照《中华人民共和国计量法实施细则》第四十六条的规定处罚。

第一百零一条 承担产品发证检验任务的检验机构伪造检验结论或者出具虚假证明的，责令改正，对单位处5万元以上10万元以下的罚款，对直接负责的主管人员和其他直接责任人员处1万元以上5万元以下的罚款；有违法所得的，并处没收违法所得；情节严重的，撤销其检验资格；构成犯罪的，依法追究刑事责任。

检验机构及其检验人员从事与其检验的实施食品质量安全市场准入管理食品相关的生产销售活动，或者以其名义推荐或者监制、监销其检验的列入生产许可证管理食品的，处2万元以上10万元以下罚款；有违法所得的，没收违法所得；情节严重的，撤销其检验资格。

第一百零二条 核查人员、检验人员在工作中不科学、不公正地履行职责的，视情节轻重给予批评、警告或者调离岗位及其他必要的行政处分；情节严重的，取消资格；构成犯罪的，依法追究刑事责任。

第一百零三条 从事食品质量安全监督管理工作的机构和工作人员有违法违规行为的，按照《中华人民共和国工业产品生产许可证管理条例》第六十条、第六十一条、第六十二条、第六十三条、第六十四条处理。

第一百零四条 本细则规定的吊销食品生产许可证的行政处罚由省级或者市（地）级质量技术监督部门决定。在决定吊销国家质检总局核发的食品生产许可证前，由省级质量技术监督部门统一按规定程序报总局核准。决定吊销由省级质量技术监督部门核发的食品生产许可证前，市（地）级质量技术监督部门应当按程序报省级质量技术监督部门核准。

吊销食品生产许可证的行政处罚决定应当及时通报同级卫生主管部门、工商行政管理部门等有关部门。

本细则规定的其他行政处罚由县级以上质量技术监督部门根据职权范围决定。

第一百零五条 食品生产加工企业对行政机关依据本细则所给予的行政处罚不服的，可以依法提出行政复议或者行政诉讼。

第九章 附则

第一百零六条 食品生产加工企业申请领取食品生产许可证和进行相关的产品质量检验，应当按照国家有关规定交纳费用。收费标准按照国家和省级物价（价格）部门批准的文件执行。

第一百零七条 本细则规定的期限以工作日计算，不含法定节假日。

第一百零八条 本细则由国家质检总局负责解释。本细则自2005年9月1日起施行。国家质检总局2003年7月18日发布的《食品生产加工企业质量安全监督管理办法》同时废止。

附录四 食品卫生许可证管理办法

（2006-6-1 实施）

第一章 总则

第一条 为规范食品卫生许可证的申请与发放，保障卫生行政部门有效实施食品卫生监督管理，维护正常的食品生产经营秩序，保护消费者健康，根据《中华人民共和国食品卫生法》（以下简称《食品卫生法》）、《中华人民共和国行政许可法》等有关法律法规的规定，制定本办法。

第二条 任何单位和个人从事食品生产经营活动，应当向卫生行政部门申报，并按照规定办理卫生许可证申请手续；经卫生行政部门审查批准后方可从事食品生产经营活动，并承担食品生产经营的食品卫生责任。

第三条 地方人民政府卫生行政部门遵守本办法，对食品生产经营者发放卫生许可证。

第四条 食品添加剂、保健食品和新资源食品生产企业生产活动的卫生许可，由省级卫生行政部门发放卫生许可证。

其他食品生产经营者生产经营活动的卫生许可证由省级、设区的市级、县级卫生行政部门根据《关于卫生监督体系建设的若干规定》确定的职责范围发放。

地方性法规或省级人民政府规章对发放卫生许可证的卫生行政部门级别做出明确规定的，依照其规定。

第五条 卫生行政部门发放卫生许可证，必须严格按照法律、法规和规章规定的权限、范围、条件与程序，遵循公开、公平、公正、便民原则。

第六条 地方人民政府卫生行政部门应当建立卫生许可证信息管理制度，定期公告取得或者注销卫生许可证的食品生产经营者名录。

第七条 地方人民政府卫生行政部门应当建立健全发放卫生许可证的监督制度，加强对卫生行政部门内部发放卫生许可证的监督检查。

第八条 各级卫生行政部门不得采取备案、登记、注册等方式重复或者变相重复设置食品卫生许可。

第九条 任何单位和个人对卫生许可证发放和管理过程中的违法行为有权进行举报，卫生行政部门应当及时核实、处理。

第十条 卫生行政部门实施食品卫生许可所需经费，应当列入本行政机关预算。按照规定可以收费的，应当按照公布的法定项目和收费标准收取，所收缴的费用全部上缴国库。

第二章 卫生许可证申请

第十一条 任何从事食品生产经营活动的单位和个人申请卫生许可证的，应当符合相应的食品卫生法律、法规、规章、标准和规范的要求，具有与其食品生产经营活动相适应的条件。

第十二条　申请从事食品生产加工的，必须具备以下条件：

（一）具有卫生管理制度、组织和经过专业培训的专兼职食品卫生管理人员；

（二）具有与食品生产加工相适应的、符合卫生要求的厂房、设施、设备和环境；

（三）具有在工艺流程和生产加工过程中控制污染的条件和措施；

（四）具有符合卫生要求的生产用原、辅材料、工具、容器及包装物料；

（五）具有能对食品进行检测的机构、人员以及必要的仪器设备；

（六）从业人员经过上岗前培训、健康检查合格；

（七）省级卫生行政部门规定的其他条件。

第十三条　申请从事食品经营的，必须具备以下条件：

（一）具有卫生管理制度、组织和经过专业培训的专兼职食品卫生管理人员；

（二）具有与食品经营相适应的、符合卫生要求的营业场所、设施、设备和环境；

（三）具有在食品储藏、运输和销售过程中控制污染的条件和措施；

（四）从业人员经过上岗前培训、健康检查合格；

（五）省级卫生行政部门规定的其他条件。

第十四条　申请从事餐饮业和食堂经营的，必须具备以下条件：

（一）具有卫生管理制度、组织和经过专业培训的专兼职食品卫生管理人员；

（二）具有符合卫生条件和要求的加工经营场所、清洗、消毒等卫生设施、设备；

（三）具有在食品采购、储存、加工制作过程中控制污染的条件和措施；

（四）从业人员经过上岗前培训、健康检查合格；

（五）省级卫生行政部门规定的其他条件。

第十五条　申请卫生许可证所提交的材料，应当真实、完整，具体要求由省级卫生行政部门统一规定。

第三章　卫生许可证发放审查

第十六条　卫生行政部门对食品生产经营者提出的卫生许可证申请，应当在规定的期限内，按照法定的权限、范围、条件与程序，对其必须具备的生产经营条件进行量化评分和审查。必要时，可以要求其提供卫生检验检测报告。

第十七条　卫生行政部门对卫生许可证申请的审查应当包括对申请材料的书

面审查和现场实地审查。

省级卫生行政部门受理的卫生许可证申请，可以委托设区的市级卫生行政部门进行现场实地审查。

第十八条 卫生行政部门对食品生产加工者申请卫生许可证的审查内容包括：

（一）卫生管理制度、组织和经过专业培训的专兼职食品卫生管理人员设置情况；

（二）厂房、选址、布局设计、环境卫生状况及设施设备设置运行情况；

（三）工艺流程和生产过程中的污染控制措施；

（四）生产用原、辅材料、工具、容器及包装物料卫生状况；

（五）产品检验设施与能力；

（六）从业人员健康检查情况；

（七）省级卫生行政部门规定的其他内容。

第十九条 卫生行政部门对食品经营者申请卫生许可证的审查内容包括：

（一）卫生管理制度、组织和经过专业培训的专兼职食品卫生管理人员设置情况；

（二）储存、运输和营业场所选址、面积、布局、环境卫生状况及供水、防尘、防鼠、防虫害、专间等设施设备设置运行情况；

（三）食品采购、储藏、运输和销售过程中污染控制措施；

（四）从业人员健康检查情况；

（五）省级卫生行政部门规定的其他内容。

第二十条 卫生行政部门对餐饮业、食堂经营者申请卫生许可证的审查内容：

（一）卫生管理制度、组织和经过专业培训的专兼职食品卫生管理人员设置情况；

（二）食品加工经营场所的选址、环境、建筑结构、布局、分隔、面积等情况；

（三）厕所、加工制作专间、更衣室、库房、供水、通风、采光、防尘、防鼠、防虫害、废弃物存放、清洗、消毒、餐用具等卫生设施和设备设置情况；

（四）食品采购、储存、加工制作及供餐等操作过程中的污染控制措施；

（五）从业人员健康检查情况；

（六）省级卫生行政部门规定的其他内容。

第二十一条 申请卫生许可证的食品生产经营者，其实施食品卫生监督量化分级管理制度评分应达到总分60%以上。

第二十二条 卫生行政部门对符合发放条件的食品生产经营者颁发食品卫生许可证。不予发证的，应当书面说明理由，并告知申请人依法享有的申请行政复议或者提起行政诉讼的权利。

第二十三条　卫生行政部门对未达到卫生许可证发放条件的食品生产经营者，应当提出整改意见；对学校食堂、建筑工地食堂的整改意见，还应当及时通报教育、建设主管部门，提请有关主管部门督促整改。

学校食堂、建筑工地食堂经限期整改仍达不到卫生许可证发放条件的，经教育、建设主管部门同意，可以适当延长整改期限，达到发放条件的方可发放卫生许可证。

第二十四条　食品生产经营者因违反食品卫生法规，被处以吊销卫生许可证的，其法定代表人或者主要负责人三年内不得申请卫生许可证，卫生行政部门不予受理。

第四章　卫生许可证的管理

第二十五条　卫生许可证应当载明：单位名称、地址、许可范围、法定代表人或者业主、许可证编号、有效期限、发证机关（加盖公章）及发证日期等内容。

实施食品卫生监督量化分级管理制度并确定食品卫生信誉度等级的，应当在卫生许可证上加贴食品卫生等级标志。

第二十六条　卫生许可证载明的单位名称应当与工商部门核准的名称一致；单位注册地址与生产地址不同的，填写地址时应当分别标明。

第二十七条　卫生许可证由卫生部统一规定式样。

卫生许可证有效期为四年，临时从事食品生产经营活动的单位和个人的卫生许可证的有效期不超过半年。

第二十八条　卫生许可证编号格式为：（省、自治区、直辖市简称）卫食证字〔发证年份〕第 XXXXXX-YYYYYY 号（XXXXXX 指行政区域代码，YYYYYY 指本行政区域发证顺序编号）。

第二十九条　同一食品生产经营者在两个以上（含两个）地点从事食品生产经营活动的，应当分别申领卫生许可证。

第三十条　食品生产经营者改变生产经营地址的，应当重新申请并办理卫生许可证。

食品生产经营者变更卫生许可证其他内容的，应当按照省级卫生行政部门的有关规定办理相应的变更手续。

对生产工艺、主要设备改变或者原生产经营场所进行扩建或者改建的，卫生行政部门在予以变更前应当进行现场实地审查。

第三十一条　食品生产经营者需要延续卫生许可证的，应当在卫生许可证有效期届满前 60 日内向原发证机关提出申请。

同意延续卫生许可证的，原编号不变，有效期为四年。

逾期提出延续申请的，按新申请卫生许可证办理。

第三十二条 食品生产经营者遗失卫生许可证的，应当于遗失后60日内向卫生行政部门申请补办。

第三十三条 食品生产经营者在卫生许可证有效期内，停止食品生产经营活动一年以上的，卫生许可证自动失效并由原发证机关注销。

第三十四条 委托生产加工食品的，受委托方应当符合下列条件：

（一）取得卫生许可证；

（二）受委托生产加工的食品品种在其获得的许可范围内；

（三）食品卫生信誉度等级达到A级。

第三十五条 委托生产加工的食品，其产品最小销售包装、标签和说明书上应当分别标明委托方、受委托方的企业名称、生产地址和卫生许可证号。

第三十六条 食品生产经营者取得卫生许可证后，应当妥善保管，不得转让、涂改、出借、倒卖、出租或者以其他非法形式转让。

食品生产经营者应当在明显位置悬挂或者摆放卫生许可证，方便消费者监督。

第五章 监督检查

第三十七条 上级卫生行政部门应当加强对下级卫生行政部门发放卫生许可证的监督检查，发现下级卫生行政部门违反规定发放卫生许可证的，应当责令下级卫生行政部门限期纠正或者直接予以纠正。

第三十八条 卫生行政部门及其工作人员履行卫生许可证发放职责，应当自觉接受食品生产经营单位和个人以及社会的监督。

卫生行政部门接到举报内部工作人员违反规定发放卫生许可证的，应当及时进行核实；对情况属实的，应当立即纠正。

第三十九条 卫生行政部门及其工作人员违反本办法规定发放卫生许可证的，由上级卫生行政部门责令改正，对有关卫生行政部门可以给予限期整改、通报批评；对有关工作人员，可以给予批评教育、离岗培训、调离执法岗位、取消执法资格等处理；情节严重，造成严重后果的，依法给予行政处分；涉嫌犯罪的，移送司法机关处理。

追究有关人员行政责任时，按照下列原则：

（一）申请人不符合卫生许可证发放条件，承办人出具申请人符合卫生许可证发放条件的意见的，追究承办人行政责任；

（二）承办人认为申请人不符合卫生许可证发放条件，主管领导仍然批准发放卫生许可证的，追究主管领导行政责任。

承办人和主管领导均有过错的，主要追究主管领导行政责任。

第四十条 县级以上地方人民政府卫生行政部门应当根据发放的卫生许可

证，建立食品生产经营者监管档案，加强对被许可人从事食品生产经营活动的监督检查，并按照规定要求做好监督检查情况和处理结果等记录的归档工作。

第四十一条 卫生行政部门对食品生产经营者进行监督检查，应当严格遵守相关法律、法规和规章的规定；按照食品卫生监督量化分级管理的要求，实行动态管理。

第四十二条 卫生行政部门发现被许可人不符合卫生许可证发放条件时，应当责令改正；被许可人有主管部门的，应当通报其主管部门督促整改。

按照规定，对违法行为应当依法进行行政处罚的，卫生行政部门应当及时做出行政处罚。

对无证、无照的食品生产经营者，卫生行政部门应当积极配合工商等行政部门予以取缔。

第四十三条 有下列情形之一的，做出发放卫生许可证决定的卫生行政部门或者其上级卫生行政部门，可以撤销卫生许可证：

（一）卫生行政部门工作人员滥用职权，玩忽职守，给不符合条件的申请人发放食品卫生许可证的；

（二）卫生行政部门工作人员超越法定职权发放食品卫生许可证的；

（三）卫生行政部门工作人员违反法定程序发放食品卫生许可证的；

（四）依法可以撤销发放食品卫生许可证决定的其他情形。

被许可人以欺骗、贿赂等不正当手段取得食品卫生许可证的，应当予以撤销。

卫生行政部门依照本条第一款规定撤销食品卫生许可证，对食品生产经营者的合法权益造成损害的，应当依法予以赔偿。

第四十四条 有下列情形之一的，卫生行政部门应当依法注销卫生许可证：

（一）卫生许可证有效期届满未延续的；

（二）食品生产经营者依法终止的；

（三）卫生许可证依法被撤销、撤回或者卫生许可证依法被吊销的；

（四）依法应当注销卫生许可证的其他情形。

第四十五条 违反本办法，根据《食品卫生法》等有关法律法规予以处罚。

第六章 附则

第四十六条 本办法自 2006 年 6 月 1 日起施行。以往发布的有关规定与本办法不一致的，以本办法为准。

参 考 文 献

1. 刘静玲主编. 食品安全与生态风险. 北京：化学工业出版社，2003
2. 易美华主编. 生物资源开发利用. 北京：中国轻工业出版社，2003
3. 朱中平等编. 绿色食品实用手册. 北京：中国物资出版社，2002
4. 陈天佑主编. 绿色食品. 陕西：西北农林科技大学出版社，2002
5. 陈宗道，刘金福，陈绍军主编. 食品质量管理. 北京：中国农业大学出版社，2003
6. 郝素娥等编. 食品添加剂制备与应用技术. 北京：化学工业出版社，2003
7. 吴永宁主编. 现代食品安全科学. 北京：化学工业出版社，2003
8. 陈福生等主编. 食品安全检测与现代生物技术. 北京：化学工业出版社，2004
9. 史贤明主编. 食品安全与卫生学. 北京：中国农业出版社，2003
10. 许牡丹，毛跟年编. 食品安全性与分析检测. 北京：化学工业出版社，2003
11. 冯叙桥，赵静. 食品质量管理学. 北京：中国轻工业出版社，1995
12. 江汉湖. 食品安全性与质量控制. 北京：中国轻工业出版社，2002
13. 田惠光. 食品安全控制关键技术. 北京：科学出版社，2004
14. 姜南等. 危害分析和关键控制点（HACCP）及在食品生产中的应用. 北京：化学工业出版社，2003
15. 贺国铭，张欣. HACCP体系内审员教程. 北京：化学工业出版社，2004
16. 陈炳卿. 营养与食品卫生学. 北京：人民卫生出版社，2000
17. 霍军生. 现代食品营养与安全. 北京：中国轻工业出版社，2005
18. 钱和. HACCP原理与实施. 北京：中国轻工业出版社，2003
19. 曾庆孝等. 食品生产危害分析与关键控制点应用. 广州：华南理工大学出版社，2000
20. 李怀林. 食品安全控制体系（HACCP）通用教程. 北京：中国标准出版社，2002
21. Norman N. Potter Joseph H. Hotchkiss著. 食品科学. 王璋，钟芳，徐良增等译. 北京：中国轻工业出版社，2001
22. 杨洁彬，王晶，王柏琴等. 食品安全性. 北京：中国轻工业出版社，1999
23. 马逊风. 食品安全与生态风险. 北京：化学工业出版社，2002
24. 王薇. 保障食品安全. 造福人民健康. 食品科技，2003
25. 梁燕君. 发达国家食品安全监督管理体系及对我国的启示. 大众标准化，2003
26. 李金玉，熊长生. 改进我国食品安全问题的对策. 郧阳师范高等专科学校学报，2003
27. 陈君石. 食品安全的现状与形势. 预防医学文献信息，2003
28. 王强，商五一，张雨. 食品安全问题与对策. 农产品加工，2003
29. 李新生. 食品安全与中国安全食品的发展现状. 食品科学，2003
30. 刘国艳. 现代社会的食品安全体系建设. 动物科学与动物医学，2003
31. 李建科. 国际食品安全动态与中国入世后的形势与对策. 食品工业科技，2002
32. 汤天曙，薛毅. 我国食品安全现状和对策. 食品工业科技，2002